Originais

"Adam Grant é um cientista social sério, um mestre em contar histórias e um otimista inveterado... *Originais* é cheio de novas ideias sobre um amplo conjunto de tópicos importantes para a nossa vida pessoal e profissional. Grant possui uma habilidade extraordinária de incutir significados profundos em temas familiares e deixar o leitor cheio de esperança e animação."

– **THE NEW YORK TIMES DEALBOOK**

"Este livro extraordinário e muito divertido lança uma nova luz sobre a Era da Ruptura. O que é necessário para fazer a diferença? E como você pode aplicar isso em sua própria vida? Ao desconstruir mitos de histórias de sucesso, desafiar crenças há muito estabelecidas sobre processos e identificar semelhanças entre aqueles que são agentes de mudanças profundas, Adam Grant nos dá uma nova e poderosa perspectiva sobre o nosso lugar no mundo e também sobre o nosso potencial para transformá-lo completamente."

– **J. J. ABRAMS**, diretor *de Star Wars: O despertar da força*;
cocriador e produtor executivo da série *Lost*

"Depois de lançar centenas de negócios – de companhias aéreas a ferroviárias, do mercado da música ao de celulares e agora uma empreitada espacial – os meus maiores desafios e sucessos aconteceram quando convenci outras pessoas a verem o mundo de forma diferente. *Originais* revela como isso pode ser feito e ajuda a inspirar a criatividade e a mudança."

– **RICHARD BRANSON**, fundador do Virgin Group

"*Originais* é uma leitura fascinante e reveladora que vai ajudar você não só a reconhecer seus próprios dons, mas também a encontrar a força necessária para desafiar a sabedoria convencional a fim de trazer esses talentos à tona. Lançando mão de estudos surpreendentes e histórias envolventes, Adam Grant nos mostra de forma brilhante como defender novas ideias, desmistificar conceitos que nos impedem de avançar e mudar não só nossa vida, mas o mundo."

– **ARIANNA HUFFINGTON**, cofundadora do *The Huffington Post*
e autora de *A terceira medida do sucesso*

"Às vezes pode parecer que é preciso aprender tudo sobre o que já foi feito antes de tentar fazer algo novo. Adam Grant faz um trabalho magistral ao mostrar que isso não é verdade. Temos sorte de tê-lo como guia."

– **PETER THIEL, cofundador do PayPal e da Palantir Technologies, e autor do livro** *De zero a um*

"Leitura urgente e obrigatória, esta obra inovadora vai surpreendê-lo a cada página. Adam Grant redefine nossas expectativas sobre o que significa ser criativo e o que é preciso para fazer a diferença. Compartilhe com as pessoas importantes para você."

– **SETH GODIN, autor de** *O melhor do mundo*

Originais

COMO OS
INCONFORMISTAS
MUDAM
O MUNDO

Adam Grant

SEXTANTE

Título original: *Originals*
Copyright © 2016 por Adam Grant
Copyright da tradução © 2017 por GMT Editores Ltda.

Todos os direitos reservados. Nenhuma parte deste livro pode ser utilizada ou reproduzida sob quaisquer meios existentes sem autorização por escrito dos editores.

tradução: Sérgio Rodrigues

preparo de originais: Raïtsa Leal

revisão: Hermínia Totti e Rebeca Bolite

projeto gráfico e diagramação: DTPhoenix Editorial

capa: Pete Garceau

adaptação de capa: Ana Paula Daudt Brandão

imagem de capa: Jag-cz / iStock / Getty Images

impressão e acabamento: Bartira Gráfica

CIP-BRASIL. CATALOGAÇÃO NA PUBLICAÇÃO
SINDICATO NACIONAL DOS EDITORES DE LIVROS, RJ

G79o   Grant, Adam

Originais/ Adam Grant; tradução de Sérgio Rodrigues. Rio de Janeiro: Sextante, 2017.

272 p.; 16 x 23 cm.

Tradução de: Originals
ISBN: 978-85-431-0498-0

1. Criatividade. 2. Empreendedorismo. 3. Liderança. 4. Sucesso nos negócios. I. Rodrigues, Sérgio. II. Título.

17-40226   CDD: 153.3
                                                           CDU: 159.954

Todos os direitos reservados, no Brasil, por
GMT Editores Ltda.
Rua Voluntários da Pátria, 45 – 14º andar – Botafogo
22270-000 – Rio de Janeiro – RJ
Tel.: (21) 2538-4100
E-mail: atendimento@sextante.com.br
www.sextante.com.br

Para Allison

Sumário

Prefácio por Sheryl Sandberg *9*

1. Destruição criativa *13*
   O arriscado negócio de nadar contra a corrente

2. Inventores cegos e investidores caolhos *38*
   A arte e a ciência de reconhecer ideias originais

3. No limbo *67*
   Como dizer verdades aos poderosos

4. O apressado come cru *93*
   Timing, procrastinação estratégica e a desvantagem do pioneirismo

5. Cachinhos Dourados e o cavalo de Troia *113*
   Como criar e manter coalizões

6. Rebelde com causa *141*
   Como irmãos, pais e mentores alimentam a originalidade

7. Repensando o pensamento de grupo *166*
   O mito das culturas fortes, as seitas e os advogados do diabo

8. Balançar o barco e mantê-lo estável *197*
   Como controlar a ansiedade, a apatia, a hesitação e a raiva

Ações de impacto *227*
Agradecimentos *235*
Notas *238*

Prefácio

POR SHERYL SANDBERG

Executiva-chefe de operações do Facebook e fundadora de LeanIn.Org

Adam Grant é a pessoa perfeita para escrever *Originais*. Simplesmente porque é uma delas.

Adam é um pesquisador brilhante que investiga com grande entusiasmo a ciência daquilo que motiva as pessoas, derrubando mitos e revelando verdades. É um estudioso otimista que nos oferece insights e conselhos sobre como qualquer pessoa – em casa, no trabalho, na comunidade – pode tornar o mundo um lugar melhor. É um amigo dedicado que me inspira a acreditar em mim mesma e que me ajudou a compreender como eu posso defender de forma efetiva as minhas ideias.

Adam é uma das influências mais importantes na minha vida. Ao longo das páginas deste livro magnífico, ele vai esclarecer, inspirar e incentivar você também.

Destruidor de mitos

De acordo com o senso comum, algumas pessoas são naturalmente criativas, ao passo que a maioria de nós só é capaz de ter alguns poucos pensamentos originais. Certos indivíduos nascem para liderar e todos os outros são meros seguidores. Alguns conseguem exercer um impacto real no mundo, mas a maior parte não.

Em *Originais,* Adam destrói todas essas suposições.

Ele demonstra que qualquer um de nós pode aprimorar a criatividade. Revela como identificar ideias que são realmente originais e prever quais vão funcionar. Adam conta quando devemos confiar em nosso instinto e quando é melhor buscar o apoio dos outros. Mostra como podemos nos tornar pais melhores, ao estimular a originalidade de nossos filhos, e administradores melhores, ao promover a diversidade de pensamento no lugar do conformismo.

Nestas páginas, descobri que os grandes inventores não são necessariamente aqueles que se especializam muito em determinado assunto, mas os que buscam as perspectivas mais abrangentes. Entendi que o sucesso não é alcançado porque se está à frente das outras pessoas, mas quando se tem paciência para esperar pelo momento certo de agir. E, para meu total espanto, aprendi que procrastinar pode ser bom. Qualquer um que já tenha trabalhado comigo sabe como detesto deixar as coisas para a última hora e como sempre acho que, se algo pode ser feito, deve ser feito imediatamente. Mark Zuckerberg, entre vários outros, ficará contente se eu conseguir me livrar da enorme pressão que ponho em mim mesma para terminar tudo antes da hora – e, como Adam destaca, isso poderia nos ajudar, a mim e à minha equipe, a obter resultados melhores.

Estudioso otimista

Todos os dias deparamos com coisas que amamos e coisas que deveriam mudar. As primeiras nos dão prazer. As outras alimentam nosso desejo de transformar o mundo – idealmente, para torná-lo melhor. Mas tentar modificar crenças e comportamentos arraigados é desafiador. Aceitamos o status quo porque parece impossível empreender mudanças verdadeiras. Mesmo assim, ousamos perguntar: pode um indivíduo fazer a diferença? E, em nossos momentos mais corajosos: será que eu poderia ser esse indivíduo?

A resposta de Adam é um sonoro "sim". Este livro prova que qualquer um de nós pode promover ideias que beneficiem o mundo à nossa volta.

Amigo

Conheci Adam por causa do burburinho que seu primeiro livro, *Dar e receber*, estava causando no Vale do Silício. Depois de ler, eu o citava para quem quisesse ouvir. Adam não era só um pesquisador talentoso mas também um professor nato e um contador de histórias capaz de explicar ideias complexas de forma simples e clara.

Meu marido então o convidou para fazer uma palestra no seu trabalho e o trouxe para jantar em nossa casa. Adam era tão extraordinário pessoalmente quanto na escrita. O conhecimento dele era enciclopédico e a energia, contagiante. Começamos, ele e eu, a conversar sobre como a pesquisa dele poderia contribuir para o debate sobre gênero e logo estávamos trabalhando juntos. Até hoje fazemos isso, pesquisando e escrevendo uma série de artigos sobre mulheres e trabalho. LeanIn.Org se beneficiou imensamente de suas análises rigorosas e de seu compromisso com a igualdade de direitos.

Uma vez por ano o Facebook reúne suas equipes espalhadas pelo mundo. Em 2015, convidei Adam para fazer o discurso principal do encontro. Todo mundo ficou boquiaberto com a sabedoria e o bom humor dele. Meses depois, as equipes ainda comentavam sobre os insights e até hoje colocam em prática os conselhos recebidos.

Ao longo do caminho, Adam e eu nos tornamos amigos. Quando a tragédia bateu à minha porta e perdi meu marido de repente, foi Adam quem me amparou, como só os verdadeiros amigos são capazes de fazer. Ele esteve presente durante a pior fase da minha vida da forma como lida com tudo: combinando sua compreensão única de psicologia com uma generosidade sem igual. Quando pensei que jamais me recuperaria, ele atravessou o país de avião para me explicar o que eu poderia fazer para desenvolver minha resiliência. Quando eu não conseguia enxergar como lidar com uma situação especialmente dolorosa, ele me ajudou a encontrar respostas onde eu acreditava não haver nenhuma.

No sentido mais profundo da palavra, um amigo é alguém que enxerga mais potencial em você do que você mesmo, alguém que o ajuda a se tornar sua melhor versão possível. A magia deste livro é que Adam se torna esse tipo de amigo para todos os que o leem. Ele oferece uma imensa riqueza de orientações sobre como superar a dúvida e o medo, como falar em público e vender ideias, como encontrar aliados nos lugares mais improváveis. Apresenta um guia prático de como controlar a ansiedade, canalizar a irritação, localizar a força em nossos pontos fracos, superar obstáculos e dar esperança aos outros.

Originais é um dos livros mais importantes e cativantes que já li, repleto de ideias surpreendentes e poderosas. Esta obra não vai mudar apenas o modo como você vê o mundo: pode mudar também seu jeito de levar a vida. E quem sabe o inspire a mudar seu mundo.

1

Destruição criativa

O arriscado negócio de nadar contra a corrente

O homem sensato se adapta ao mundo; o insensato insiste em tentar adaptar o mundo a si. Portanto, todo progresso depende do insensato.

– George Bernard Shaw[1]

Em uma noite fria do outono de 2008, quatro estudantes se lançaram à tarefa de revolucionar todo um mercado. Afundados em dívidas, eles tinham perdido ou quebrado seus óculos e estavam indignados com o alto custo de substituí-los. Um deles vinha usando os óculos quebrados havia cinco anos: um clipe de papel era o que impedia que a armação se desmontasse. Mesmo depois de a receita do oftalmologista ter mudado duas vezes, ele se recusava a pagar por novas lentes tão caras.

A Luxottica, um peso-pesado do setor, controlava mais de 80% do mercado americano. Para tornar os óculos mais acessíveis, os estudantes precisariam desbancar um gigante. Pensando em como a Zappos tinha transformado recentemente o mercado de calçados no país vendendo produtos on-line, eles começaram a especular se poderiam fazer o mesmo com óculos.

No entanto, sempre que mencionavam casualmente a ideia, recebiam críticas duras. Ninguém jamais compraria óculos pela internet, os amigos decretavam. Era preciso experimentá-los primeiro. Certo, a Zappos tinha conseguido vencer essa resistência com calçados, mas havia uma razão para que nunca tivessem feito o mesmo com óculos. "Se fosse uma boa ideia", eles ouviram repetidas vezes, "alguém já a teria posto em prática."

Nenhum dos estudantes tinha experiência em comércio eletrônico ou tecnologia, muito menos em varejo, moda ou vestuário. Apesar de ouvirem que sua ideia era loucura, eles recusaram boas ofertas de emprego para fundar uma empresa. Venderiam óculos que normalmente custavam 500 dólares numa loja física por 95 dólares on-line, doando um par para um habitante de um país em desenvolvimento a cada compra.

O negócio dependia de um site operacional. Sem isso os clientes não conseguiriam visualizar e comprar os produtos. Depois de muito esforço para montar o site, eles enfim conseguiram colocá-lo no ar às quatro da manhã da véspera do lançamento, em fevereiro de 2010. Batizaram a empresa de Warby Parker,[2] combinando os nomes de dois personagens criados pelo escritor Jack Kerouac, que os inspirou a se libertarem dos grilhões da pressão social e embarcarem naquela aventura. Admiradores do espírito rebelde de Kerouac, eles o infundiram na cultura da empresa. E valeu a pena.

Os estudantes esperavam vender um ou dois pares por dia. Mas depois que a revista *GQ* os chamou de "Netflix dos óculos", eles bateram a meta de um ano inteiro em menos de um mês, vendendo tão depressa que foram forçados a deixar 20 mil clientes em uma lista de espera. Depois, levaram nove meses para compor um estoque capaz de fazer frente à demanda.

Avançamos para 2015, quando a revista *Fast Company* divulgou uma lista das empresas mais inovadoras do mundo. A Warby Parker não se limitou a entrar na lista – ficou em primeiro lugar. Os três campeões anteriores tinham sido Google, Nike e Apple, gigantes da indústria criativa, todos com mais de 50 mil funcionários. A batalhadora start-up chamada Warby Parker, uma novata, contava com uma equipe de apenas 500 pessoas. Em cinco anos, aqueles quatro amigos haviam construído uma das marcas mais badaladas do planeta e doado mais de um milhão de pares de óculos para pessoas necessitadas. A empresa tinha faturamento anual de 100 milhões e era avaliada em mais de 1 bilhão de dólares.

Lá atrás, em 2009, um de seus fundadores tentou me vender a ideia da empresa, me oferecendo a oportunidade de investir na Warby Parker. Declinei.

Foi a pior decisão financeira que já tomei, e eu precisava entender onde é que eu tinha errado.

> **original**, *adj.* Que é origem ou fonte de algo; de onde algo brota, provém ou deriva.
>
> **original**, *s.* Coisa única ou singular; pessoa que é diferente das outras de uma forma atraente ou interessante; indivíduo dotado de iniciativas inovadoras e capacidade inventiva.[3]

Anos atrás, os psicólogos descobriram que existem dois caminhos para a realização: conformismo e originalidade.[4] Conformismo significa seguir a multidão, percorrendo os caminhos convencionais e mantendo o status quo. Originalidade é tomar o caminho menos trilhado, defendendo um conjunto de ideias novas que contrariam o pensamento corrente mas que, no fim, resultam em algo melhor.

É claro que nada é completamente original, uma vez que todas as nossas ideias são influenciadas pelo que aprendemos com o mundo à nossa volta. Estamos sempre pegando pensamentos emprestados, seja de forma intencional ou inconsciente. Somos todos vulneráveis à "cleptomnésia"[5] – a lembrança acidental de ideias alheias como se fossem nossas. Segundo minha definição, a originalidade envolve introduzir e impulsionar uma ideia que seja relativamente incomum em determinada área que possa ser beneficiada por ela.

A originalidade começa com a criatividade: a geração de um conceito que seja ao mesmo tempo novo e útil. Mas não é só isso. Pessoas originais são aquelas que tomam a iniciativa de transformar sua visão em realidade. Os fundadores da Warby Parker tiveram a originalidade de sonhar com uma forma não convencional de vender óculos on-line, mas tornaram-se originais quando agiram para torná-los acessíveis e baratos.

O propósito deste livro é mostrar como todos nós podemos nos tornar mais originais. E existe uma pista surpreendente sobre isso no navegador que você usa para acessar a internet.

Quando as convenções já não convêm

Não faz muito tempo, o economista Michael Housman estava conduzindo uma pesquisa para entender por que alguns profissionais de atendimento ao cliente permaneciam mais tempo do que outros em seus empregos. Munido de informações relativas a mais de 30 mil funcionários de *call centers* de bancos, companhias aéreas e empresas de telefonia celular, ele suspeitava de que o histórico profissional desses atendentes conteria sinais reveladores sobre seu comprometimento. Housman achava que pessoas que já tinham trabalhado em várias empresas desistiriam mais depressa, mas não foi o que constatou. Funcionários que haviam tido cinco empregos nos últimos cinco anos não eram mais propensos a abandonar o posto do que aqueles que tinham ficado no mesmo lugar nos últimos cinco anos.

À caça de novas pistas, ele notou que sua equipe havia coletado informações sobre qual navegador os funcionários haviam usado quando se candidataram ao emprego. Em um impulso, resolveu investigar se aquela escolha poderia ter alguma relação com a desistência. Não esperava encontrar qualquer correlação, pressupondo que a preferência por um navegador fosse mera questão de gosto. Entretanto, quando observou os resultados, ficou pasmo. Os funcionários que usavam Firefox ou Chrome para navegar pela rede permaneciam 15% mais tempo no emprego do que os que usavam o Internet Explorer ou o Safari.

Imaginando que isso era apenas coincidência, Housman fez a mesma análise em relação ao número de faltas ao trabalho. O padrão era o mesmo: os usuários de Firefox e Chrome faltavam 19% menos do que os fãs de Internet Explorer e Safari.

Então ele examinou o desempenho. Sua equipe havia reunido cerca de 3 milhões de dados sobre vendas, satisfação do consumidor e duração média das chamadas telefônicas. Os usuários de Firefox e Chrome fechavam um número significativamente maior de vendas, e as chamadas eram mais curtas. Os clientes deles também ficavam mais contentes: depois de 90 dias no emprego, a turma que usava Firefox e Chrome atingia níveis de satisfação do cliente que o grupo do Internet Explorer e do Safari demorava 120 dias para alcançar.

Não é por causa do navegador que os profissionais permanecem mais tempo no emprego ou são mais assíduos e bem-sucedidos. Na verdade, trata-se de entender o que a escolha do navegador revela sobre os hábitos deles. Por que os usuários de Firefox e Chrome são mais comprometidos e têm melhor desempenho em todos os quesitos?

A resposta óbvia era porque eles têm mais intimidade com tecnologia, então perguntei a Housman se ele poderia investigar essa suspeita. Todos os funcionários haviam feito um teste de proficiência em informática, que avaliou seus conhecimentos de atalhos no teclado, software e hardware, além de uma prova de velocidade de digitação. Mas o grupo de Firefox e Chrome não demonstrou ter conhecimentos muito maiores sobre computação e tampouco era formado por digitadores mais rápidos ou precisos. E mesmo depois de levar em conta todos esses fatores, o efeito navegador persistia. Conhecimento técnico e habilidade prática não estavam na origem de sua vantagem.

O que fazia a diferença era *como* eles haviam obtido seus navegadores. Se você tem um PC, o Internet Explorer vem no pacote oferecido pelo Windows.[6] Se você é um usuário de Mac, sua máquina tem um Safari pré-instalado. Quase dois terços dos profissionais de atendimento ao cliente usavam o navegador padrão, sem jamais questionar se haveria uma opção melhor disponível.

Para ter um Firefox ou Chrome, você tem que demonstrar alguma desenvoltura e baixar um navegador diferente. Em vez de aceitar o padrão, toma a iniciativa de procurar uma opção que possa ser melhor. Esse ato de iniciativa, embora minúsculo, é uma janela para aquilo que você faz no trabalho.

Os atendentes que aceitaram o padrão do Internet Explorer e do Safari tinham a mesma postura diante do desempenho de suas funções. Limitavam-se a seguir o script nas ligações de venda e os procedimentos padronizados ao lidar com as queixas dos consumidores. Encaravam suas tarefas como atribuições fixas, então, quando ficavam infelizes com o trabalho, começavam a acumular faltas e, por fim, pediam demissão.

Os funcionários que haviam tomado a iniciativa de mudar seus navegadores para Firefox e Chrome tinham uma postura diferente em relação ao trabalho. Procuravam novas maneiras de vender e resolver os problemas dos clientes. Quando encontravam uma situação que lhes desagradava, tratavam de corrigi-la. Depois de tomar a iniciativa de melhorar suas condições de trabalho, acabavam tendo poucos motivos para se demitir. Haviam criado os empregos que queriam. Mas essas pessoas eram a exceção, não a regra.

Vivemos em um mundo de Internet Explorer. Da mesma forma que quase dois terços daqueles profissionais de atendimento usavam os navegadores que vinham por padrão em seus computadores, muitos de nós aceitamos o que é padrão em nossa vida. Em uma série de estudos instigantes, uma equipe liderada pelo psicólogo político John Jost examinou como as pessoas reagem a padrões indesejados. Ele descobriu que, comparados a americanos de origem europeia, os afro-americanos revelam-se menos satisfeitos com sua situação econômica, mas consideram a desigualdade econômica *mais* legítima e justa do que o outro grupo. Em comparação com pessoas nas faixas de renda mais altas, as que se situam nos patamares salariais mais baixos demonstraram ter 17% mais chances de considerar a desigualdade econômica necessária. E quando lhes perguntavam se apoiariam leis que limitassem os direitos dos cidadãos e da imprensa de criticar o governo, caso a adoção de tal legislação fosse necessária para solucionar os problemas do país, o número de pessoas dispostas a abrir mão da liberdade de expressão foi o dobro nas faixas de renda mais baixas em relação às que ganhavam mais. Depois de constatar que grupos em situação de desvantagem mostram-se consistentemente mais inclinados a defender o status quo do que os que são privilegiados, Jost e seus colegas concluíram o seguinte: "As pessoas que mais sofrem com determinado estado de coisas são, paradoxalmente, as menos propensas a questionar, desafiar, rejeitar e mudar esse estado."

Para explicar um fenômeno tão peculiar, a equipe de Jost desenvolveu uma teoria de justificação do sistema.[7] A ideia central é que as pessoas costumam racionalizar o status quo como legítimo – mesmo que isso vá diretamente contra seus interesses. Em um estudo, eles acompanharam eleitores democratas e republicanos durante a campanha presidencial americana de 2000. Quando George W. Bush subia nas pesquisas, os republicanos passavam a considerá-lo mais desejável, mas o mesmo ocorria com os democratas, que já estavam preparando justificativas para o futuro status quo. Isso também acontecia quando as chances de sucesso de Al Gore cresciam: tanto republicanos quanto democratas passavam a vê-lo sob uma luz mais favorável. Qualquer que fosse a ideologia política, quando um candidato parecia fadado a vencer, as pessoas passavam a gostar mais dele. E se suas chances diminuíam, passavam a gostar menos.

Encontrar justificativas para o sistema corrente cumpre uma função de consolo. É como um analgésico emocional: se é assim que o mundo *deve* ser, não precisamos ficar descontentes com ele. Mas a transigência também nos rouba a indignação moral necessária para nos posicionarmos contra a injustiça e a vontade criativa de considerar modos alternativos de funcionamento do mundo.

O que distingue a originalidade é a rejeição do que é convencional e a investigação sobre a existência de opções melhores. Passei mais de uma década estudando isso, e o problema acabou se revelando muito menos difícil do que eu imaginava.

O ponto de partida é a curiosidade: ponderar por que a convenção existe. Somos levados a duvidar da legitimidade do que é convencional quando temos uma experiência de *vujà-dé*,[8] o oposto de déjà-vu. O déjà-vu ocorre quando encontramos algo novo que, no entanto, parece que já conhecemos. *Vujà-dé* é o contrário: estamos diante de algo familiar mas o observamos de uma perspectiva nova que nos permite ter novas ideias em relação a velhos problemas.

Sem um episódio de *vujà-dé*, a Warby Parker não existiria. Na noite em que seus fundadores conceberam a empresa, sentados no laboratório de computação, eles somavam 60 anos usando óculos. O produto sempre fora absurdamente caro. Mas, até aquele momento, eles haviam aceitado o status quo como inevitável, sem questionar o preço convencional. "Aquela ideia nunca havia me passado pela cabeça", diz Dave Gilboa, um dos fundadores. "Sempre pensava nos óculos como uma necessidade médica. Eu presumia naturalmente que, se um médico estava me vendendo aquilo, havia uma justificativa para o preço."

Pouco tempo antes, ele havia esperado na fila em uma Apple Store para comprar um iPhone e então se viu comparando os dois produtos. Os óculos eram um artigo essencial da vida humana havia cerca de mil anos, e haviam passado por pouquíssimas mudanças desde os tempos de seu avô. Pela primeira vez, Dave se perguntou por que tinham um preço tão elevado. Por que um artefato fundamentalmente simples custava mais do que um complexo smartphone?

Qualquer pessoa poderia ter feito aquelas perguntas e chegado à mesma resposta que o pessoal da Warby Parker. Curiosos sobre a razão de os óculos custarem tão caro, eles começaram a pesquisar a indústria óptica. Foi aí que descobriram que era dominada pela Luxottica, uma empresa europeia que tinha faturado mais de 7 bilhões de dólares no ano anterior. "A mesma empresa era proprietária da Lens-Crafters e da Pearle Vision, da Ray-Ban e da Oakley, e ainda tinha as licenças para confeccionar óculos Chanel e Prada, tanto os de grau quanto os escuros. A partir dessa constatação, de repente fez sentido que eles fossem tão caros", diz Dave. "Nada no custo dos produtos justificava o preço." Beneficiando-se de sua condição de monopólio, a Luxottica estava cobrando 20 vezes o custo por um par de óculos. O padrão não era intrinsecamente legítimo: era uma escolha realizada por um grupo de pessoas em determinada empresa. E isso significava que outro grupo de pessoas podia realizar uma escolha diferente. "Nós poderíamos fazer diferente", compreendeu Dave. "Foi quando nos demos conta de que podíamos controlar nosso próprio destino, podíamos controlar nossos próprios preços."

Quando nos tornamos curiosos em relação às convenções insatisfatórias do mundo, começamos a reconhecer que a maioria delas tem origens sociais. As regras e os sistemas são criados por pessoas. E essa consciência nos dá a coragem de refletir sobre como podemos mudá-las.

Antes de as mulheres conquistarem o direito ao voto nos Estados Unidos, muitas "jamais haviam considerado seu status degradante como nada além de natural", observa a historiadora Jean Baker. À medida que o movimento sufragista ganhou força, "um número crescente de mulheres começou a perceber que os costumes, o preceito religioso e a lei eram na verdade criações humanas e, portanto, reversíveis".[9]

As duas faces da ambição

As pressões para aceitarmos as convenções começam muito mais cedo do que se pensa. Se considerarmos os indivíduos que vão crescer e deixar sua marca no universo, é provável que o primeiro grupo no qual pensaremos seja o das crianças prodígios. Esses gênios aprendem a ler aos 2 anos, tocam Bach aos 4, fazem cálculos complexos aos 6, falam sete idiomas fluentemente aos 8. Os colegas de escola morrem de inveja. Os pais vibram, como se tivessem ganhado na loteria. Mas, para parafrasear o poeta T. S. Eliot, suas carreiras tendem a terminar não com uma explosão, mas com um gemido.

Ocorre que as crianças prodígios raramente mudam o mundo.[10] Ao estudar as pessoas mais importantes e influentes da história, psicólogos percebem que muitas delas não tinham talentos excepcionais quando crianças. E se você reunir um grupo grande de crianças prodígios e acompanhá-las ao longo da vida, descobrirá que elas não ofuscarão seus colegas menos precoces nascidos em famílias de recursos semelhantes.

Intuitivamente, faz sentido. Presumimos que o que essas crianças têm de inteligência lhes falta em traquejo social. Embora tenham todos os trunfos intelectuais, carecem de habilidades sociais, emocionais e pragmáticas para enfrentar os desafios da vida em sociedade. Quando examinamos os fatos, porém, essa explicação cai por terra: menos de um quarto das crianças superdotadas sofre de problemas sociais e emocionais. A maioria é bem ajustada e se sente tão à vontade em uma festinha quanto em uma competição escolar.

Embora as crianças prodígios em geral tenham tanto talento quanto ambição, o que as impede de fazer o mundo avançar é o fato de não aprenderem a ser originais. Enquanto elas tocam no Carnegie Hall, vencem as Olimpíadas de ciências e se tornam campeãs de xadrez, algo trágico ocorre: a prática leva à perfeição, mas não ao novo. Os superdotados aprendem a executar magníficas melodias de Mozart e lindas sinfonias de Beethoven, mas nunca compõem as próprias sinfonias. Concentram sua energia em assimilar o conhecimento científico existente, não em produzir novas abordagens. Adaptam-se às regras codificadas de jogos já estabelecidos em vez de inventar novas regras para seus próprios jogos. Ao longo do caminho, seu esforço é voltado para obter a aprovação dos pais e a admiração dos professores.

Pesquisas demonstram que as crianças mais criativas são aquelas menos inclinadas a se tornarem as favoritas dos mestres. Em um estudo, professores do ensino fundamental listaram os alunos de que mais gostavam e os de que menos gostavam, e então avaliaram ambos os grupos segundo uma série de características. Os estudantes menos queridos eram os inconformistas, que faziam as próprias regras.[11] Os professores costumam discriminar os estudantes altamente criativos, rotulando-os como criadores de caso. Em reação a isso, muitas crianças aprendem depressa a seguir o roteiro, guardando suas ideias originais para si. Nas palavras do escritor William Deresiewicz, tornam-se os mais perfeitos carneirinhos do mundo.[12]

Na vida adulta, muitas crianças prodígios se tornam especialistas em suas áreas e líderes em suas organizações. No entanto, "apenas algumas delas viram criadores revolucionários", lamenta a psicóloga Ellen Winner.[13] "As que chegam lá precisam passar por uma transição dolorosa", de uma criança que "aprende depressa e sem esforço sobre um domínio estabelecido" para um adulto que "remodela um domínio".

A maioria dos prodígios nunca dá esse salto. Eles empregam suas habilidades extraordinárias da forma comum, dominando seu trabalho sem questionar os padrões e sem provocar rebuliço. Em todas as áreas nas quais se aventuram, optam pelo caminho mais seguro, seguindo os passos convencionais para o sucesso. Tornam-se médicos que curam seus pacientes sem lutar para corrigir os sistemas falidos que impedem muitos pacientes de arcar com os custos de um tratamento de saúde. Tornam-se advogados que defendem clientes da acusação de violar leis arcaicas sem tentar modernizar as leis propriamente ditas. Tornam-se professores que planejam aulas interessantes de álgebra sem questionar se álgebra é mesmo o que seus alunos precisam aprender. Embora confiemos neles para manter o mundo girando, eles nos fazem correr em uma esteira, sem sair do lugar.

As crianças prodígios são prejudicadas pela motivação para o sucesso. A vontade de vencer é responsável por muitas das maiores conquistas do mundo. Quando estamos determinados a atingir a excelência, temos o combustível para nos esforçar mais, por mais tempo e de forma mais inteligente. Entretanto, quanto mais realizações uma cultura acumula, mais restrita a um grupo especializado se torna a criatividade.[14]

Quando a motivação para o sucesso chega às alturas, ela abafa a criatividade. Quanto mais você valoriza a realização, mais tem medo do fracasso.[15] Em vez de adotarmos como meta conquistas sem paralelo, o desejo intenso de sucesso nos leva a buscar o êxito garantido. Nas palavras dos psicólogos Todd Lubart e Robert Sternberg, "a partir de um nível intermediário de necessidade de sucesso, há evidências de que as pessoas se tornem de fato menos criativas".

O anseio por ser bem-sucedido, acompanhado do medo do fracasso, deteve alguns dos maiores criadores e agentes de transformação da história. Preocupados em manter a estabilidade e alcançar realizações convencionais, eles relutaram em perseguir a originalidade. Em vez de seguirem em frente com determinação e confiança, acabaram sendo persuadidos, convencidos ou mesmo coagidos a assumir uma posição. Embora parecessem ter as qualidades de líderes natos, algumas vezes foram impelidos por seus seguidores e colegas.[16] Se um pequeno grupo de pessoas não tivesse sido persuadido a tomar uma atitude original, talvez os Estados Unidos não existissem, o movimento pelos direitos civis poderia continuar sendo apenas um sonho, a Capela Sistina talvez tivesse as superfícies nuas, ainda poderíamos acreditar que o Sol gira em torno da Terra e os computadores pessoais talvez jamais tivessem se popularizado.

Do ponto de vista atual, a Declaração de Independência dos Estados Unidos parece inevitável, mas quase não ocorreu por causa da relutância de revolucionários em posições-chave. "Os homens que assumiram posições de liderança na Revolução Americana formavam o mais improvável grupo de revolucionários que se possa imaginar", relembra o historiador Jack Rakove, vencedor do Prêmio Pulitzer.[17] "Eles se tornaram revolucionários a despeito de si mesmos." Nos anos que antecederam a guerra de independência, John Adams temia a retaliação britânica e hesitava em abandonar sua promissora carreira de advogado. Ele só se envolveu depois de ter sido eleito delegado no Primeiro Congresso Continental. Concentrado em gerenciar seus negócios de trigo, farinha, peixe e cavalos, George Washington só se juntou à causa depois de ser nomeado por Adams como comandante em chefe do exército. "Lancei mão de todos os recursos em meu poder para evitar isso", escreveu.

Quase dois séculos depois, Martin Luther King Jr. estava apreensivo com a ideia de liderar o movimento pelos direitos civis: seu sonho era se tornar pastor e diretor de faculdade.[18] Em 1955, depois que Rosa Parks foi julgada por se recusar a ceder seu assento na parte da frente de um ônibus, um grupo de ativistas pelos direitos civis se reuniu para debater como reagir. Concordaram em formar a Associação pelo Progresso de Montgomery e iniciar um boicote aos ônibus. Um dos presentes sugeriu o nome de King para a presidência da entidade. "Aconteceu tão depressa que nem tive tempo de pensar. É provável que, se eu tivesse pensado bem, recusasse a indicação", refletiu King mais tarde. Apenas três semanas antes, King e sua mulher haviam "concordado que eu não deveria assumir nenhuma responsabilidade comunitária de peso, uma vez que tinha acabado de concluir minha tese de doutorado e precisava dar mais atenção ao trabalho na igreja". Ele acabou eleito por unanimidade para liderar o boicote. Diante da perspectiva de fazer um discurso para a multidão naquela mesma noite, foi "dominado pelo medo". King logo superaria seus temores e, em 1963, sua voz vigorosa uniria o país em torno de uma eletrizante visão de liberdade. Mas isso só aconteceu porque um colega propôs seu nome para o discurso de encerramento da Marcha de Washington e juntou uma coalizão de líderes para apoiar a ideia.

Quando o papa quis contratar Michelangelo para pintar um afresco no teto da Capela Sistina, ele não se interessou. Via-se sobretudo como escultor, não como pintor, e sentiu-se tão pressionado pela encomenda que fugiu para Florença. Somente dois anos mais tarde, cedendo à insistência do pontífice, começou a trabalhar no projeto.[19] E a astronomia ficou estagnada por décadas porque Nicolau Copérnico se recusou a publicar sua descoberta original de que a Terra gira em torno do Sol.[20] Com medo da rejeição e de ser taxado de ridículo, manteve silêncio por 22 anos, comentando sobre sua descoberta apenas com amigos. Um dia, um cardeal importante soube de seu trabalho e lhe escreveu encorajando-o a publicá-lo. Mesmo assim Copérnico ainda hesitou por mais quatro anos. Sua obra-prima só viu a luz depois que um jovem professor de matemática tomou para si a tarefa e a publicou.

Quase meio milênio depois, em 1977, quando um investidor-anjo ofereceu 250 mil dólares a Steve Jobs e Steve Wozniak para bancar a Apple, a proposta veio acompanhada de um ultimato: Wozniak teria que pedir demissão da Hewlett-Packard. Ele recusou. "Eu pretendia ficar naquela empresa para sempre", reflete Wozniak.[21] "No fundo, eu não queria fundar uma empresa. Estava com medo", admite. Wozniak mudou de ideia depois que Jobs, vários amigos e até seus pais o encorajaram.

Podemos apenas imaginar quantos Wozniaks, Michelangelos, Copérnicos e Kings nunca perseguiram, publicaram ou promoveram suas ideias originais por não terem sido arrastados ou catapultados para os holofotes. Embora nem todos aspiremos a fundar nossas próprias empresas, criar obras-primas, revolucionar o pensamento ocidental ou liderar um movimento por direitos civis, todos temos ideias para aprimorar nosso ambiente de trabalho, nossa escola ou nossa comunidade. Infelizmente, muitos hesitam em agir para pôr essas ideias em prática. Como observou o economista Joseph Schumpeter em uma frase famosa, a originalidade é um ato de destruição criativa.[22] Defender novos sistemas com frequência requer derrubar o modo antigo de fazer as coisas, e nós hesitamos porque temos medo de balançar demais o barco.[23]

Entre cerca de mil cientistas da Food and Drug Administration – o órgão do governo dos Estados Unidos que autoriza e fiscaliza o comércio de alimentos e medicamentos naquele país –, mais de 40% temiam retaliações se falassem em público sobre suas preocupações com segurança. Dos mais de 40 mil funcionários de uma empresa de tecnologia, metade achava arriscado externar opiniões divergentes no trabalho. Em uma entrevista com profissionais de consultoria, serviços financeiros, mídia, publicidade e indústria farmacêutica, revelou-se que 85% admitiram preferir manter silêncio sobre um problema importante a mencioná-lo a seus superiores.

Na última vez que você teve uma ideia original, o que fez com ela? Embora os Estados Unidos sejam uma terra que valoriza a individualidade e a expressão de seu modo único de ser, quando a questão é a busca por excelência e o medo do fracasso, a maioria dos americanos prefere se acomodar a se destacar. "Em matéria de estilo, nade com a corrente", teria dito Thomas Jefferson, mas "em matéria de princípios, fique firme como uma rocha". A pressão pela realização nos leva a fazer o oposto. Encontramos modos superficiais de parecer originais – uma gravata-borboleta, talvez, ou sapatos vermelhos brilhantes – sem assumir o risco de sermos originais de fato. Quando se trata das ideias poderosas que temos na cabeça e dos valores essenciais que trazemos no coração, optamos pela autocensura. Se "há tão poucos originais na vida", afirma a renomada executiva Mellody Hobson,[24] é porque as pessoas têm medo de "levantar a voz e sobressair". Quais serão os hábitos de quem estende a originalidade além da aparência e chega à ação?

Características necessárias

Para ser um original, você precisa assumir riscos radicais. Essa crença está tão profundamente arraigada em nossa psique cultural que é raro pararmos para pensar no assunto. Admiramos astronautas como Neil Armstrong e Sally Ride por terem o que era preciso, a coragem de deixar o único planeta que os seres humanos habitaram e se arriscar no espaço. Celebramos heróis como Mahatma Gandhi e Martin Luther King Jr., que tinham convicção de sobra para arriscar a própria vida em nome dos princípios morais que lhes eram caros. Idolatramos ícones como Steve Jobs e Bill Gates por terem tido a audácia de abandonar os estudos e viver na penúria, enfiados em garagens, para tornar realidade suas concepções de tecnologia.

Quando nos maravilhamos com os indivíduos originais que alimentam a criatividade e conduzem transformações no mundo, costumamos imaginar que eles são feitos de uma matéria diferente da nossa. Do mesmo jeito que alguns sortudos nascem com mutações genéticas que os tornam resistentes a doenças como câncer, obesidade e aids, acreditamos que os grandes criadores trazem de berço uma imunidade biológica ao risco. São feitos de forma a dar boas-vindas à incerteza e ignorar a aprovação social. Simplesmente não se importam com o custo do inconformismo como o resto de nós. São programados para serem iconoclastas, rebeldes, revolucionários, criadores de caso, independentes, do contra e ainda impermeáveis ao medo, à rejeição e ao ridículo.

A palavra *entrepreneur* (empreendedor), cunhada pelo economista Richard Cantillon,[25] significa literalmente "aquele que assume riscos". Quando lemos a história da ascensão meteórica da Warby Parker, esse tema se destaca de forma clara e evidente. Como todos os grandes criadores, inovadores e agentes de mudança, aquele quarteto transformou o mundo porque estava disposto a dar um salto. Afinal, se você não arrisca o chute, não tem como fazer o gol.

Seis meses antes do lançamento da Warby Parker, um de seus fundadores estava sentado em minha sala de aula na Wharton, a faculdade de administração da Universidade da Pensilvânia. Alto e simpático, com cabelos negros cacheados e uma energia tranquila, Neil Blumenthal tinha experiência em organizações sem fins lucrativos e almejava de verdade fazer do mundo um lugar melhor. Quando me vendeu a ideia da empresa, eu, como tantos outros céticos, disse-lhe que a ideia parecia interessante, mas que achava difícil imaginar as pessoas comprando óculos pela internet.

Com uma base de consumidores desconfiada, eu sabia, seria necessário um esforço hercúleo para fazer a empresa decolar. E quando descobri como Neil e seus amigos estavam investindo seu tempo na preparação do lançamento, tive uma sensação desoladora de que eles estavam fadados ao fracasso.

O primeiro ponto contra eles, avisei a Neil, era o fato de que todos ainda eram estudantes. Se acreditavam mesmo na Warby Parker, deviam deixar a faculdade para dedicarem cada minuto da vida a torná-la realidade.

"Queremos ter um plano B", ele respondeu. "Não temos certeza de que a ideia é boa nem sabemos se vai mesmo dar certo, por isso estamos trabalhando nela em nosso tempo livre, sem largar os estudos. Éramos amigos antes de tudo começar e fizemos um pacto de que manter o bom relacionamento entre nós era mais importante do que o sucesso. Mas, durante o verão, Jeff conseguiu uma bolsa para se concentrar no negócio em tempo integral."

E quanto aos outros três? "Estamos estagiando", admitiu Neil. "Eu em consultoria, Andy em capital de risco, Dave na área de planos de saúde."

Com o tempo escasso e a atenção dividida, eles ainda não tinham construído um site, e levaram seis meses só para chegar a um acordo sobre o nome da empresa. Segundo ponto contra eles.

Antes de desistir deles por completo, porém, eu me lembrei de que todos iriam se formar no fim daquele ano, o que significava que teriam afinal o tempo necessário para entrar de cabeça e se dedicar por completo ao negócio. "Bem, não necessariamente", ponderou Neil. "Queremos manter nossos planos B. Para o caso de não dar certo, já aceitei um emprego em tempo integral para depois da graduação. Jeff também. E, para garantir que teria opções, Dave fez dois estágios diferentes no verão, e está conversando com um de seus ex-empregadores sobre voltar."

Ponto número três. Eles não tinham a menor chance – e eu desisti.

Recusei a oferta de investir na Warby Parker porque Neil e seus amigos eram parecidos demais comigo. Virei professor porque era apaixonado pela ideia de descobrir novas abordagens, compartilhar conhecimento e ajudar a formar a próxima geração de estudantes. Mas, em meus momentos mais honestos, sei que também fui atraído pela segurança de um emprego fixo. Eu jamais teria a autoconfiança necessária para começar meu próprio negócio aos 20 e poucos anos. Se tivesse, certamente continuaria estudando e deixaria um emprego engatilhado para o caso de nada dar certo.

Quando eu comparava as escolhas do pessoal da Warby Parker com meu próprio modelo mental das escolhas que os empreendedores de sucesso faziam, elas não batiam. Neil e seus companheiros não tinham a coragem de entrar de sola, o que me fez questionar sua convicção e seu grau de comprometimento. Não encaravam com seriedade a tarefa de se tornarem empreendedores bem-sucedidos: não eram cascas-grossas o suficiente para entrar naquele jogo. Na minha cabeça, estavam destinados ao fracasso porque agiam com cautela em vez de apostar tudo contra a banca. Na verdade, foi justamente por isso que tiveram êxito.

Quero derrubar o mito de que a originalidade exige assumir riscos extremos e convencer você de que as pessoas originais são muito mais comuns do que imaginamos. Em todas as áreas, dos negócios à política, passando pela ciência e pelas artes, as pessoas que fazem o mundo avançar com ideias originais raramente são modelos de convicção e comprometimento. Ao questionar as tradições e desafiar o status quo, podem parecer audazes e cheias de autoconfiança, mas, no fundo, elas também precisam enfrentar o medo, a hesitação e a insegurança. Costumamos pensar nelas como autossuficientes, porém seus esforços muitas vezes são estimulados e às vezes até forçados por outros. E, embora possa parecer que adoram o risco, na verdade elas preferem evitá-lo.

Em um estudo fascinante, os pesquisadores da área de gestão Joseph Raffiee e Jie Feng formularam uma pergunta simples: quando alguém começa um negócio próprio, é melhor manter ou abandonar seu emprego convencional?[26] De 1994 a 2008, eles acompanharam um grupo de amostragem com mais de 5 mil americanos, na faixa de 20 a 50 anos, que haviam se tornado empreendedores. A decisão deles de manter ou deixar o emprego não foi influenciada pela necessidade financeira: indivíduos com renda familiar elevada ou altos salários não se mostraram mais ou menos propensos a largar o emprego para se tornarem empreendedores em tempo integral. A pesquisa mostrou que aqueles que mergulhavam de cabeça e se demitiam sentiam atração pelo risco e eram cheios de confiança. Os empreendedores que mantinham um plano B conservador, fundando suas empresas sem abandonar seus empregos regulares, eram muito mais avessos ao risco e inseguros.

Se você pensa como a maioria, vai supor uma clara vantagem para os que assumem integralmente o risco. No entanto, o estudo demonstrou o oposto: os empreendedores que mantiveram seus empregos apresentaram probabilidade 33% menor de fracassar do que os que se demitiram.

Se você é avesso ao risco e tem dúvidas sobre a viabilidade de suas ideias, é provável que seu negócio seja construído de forma a se tornar duradouro. Se é um apostador audacioso, sua start-up será muito mais frágil.

Como a turma da Warby Parker, os empreendedores cujas empresas estiveram no topo das mais recentes listas de inovação da *Fast Company* se mantiveram em seus empregos regulares mesmo depois de lançarem os negócios. O ex-astro do atletismo e fundador da Nike Phil Knight começou a vender tênis de corrida no porta-malas de seu carro em 1964, mas continuou trabalhando como contador até 1969.[27] Depois de inventar o computador Apple I original, Steve Wozniak[28] fundou a empresa com Steve Jobs em 1976, mas continuou trabalhando em tempo integral como engenheiro da Hewlett-Packard até 1977. E embora os fundadores do Google, Larry Page e Sergey Brin, tenham descoberto como aprimorar significativamente as buscas na internet em 1996, só abandonaram os estudos em Stanford em 1998. "Nós quase não começamos o Google", diz Page, porque "estávamos muito preocupados com nossas pós-graduações".[29] Em 1997, receosos de que o mecanismo de busca recém-nascido estivesse desviando a atenção deles dos estudos e da pesquisa, tentaram vender o Google por menos de 2 milhões de dólares em dinheiro vivo e ações. Para sorte deles, o potencial comprador rejeitou a oferta.

O hábito de manter o emprego regular não é exclusividade dos empreendedores de sucesso. Muitas mentes criativas influentes optaram por conservar seus postos de trabalho ou estudo mesmo depois de ganhar dinheiro com grandes projetos. Ava DuVernay, diretora de *Selma*, fez seus três primeiros filmes enquanto trabalhava como assessora de imprensa, e só passou a trabalhar com cinema em tempo integral quando já tinha quatro anos de carreira e acumulava vários prêmios.[30] Brian May estava no meio do doutorado em astrofísica quando começou a tocar guitarra em uma nova banda, mas somente vários anos depois largou os estudos para se dedicar ao Queen. Pouco tempo depois compôs "We Will Rock You".[31] John Legend, vencedor do Grammy, lançou seu primeiro álbum em 2000, mas continuou a trabalhar como consultor de investimentos até 2002, preparando apresentações de PowerPoint durante o dia e tocando à noite.[32] O mestre do suspense Stephen King trabalhou como professor, zelador e frentista de posto de gasolina por sete anos depois de escrever seu primeiro conto, largando tudo apenas um ano depois de publicar o primeiro romance, *Carrie*.[33] Scott Adams, autor de *Dilbert*, trabalhou na Pacific Bell por sete anos depois que sua tirinha começou a ser publicada nos jornais.[34]

Por que todos esses originais optaram pela cautela em vez de arriscar tudo?

Por que os riscos são como carteiras de ações

Meio século atrás, o psicólogo Clyde Coombs, da Universidade de Michigan, desenvolveu uma teoria do risco inovadora.[35] No mercado de ações, se você vai fazer um investimento arriscado, trata de se proteger combinando-o com outros que sejam seguros. Coombs sugeriu que, na vida cotidiana, as pessoas bem-sucedidas fazem a mesma coisa, equilibrando os riscos em um portfólio. Quando acolhemos o risco em determinada área da vida, reduzimos o nível geral de risco sendo cautelosos em outro setor. Se você está prestes a apostar agressivamente na roleta, é provável que queira dirigir abaixo do limite de velocidade a caminho do cassino.

Portfólios de risco explicam por que as pessoas costumam se tornar originais em um aspecto de suas vidas enquanto permanecem bastante convencionais em outros. O cartola de beisebol Branch Rickey abriu as portas para Jackie Robinson quebrar a barreira da cor no esporte, mas se recusava a ir ao estádio aos domingos, não falava palavrões nem ingeria álcool.[36] A obra definitiva de T. S. Eliot, *A terra devastada*, foi aclamada como um dos poemas mais significativos do século XX. Mas depois de publicá-la, em 1922, Eliot continuou a trabalhar como bancário em Londres até 1925, rejeitando a ideia de assumir o risco profissional.[37] Como observou o romancista Aldous Huxley após visitá-lo no escritório, Eliot era "o mais bancário dos bancários". Quando enfim deixou o emprego, Eliot não se lançou em voo solo. Passou os 40 anos seguintes trabalhando para uma editora, a fim de ter estabilidade, e escrevia poesia nas horas vagas. Como disse o fundador da Polaroid, Edwin Land, "ninguém pode ser original em determinado campo se não possuir a estabilidade emocional e social que advém de atitudes regulares em todas as outras áreas que não aquela em que está sendo original".[38]

Mas empregos regulares não são distrações que nos impedem de realizar nosso melhor trabalho? O senso comum sugere que feitos criativos não podem florescer sem grandes janelas de tempo e energia, assim como empresas não podem prosperar sem um esforço intensivo. Esses pressupostos deixam de levar em conta o benefício central de um portfólio de risco balanceado: sentir-se seguro em um setor da vida nos dá liberdade para sermos originais em outro. Tendo alguma solidez financeira, escapamos à pressão de publicar livros semiacabados, vender arte medíocre ou lançar negócios sem fazer testes prévios. Quando Pierre Omidyar criou o eBay,[39] tratava-se apenas de um hobby: ele continuou trabalhando como programador pelos nove meses seguintes e só parou quando seu mercado virtual passou a lhe render mais dinheiro do que o emprego. "Os melhores empreendedores não maximizam o risco", observa Linda Rottenberg, cofundadora e CEO da Endeavor, com base em décadas de experiência no treinamento de muitos dos maiores empreendedores do mundo. "Eles tratam de deixar o risco menos arriscado."[40]

Montar um portfólio de risco balanceado não quer dizer ficar sempre no meio do caminho, assumindo apenas riscos moderados. Pelo contrário: os originais bem-sucedidos assumem riscos extremos de um lado e os contrabalançam com cautela extrema do lado oposto. Aos 27 anos, Sara Blakely teve uma ideia nova – criar meias-calças sem pés – e assumiu o grande risco de investir nela todas as suas economias: 5 mil dólares.[41] Para contrabalançar seu portfólio de risco, manteve o emprego de vendedora de aparelhos de fax por mais dois anos, dedicando as noites e os fins de semana a preparar o protótipo. Além disso, economizou dinheiro ao escrever os próprios requerimentos de patente, em vez de contratar advogados para fazê-lo. Quando finalmente lançou a Spanx, ela se tornou a mais jovem bilionária *self-made* do mundo. Um século antes, Henry Ford começou a construir seu império automotivo enquanto ainda trabalhava como engenheiro-chefe para Thomas Edison, o que lhe deu a segurança necessária para fazer experiências com suas novas invenções para um carro.[42] Continuou sendo funcionário de Edison por dois anos depois de construir um carburador e um ano depois de ter obtido a patente do produto.

E quanto a Bill Gates, famoso por abandonar os estudos em Harvard para lançar a Microsoft? Quando Gates vendeu um novo software, em seu segundo ano na universidade, ainda esperou um ano inteiro antes de deixá-la. Mesmo assim, ele não a abandonou em definitivo, mas equilibrou seu portfólio de risco solicitando uma licença, que foi formalmente aprovada pela universidade. E ele ainda podia contar com os pais para bancá-lo. "Longe de ser um dos grandes adeptos do risco", observa o empreendedor Rick Smith, "Bill Gates pode ser mais bem definido como um dos grandes *mitigadores* de risco."[43]

Foi esse tipo de minimização do risco que fez a Warby Parker dar certo. Dois de seus cofundadores, Neil Blumenthal e Dave Gilboa, tornaram-se co-

-CEOs da empresa. Rejeitaram os conselhos de se adaptar à norma e escolher apenas um líder, considerando mais seguro ter uma dupla no comando – de fato, há evidências de que ter co-CEOs é bem visto pelo mercado e aumenta o valor da empresa.[44] Desde o princípio, a prioridade número um deles era a redução dos riscos. "A Warby Parker não era a cesta na qual eu queria pôr todos os meus ovos", diz Dave. Depois de lançar a empresa, ele continuou a pesquisar outras oportunidades de negócio, sempre atento a descobertas científicas feitas no campus que pudessem ter potencial comercial. Contar com planos alternativos deu aos fundadores a coragem de basear seu negócio na suposição não comprovada de que as pessoas estariam dispostas a comprar óculos on-line. Em vez de apenas aceitar tal incerteza, eles trabalharam ativamente para minimizá-la. "Conversávamos o tempo todo sobre medidas para tornar o negócio menos arriscado", diz Neil. "A jornada inteira foi uma série de decisões seguir/não seguir. A cada passo do caminho, parávamos para pensar e fazer um balanço."

Como parte de sua proteção contra o risco, os quatro amigos fizeram juntos um curso de empreendedorismo e passaram meses aperfeiçoando seu plano de negócios. A fim de deixar os clientes mais confortáveis com a ideia nada familiar de encomendar óculos via internet, decidiram oferecer a possibilidade de devolução gratuita do produto. Mesmo assim, em pesquisas quantitativas e qualitativas, as pessoas ainda se mostravam relutantes em comprar óculos on-line. "Havia muita gente que simplesmente não aceitava a ideia. Isso de fato nos fez questionar a premissa do negócio", recorda Neil. "Foi um momento de incerteza terrível. E nos levou de volta à estaca zero."

Depois de muito discutir sobre o problema, o grupo encontrou uma solução: um programa gratuito de experimentação em domicílio. Os clientes poderiam encomendar armações sem compromisso financeiro e simplesmente devolvê-las se não gostassem delas. Na verdade, isso teria até um custo menor do que a devolução gratuita. Se um cliente comprasse uma armação com lentes e a devolvesse, a Warby Parker teria um prejuízo significativo, já que as lentes são feitas exclusivamente para cada consumidor. Por outro lado, se os clientes experimentassem apenas as armações e as devolvessem, a empresa poderia usá-las novamente. A essa altura, Dave estava confiante e empenhado: "Quando chegou a hora do lançamento e eu tive que decidir se aquilo era algo que eu estava disposto a fazer em tempo integral, já não pareceu arriscado. Não era como se eu estivesse dando um grande salto no escuro." O programa gratuito de experimentação em domicílio teve uma adesão tão grande que a Warby Parker precisou suspendê-lo temporariamente, 48 horas depois do lançamento.

Há cada vez mais evidências de que os empreendedores não apreciam o risco mais do que qualquer um de nós. Essa é uma das raras conclusões sobre as quais economistas, sociólogos e psicólogos estão de acordo. Em um estudo representativo conduzido com 800 americanos, empreendedores e funcionários foram solicitados a indicar qual destes três negócios eles optariam por lançar:

(a) Um que dê 5 milhões de dólares de lucro, com 20% de chance de sucesso

(b) Um que dê 2 milhões de dólares de lucro, com 50% de chance de sucesso

(c) Um que dê 1,25 milhão de dólares de lucro, com 80% de chance de sucesso

Os empreendedores mostraram-se significativamente mais inclinados pela terceira opção, a mais segura. Isso ocorreu em todas as faixas de nível de renda, patrimônio, idade, sexo, experiência empresarial, estado civil, grau de educação, tamanho da residência e chances de sucesso atribuídas a outros negócios. "Descobrimos que os empreendedores são bem mais avessos ao risco do que a população em geral", concluíram os autores.[45]

Essas são apenas preferências manifestadas em uma pesquisa, mas quando você acompanha o comportamento de empreendedores na vida real fica claro que eles evitam os maiores riscos. Economistas descobriram que, na adolescência, empreendedores de sucesso eram três vezes mais inclinados do que os amigos a quebrar regras e participar de atividades ilícitas. No entanto, quando examinamos mais de perto os comportamentos relacionados a isso, percebemos que os adolescentes que mais tarde fundariam empresas produtivas estavam apenas assumindo riscos calculados. Quando os psicólogos estudaram gêmeos americanos e cidadãos suecos, chegaram aos mesmos resultados.

Nos três estudos, revelou-se que as pessoas que se tornariam empreendedores bem-sucedidos tinham mais chances de ter em seu histórico adolescente o hábito de desafiar os pais, ficar na rua além da hora permitida, matar aula, cometer pequenos furtos em lojas, apostar dinheiro, beber álcool e fumar maconha.[46] No entanto, não eram mais inclinados a se envolverem em atividades perigosas como dirigir sob efeito de álcool, comprar drogas ilícitas ou roubar bens valiosos. E isso era verdadeiro qualquer que fosse o status socioeconômico dos pais ou a renda familiar.

As pessoas originais têm, sim, atitudes variadas em relação ao risco. Algumas são apostadoras arrojadas, outras são paranoicas e avarentas. Para se tornar original, você precisa tentar algo novo, o que implica aceitar alguma medida de risco. Mas os originais mais bem-sucedidos não são os malucos que dão o salto antes de olhar para baixo: ao contrário, são aqueles que se aproximam com relutância da beira do abismo, calculam a velocidade da queda, conferem três vezes os paraquedas e estendem uma rede de segurança lá embaixo por via das dúvidas. Como escreveu Malcolm Gladwell na revista *The New Yorker*, "muitos empreendedores correm riscos à beça – mas esses são, em geral, os que fracassam e não os que têm histórias de sucesso".[47]

O descaso pela aprovação social também não é característico das pessoas que tomam caminhos originais na vida. Em uma análise abrangente de 60 pesquisas, incluindo mais de 15 mil empreendedores, constatou-se que as pessoas pouco preocupadas com a opinião dos outros não tinham maior probabilidade de empreender, nem suas empresas apresentavam desempenho melhor.[48] Encontramos o mesmo padrão na política. Quando centenas de historiadores, psicólogos e cientistas políticos avaliaram os presidentes americanos, descobriram que os líderes menos efetivos foram aqueles que fizeram a vontade da população e seguiram os passos de seus predecessores.[49] Os melhores presidentes foram os que desafiaram o status quo e implementaram transformações que beneficiaram muito o país. Só que tais comportamentos não guardavam relação alguma com quanto eles se importavam com a aprovação popular e a harmonia social.

Abraham Lincoln costuma ser considerado o maior dos presidentes americanos. Quando os especialistas avaliaram todos eles em termos do desejo de agradar aos outros e evitar conflitos, Lincoln obteve a maior pontuação. Ele dedicava quatro horas por dia a atender cidadãos em seu escritório e perdoou desertores durante a Guerra Civil. Antes de assinar o ato de libertação dos escravos, remoeu-se em dúvidas durante seis meses.[50] Questionava se teria a autoridade constitucional para tanto e temia que a decisão o levasse a perder o apoio dos estados fronteiriços e, com isso, à guerra, o que destruiria o país.

A originalidade não é uma característica fixa. É uma escolha. Lincoln não nasceu com uma personalidade original. Enfrentar temas controversos não era algo inscrito em seu DNA, mas um ato consciente de sua vontade.

Como escreveu o grande pensador W. E. B. DuBois, "Ele era um de vocês e, no entanto, tornou-se Abraham Lincoln."

Com frequência, tanto no trabalho quanto na vida pessoal, não temos a possibilidade de exercer tal controle. Poucos anos atrás, o Google pediu ajuda a uma brilhante professora de Yale chamada Amy Wrzesniewski para tornar mais interessante o trabalho de seus funcionários dos setores de vendas e administração, que não sentiam ter a mesma liberdade, status e projetos desafiadores que os engenheiros da empresa. Juntei-me a ela e a outro colaborador, Justin Berg, em uma viagem por Nova York, Califórnia, Dublin e Londres, em busca de uma solução.

Muitos funcionários eram tão dedicados ao Google que aceitavam o trabalho como um padrão. Uma vez que consideravam suas tarefas e interações profissionais algo fixo e imutável, não lhes ocorria a possibilidade de promover ajustes.

Para libertá-los desse modelo mental, nós nos associamos a Jennifer Kurkoski e Brian Welle, dois dos inovadores por trás do Google Analytics.[51] Planejamos um workshop para introduzir em centenas de funcionários a noção de que empregos não são esculturas estáticas, mas blocos de montar flexíveis. Demos exemplos de pessoas que se tornaram arquitetas de seus próprios empregos, customizando as tarefas e relações de trabalho para que combinassem melhor com seus interesses, valores e habilidades – como um vendedor com talentos artísticos que se ofereceu para criar uma nova logomarca ou um analista financeiro extrovertido que se comunicava com os clientes por videoconferência em vez de e-mail. Depois disso, eles passaram a olhar para seus empregos familiares de forma não convencional: *vujà-dé*. Lançaram-se então à tarefa de criar uma nova visão de seus papéis que fosse mais próxima do ideal, mas ainda realista.

Chefes e colegas avaliaram o grau de satisfação e o desempenho de cada funcionário antes do workshop e depois de várias semanas e meses terem se passado. Como toda a experiência havia durado apenas 90 minutos, não tínhamos certeza se seria suficiente para fazer diferença. No entanto, seis semanas depois, os funcionários do Google que haviam sido selecionados aleatoriamente para pensar em seus empregos como algo maleável mostravam melhora significativa em seus indicadores de satisfação e desempenho. Quando acrescentamos ao workshop um módulo destinado a levar os funcionários a pensar tanto em suas habilidades quanto em seu trabalho como flexíveis, os ganhos duraram pelo menos seis meses. Em vez de empregar apenas seus talentos existentes, eles tomaram a iniciativa de desenvolver novas competências, que lhes permitiram criar dinâmicas de trabalho originais e personalizadas. Como resultado, passaram a ter 70% mais chances do que seus colegas de conseguir uma promoção ou uma transferência para algum posto cobiçado. Ao se recusarem a permanecer presos a empregos-padrão e habilidades-padrão, tornaram-se pessoas mais satisfeitas e profissionais mais eficientes – e se qualificaram para cargos mais condizentes com seus perfis. Muitas de suas limitações, deram-se conta, eram criadas por eles mesmos.

Uma vez tendo revelado que os originais bem-sucedidos costumam começar questionando o convencional e montando portfólios de risco balanceados, o restante deste livro aborda como construir pontes entre pensamento e ação. Depois de ter uma ideia nova, qual é a forma mais eficaz de defendê-la? Como psicólogo organizacional da Wharton, passei mais de uma década estudando a originalidade em um amplo leque de cenários, de empresas de tecnologia e bancos a escolas, hospitais e órgãos governamentais. Também pesquisei as trajetórias de alguns dos mais proeminentes originais de nosso tempo, e quero compartilhar a sabedoria deles sobre como podemos ser todos mais originais sem comprometer relacionamentos, reputações e carreiras. Espero que minhas descobertas ajudem as pessoas a criar coragem e desenvolver estratégias para perseguir a originalidade, e que forneçam aos líderes os conhecimentos necessários para criarem culturas de originalidade em suas equipes e organizações.

Lançando mão de estudos e histórias que cobrem áreas como negócios, política, esportes e entretenimento, examino as sementes da transformação criativa, moral e organizacional – e as barreiras que atravancam o progresso. A primeira seção deste livro trata da administração dos riscos envolvidos em gerar, reconhecer e expor ideias originais. Por definição, ideias inovadoras são repletas de incertezas, mas há evidências poderosas de como aprimorar a capacidade de separar o joio do trigo, a fim de não apostarmos em ideias ruins enquanto deixamos escapar as boas. Depois de identificar uma ideia promissora, o passo seguinte é comunicá-la de forma eficaz. Compartilho as melhores práticas de expressão, esclarecendo como selecionar as mensagens e o público de modo a ser mais ouvido e menos ignorado. Ao longo do caminho, você descobrirá por que a série televisiva de maior sucesso da história escapou por pouco de não ser produzida, por que um empreendedor vende suas start-ups enfatizando motivos para *não* investir nelas, como uma analista da CIA convenceu a comunidade de inteligência a deixar de ser tão secreta e como uma funcionária da Apple desafiou Steve Jobs estando três níveis abaixo na hierarquia – e venceu.

A segunda seção lida com as escolhas que fazemos para replicar e disseminar a originalidade. Começo pelo dilema do momento certo: é bom manter-se cauteloso a respeito de ser o pioneiro, pois costuma ser mais arriscado agir cedo do que tarde. Por incrível que pareça, alguns dos maiores empreendimentos criativos e iniciativas de transformação da história tiveram raízes na procrastinação, e a tendência de atrasar ou adiar pode ajudar os empreendedores a construir empresas duradouras, os líderes a conduzir esforços de transformação e os inovadores a manter sua originalidade. Em seguida trato dos desafios de construir alianças, investigando como cultivar apoio para uma ideia original e reduzir os riscos de rejeição. A heroína negligenciada do movimento sufragista ilustra por que os inimigos são aliados melhores do que os amigos da onça, e como valores compartilhados podem acabar dividindo em vez de unir. Uma empresária que ocultou dos próprios funcionários a missão de sua companhia e o diretor de Hollywood que mudou o rumo da Disney no mercado de desenhos animados demonstram como recrutar colaboradores equilibrando idealismo com pragmatismo e misturando o familiar com o novo.

A terceira trata das formas de destravar e sustentar a originalidade, tanto em casa quanto no trabalho. Examino como cultivar a originalidade nas crianças, explicando como pais, irmãos mais velhos e outras pessoas que cumprem o papel de exemplos moldam nossa tendência à rebeldia. Você verá por que o número de bases que um profissional de beisebol consegue conquistar pode estar relacionado à infância, por que os comediantes mais originais dos Estados Unidos vêm de ambientes familiares semelhantes, por que as pessoas que arriscaram a vida para executar heroicos atos de resgate durante o Holocausto foram educadas pelos pais com uma noção particular de disciplina e por que as taxas de inovação e crescimento de países inteiros têm relação com os livros que lemos para as nossas crianças. Partindo desse ponto, pondero por que algumas culturas se tornam verdadeiras seitas e como os líderes podem valorizar opiniões divergentes para incentivar o florescimento da originalidade. Você aprenderá com um bilionário mago das finanças que demite os funcionários que não o criticam, um inventor que deu duro para disseminar sua engenhosidade e um especialista que ajudou a quebrar a lei do silêncio na Nasa depois que o ônibus espacial *Columbia* explodiu.

Encerro refletindo sobre as emoções que nos impedem de buscar a originalidade. Você vai ter uma nova compreensão sobre a superação do medo e da apatia com o caso do grupo de jovens de 20 e poucos anos que derrubou um tirano e com a história do advogado que combateu o aquecimento global nadando no polo norte. Esses exemplos destacam que manter a calma não é a melhor forma de controlar a ansiedade, que explodir de raiva é dar um tiro pela culatra e que o pessimismo às vezes nos deixa mais energizados do que o otimismo.

No fim das contas, são as pessoas que escolhem defender a originalidade que nos impulsionam. Depois de anos estudando e interagindo com elas, fico impressionado de perceber que suas experiências interiores não são nem um pouco diferentes das nossas. Elas sentem os mesmos medos e as mesmas dúvidas que nós. O que as diferencia é que, mesmo assim, partem para a ação. No fundo, sabem que fracassar lhes traria menos desgosto do que nem tentar.

2

Inventores cegos e investidores caolhos

A arte e a ciência de reconhecer ideias originais

*Criatividade é se permitir cometer erros.
Arte é saber quais deles aproveitar.*

— Scott Adams[1]

Na virada do século, uma invenção abalou o Vale do Silício. Steve Jobs afirmou tratar-se do produto tecnológico mais incrível desde o computador pessoal. Apaixonado pelo protótipo, ofereceu ao inventor 63 milhões de dólares por uma fatia de 10% da empresa. Diante da recusa, Jobs fez algo que não combinava com sua personalidade: ofereceu uma consultoria para o inventor pelos seis meses seguintes – de graça. O fundador da Amazon, Jeff Bezos, deu uma olhada no produto e imediatamente se deixou seduzir, dizendo ao inventor: "Você tem um produto tão revolucionário que não terá problema algum em vendê-lo." John Doerr, o lendário investidor que apostou com sucesso no Google e em muitas outras start-ups de tecnologia valiosas, injetou 80 milhões de dólares no negócio, prevendo que a empresa se tornaria a mais rápida da história a atingir a marca de 1 bilhão de dólares e "seria mais importante que a internet".

O próprio inventor foi descrito como um Thomas Edison contemporâneo: àquela altura, seu currículo já incluía feitos notáveis. Sua máquina portátil de hemodiálise havia sido declarada o equipamento médico do ano, sua bomba portátil de administração intravenosa de medicamentos reduzia o tempo que os pacientes passavam internados em hospitais, e seu stent vascular estava ligado ao coração do então vice-presidente Dick Cheney. Ele havia acumulado centenas de patentes e recebido a maior honraria dada a inventores no país, a Medalha Nacional de Tecnologia e Inovação, das mãos do presidente Bill Clinton.

O inventor previa que, dentro de um ano, as vendas de seu novo produto chegariam a 10 mil unidades por semana. Seis anos depois, porém, tinham sido vendidas no total apenas 30 mil unidades. Depois de mais de uma década, a empresa ainda não se tornou lucrativa. Esperava-se que transformasse vidas e cidades, mas hoje o produto é usado apenas em nichos de mercado.

O produto era o Segway, o transportador pessoal autoequilibrado. A revista *Time* escalou o diciclo entre os 10 maiores fiascos tecnológicos da década. "Como investimento, o Segway sem dúvida foi um fracasso", admitiu Doerr em 2013.[2] "Eu fiz algumas previsões bastante ousadas sobre o produto que não se concretizaram." Como foi que todas essas mentes tão experientes no mundo dos negócios erraram o alvo?[3]

Alguns anos antes, dois comediantes haviam se juntado para criar um especial de 90 minutos para a televisão.[4] Eles não tinham experiência em escrever para o meio e rapidamente esgotaram suas ideias, então mudaram o conceito para um programa semanal de meia hora. Quando apresentaram o roteiro, a maioria dos executivos das emissoras não entendeu ou não gostou do projeto. Um dos atores envolvidos no programa o descreveu como uma "gloriosa bagunça".

Depois de filmarem o piloto, o episódio foi submetido a um teste de audiência. Os 100 telespectadores que foram reunidos em Los Angeles para discutir os pontos fortes e fracos do programa o descartaram como um fracasso deprimente. Um deles, referindo-se ao protagonista, foi duro: "Ele é um inútil. Quem vai querer acompanhar a vida desse cara?" Depois de outras 600 pessoas terem assistido ao piloto em quatro cidades diferentes, o relatório concluiu: "Nenhum segmento da audiência demonstrou entusiasmo por assistir outra vez ao programa." O resultado foi considerado fraco.

O episódio-piloto foi ao ar e, como se esperava, não foi um sucesso. Somando-se a isso os testes negativos de audiência, o normal seria que o programa morresse aí. Só que um executivo fez campanha para que mais quatro episódios fossem produzidos. Estes só foram ao ar quase um ano depois do piloto e, mais uma vez, não conseguiram conquistar uma audiência fiel. Por pura falta de tempo para achar outra solução, a emissora de TV encomendou a produção de meia temporada a fim de substituir um programa cancelado, mas a essa altura um dos roteiristas já pensava em pular fora: não lhe restavam mais ideias.

Ainda bem que ele mudou de ideia.

Ao longo da década seguinte, o programa dominou as pesquisas de audiência e faturou mais de 1 bilhão de dólares. Tornou-se a série de TV mais popular dos Estados Unidos, e a revista *TV Guide* a elegeu o melhor programa de todos os tempos.

Se alguma vez você já reclamou de quem se aproxima demais ao falar, acusou o convidado de uma festa de mergulhar duas vezes a torrada na pastinha ou deu o fora em alguém dizendo "Nada de sopa para você", estava usando bordões cunhados por esse programa. Por que os executivos da emissora tinham tão pouca confiança no grande sucesso que foi *Seinfeld*?

Quando nos queixamos da falta de originalidade no mundo, botamos a culpa na falta de criatividade. Se ao menos as pessoas conseguissem ter mais ideias novas, todos estaríamos em melhor situação. Mas, na verdade, o maior obstáculo para a originalidade não é a geração, mas a *seleção* de ideias. Em uma análise que contou com mais de 200 pessoas que tiveram mais de mil ideias para novos negócios e produtos, 87% deles eram de fato únicos.[5] As organizações, as comunidades e os países não sofrem necessariamente de uma escassez de ideias novas. O que os limita é a escassez de pessoas com notável habilidade de selecionar as ideias certas. O Segway era um falso positivo: foi alardeado como sucesso, mas se revelou um fiasco. *Seinfeld* era um falso negativo: esperava-se que fracassasse e acabou estourando.

Este capítulo trata dos obstáculos e das melhores práticas de seleção de ideias. Para descobrir como reduzir o número de apostas furadas que fazemos, consultei profissionais especializados em prognósticos, que aprenderam a evitar os riscos do falso positivo e do falso negativo. Você vai conhecer dois capitalistas de risco que anteciparam o fracasso do Segway e também o executivo da NBC que, mesmo não trabalhando na área de comédias, ficou tão entusiasmado com o piloto de *Seinfeld* que se arriscou a bancar sozinho o programa. Seus métodos questionam a sabedoria convencional quanto à importância relativa da intuição e da análise na avaliação de ideias, e também sobre como devemos levar a paixão em conta ao avaliar as pessoas por trás das ideias. Você entenderá por que é tão difícil para gestores e testes de audiência avaliar ideias novas, além de aprender como aprimorar nossa capacidade de decidir o momento certo de jogar os dados.

Um passeio casual na corda bamba criativa

O inventor do Segway é um prodígio da tecnologia chamado Dean Kamen, cujo guarda-roupa é abastecido com um único traje: camisa jeans, calça jeans e coturnos. Quando pedi a capitalistas de risco que descrevessem Kamen, a resposta mais comum foi: "Batman." Aos 16 anos, ele resolveu que assumiria a tarefa de redesenhar todo o projeto de iluminação de um museu – e só então foi pedir permissão ao presidente da instituição para realizar o projeto. Nos anos 1970, inventou a bomba de administração intravenosa de medicamentos, que deu lucro suficiente para que ele comprasse um jatinho e um helicóptero e ainda construísse em New Hampshire uma mansão equipada com oficina mecânica, laboratório de eletrônica e um campo de beisebol. Nos anos 1980, sua máquina portátil de hemodiálise foi um imenso sucesso.

Nos anos 1990, Kamen projetou o iBOT, uma cadeira de rodas capaz de subir escadas. Reconhecendo que a mesma tecnologia poderia ter aplicações mais amplas, contratou uma equipe para ajudar na criação do Segway. A meta era construir um veículo seguro e econômico que combatesse a poluição e ajudasse as pessoas a se locomover em cidades congestionadas. Como era pequeno, leve e autoequilibrado, seria perfeito para carteiros, policiais e jogadores de golfe, mas também tinha potencial de revolucionar o transporte no dia a dia. O Segway era a tecnologia mais extraordinária que Kamen já tinha criado, e ele previu que seria "para o carro o que o carro foi para o cavalo e a charrete".

Mas será que os inventores conseguem ser objetivos ao julgar as próprias ideias? Um de meus ex-alunos, Justin Berg, hoje um brilhante professor em Stanford, passou anos estudando esse problema. Berg se especializou em prognósticos criativos, a arte de prever o sucesso de ideias inovadoras.[6] Em um estudo, ele mostrou a diferentes grupos vídeos de números circenses e lhes pediu que fizessem previsões sobre o sucesso que cada um faria. Artistas do Cirque du Soleil e outras trupes, bem como administradores de circo, submeteram prognósticos sobre o êxito dos próprios vídeos.

Para testar o acerto dessas previsões, Berg mensurou então o sucesso real de cada número por meio da quantidade de curtidas, compartilhamentos e financiamento que lhes dava o público em geral. Convidou mais de 13 mil pessoas a assistir aos vídeos e lhes deu, além da oportunidade de compartilhá-los via Facebook, Twitter, Google+ e e-mail, um bônus de 10 centavos para doar aos seus artistas preferidos.

Os criadores revelaram-se péssimos na avaliação de como suas performances se sairiam no teste da audiência. Em média, ao classificar seus vídeos em um ranking com outros nove artistas diferentes, puseram-nos duas posições acima da real. Os administradores foram mais realistas: tinham um distanciamento maior das performances, o que os deixava em posição mais neutra.

Os cientistas sociais sabem há muito tempo que costumamos ser superconfiantes quando julgamos a nós mesmos. Eis um apanhado de suas descobertas:

- Alunos do último ano do ensino médio: 70% disseram ter capacidade de liderança "acima da média", enquanto 2% se declararam "abaixo da média"; quanto à habilidade de se relacionar com os outros, 25% acreditam estar no grupo de 1% mais qualificado e 60% se incluem nos 10% melhores.[7]
- Professores universitários: 94% afirmam realizar um trabalho acima da média.
- Engenheiros: em duas empresas diferentes, 32% e 42% incluíram-se entre os 5% de melhor desempenho.
- Empreendedores: quando 3 mil pequenos empresários avaliaram as chances de sucesso de diferentes empresas, deram, em média, nota 8,1 (de 10) a seus próprios negócios, enquanto negócios semelhantes levaram 5,9.[8]

O excesso de confiança pode ser uma tendência especialmente complicada de superar quando se trata de criatividade. No momento em que você concebe uma ideia nova, que por definição é única, pode ignorar todas as considerações que recebeu no passado relacionadas a outras criações. Mesmo que suas ideias anteriores tenham fracassado, esta é diferente.

Ao conceber uma ideia, estamos quase sempre próximos demais de nosso próprio gosto – e muito distantes do gosto do público – para avaliá-la corretamente. Estamos inebriados pelo entusiasmo do momento de eureca ou do triunfo de ter vencido um obstáculo. Como Brandon Tartikoff, que por longo tempo foi o presidente da divisão de entretenimento da rede NBC, costumava dizer a seus produtores: "Ninguém entra aqui com uma ideia que acha ruim." Até certo ponto, empreendedores e inventores têm que ser excessivamente confiantes nas chances de sucesso de suas ideias; do contrário, não teriam o combustível emocional necessário para levá-las adiante. No entanto, mesmo depois de serem informados da preferência de seus públicos, é fácil se tornarem vítimas daquilo que os psicólogos chamam de tendência de confirmação: eles se concentram nos pontos fortes de suas ideias e ignoram ou minimizam as limitações.

Depois de passar toda a carreira estudando a produtividade criativa, o psicólogo Dean Simonton chegou à conclusão de que até os gênios têm dificuldade de reconhecer quando têm nas mãos um grande êxito.[9] Na música, Beethoven é conhecido como um artista dotado de uma autocrítica perspicaz, mas Simonton observa que "as obras que ele preferia entre as próprias sinfonias, sonatas e quartetos não eram as que seriam mais executadas e gravadas pela posteridade".[10] Em uma análise, o psicólogo Aaron Kzbelt debruçou-se sobre cartas em que Beethoven avaliou 70 de suas composições, comparando aquelas opiniões com as de especialistas em sua obra.[11] Naquele grupo de 70, Beethoven incorreu em 15 falsos positivos, contando com o sucesso de peças que acabaram se revelando menores, e somente oito falsos negativos, criticando peças que acabaram sendo consideradas excelentes. Essa margem de erro de 33% ocorreu apesar de Beethoven ter feito muitos de seus julgamentos *depois* de conhecer as reações do público.

Se os criadores soubessem quando estão a caminho de produzir uma obra-prima, seu trabalho andaria apenas para a frente: eles interromperiam o processo gerador de ideias assim que topassem com o ouro. Mas muitas vezes, como descobriu Simonton, eles voltam atrás, retomando formas e versões que já haviam descartado como inadequadas. Em sua obra mais famosa, a Quinta Sinfonia, Beethoven passou a borracha na conclusão do primeiro movimento, que lhe pareceu curta demais, apenas para retomá-la mais tarde. Se fosse capaz de distinguir entre um trabalho ordinário e um extraordinário, teria aceitado sua composição imediatamente como um sucesso. Quando estava pintando seu famoso *Guernica* em protesto contra o fascismo, Picasso fez 79 esboços. Muitas das imagens da pintura acabaram se baseando nos primeiros daqueles desenhos, não nas variações que vieram por último. "Os esboços subsequentes revelaram-se 'becos sem saída', mas o artista não sabia de antemão que estava tomando caminhos errados", explica Simonton.[12] Se Picasso tivesse a capacidade de julgar suas criações no momento em que as produzia, seus esboços teriam que conduzi-lo cada vez mais na direção daquilo que buscava. Na realidade, muitos deles o levavam no sentido oposto.

Beijando sapos

Se os originais não são confiáveis para julgar a qualidade das próprias ideias, como eles maximizam suas chances de criar uma obra-prima? Tendo um monte de ideias. Simonton descobriu que, em média, gênios criativos não eram qualitativamente melhores em suas áreas do que seus pares. Eles apenas produziam um volume maior de trabalho, o que lhes permitia um maior número de variações e uma chance maior de atingir a originalidade. "A chance de produzir uma ideia influente ou bem-sucedida", destaca Simonton, é "diretamente proporcional ao número total de ideias geradas."[13]

Veja o caso de Shakespeare. Conhecemos apenas um pequeno número de seus clássicos, esquecendo-nos que, ao longo de duas décadas, ele produziu 37 peças e 154 sonetos. Simonton avaliou a popularidade das peças de Shakespeare, levando em conta o número de apresentações e o alcance dos elogios de especialistas e críticos. No mesmo período de cinco anos em que o autor escreveu três de suas cinco obras mais populares – *Macbeth*, *Rei Lear* e *Otelo* –, ele também produziu *Timão de Atenas* e *Tudo bem quando termina bem*, que figuram entre suas piores peças e costumam receber críticas pela prosa descuidada e pelas falhas de construção de enredo e desenvolvimento de personagens.

Em todas as áreas, mesmo os mais eminentes criadores costumam produzir uma grande quantidade de trabalho que, embora seja tecnicamente sólido, é considerado pouco interessante pelos especialistas e pelo público. Quando a Orquestra Filarmônica de Londres escolheu as 50 maiores obras da música clássica, a lista[14] incluiu seis peças de Mozart, cinco de Beethoven e três de Bach. Para criar meia dúzia de obras-primas, Mozart compôs mais de 600 obras antes de morrer, aos 35 anos; Beethoven produziu 650 ao longo de toda a vida e Bach, mais de mil. Um estudo sobre 15 mil composições clássicas mostrou que, quanto mais obras um compositor escrevia em um período de cinco anos, maior sua chance de criar um sucesso.[15]

A obra de Picasso inclui mais de 1.800 pinturas, 1.200 esculturas, 2.800 peças de cerâmica e 12 mil desenhos, sem falar nas gravuras e nas tapeçarias – e apenas uma fração disso tudo foi recebida com entusiasmo. Na poesia, quando recitamos o clássico poema de Maya Angelou, "Ainda assim me levanto", tendemos a nos esquecer de que ela escreveu outros 165. Quando nos lembramos de seu comovente livro de memórias, *Eu sei por que o pássaro canta na gaiola*, prestamos menos atenção em suas outras seis autobiografias. Na ciência, Einstein escreveu estudos sobre a relatividade geral e especial que revolucionaram a física, mas muitas de suas 248 publicações tiveram impacto mínimo. Se você quer ser original, "a coisa mais importante que pode fazer", diz Ira Glass, produtor de *This American Life* e do *podcast Serial*, "é trabalhar muito. Produzir um volume enorme de trabalho."[16]

Em qualquer área, ensina Simonton, as pessoas mais prolíficas não só têm as taxas mais altas de originalidade como materializam suas criações mais originais nos períodos[17] em que produzem em maior volume.* Entre os 30 e 35 anos, Edison inventou a lâmpada elétrica, o fonógrafo e o transmissor à base de carbono que aperfeiçoou o telefone. E, durante esse mesmo período, ele deu entrada em mais de uma centena de patentes para outras invenções das mais variadas, que incluíam uma caneta elétrica de estêncil, uma técnica para conservar frutas e até um método de utilizar ímãs na mineração de ferro – e ainda projetou uma boneca falante um tanto assustadora. "Os períodos em que as invenções mais irrelevantes acontecem costumam ser também os períodos em que as obras mais importantes aparecem", observa Simonton. "Apesar das 1.093 patentes de Edison, o número de realizações verdadeiramente superlativas talvez possa ser contado nos dedos de uma das mãos."

É amplamente aceita a ideia de que há uma troca entre quantidade e qualidade: se você quiser fazer um trabalho melhor, tem de trabalhar pouco. Só que essa máxima é falsa. Na verdade, quando se trata de geração de ideias, a quantidade é o caminho mais previsível para a qualidade. "Os pensadores originais", afirma o professor de Stanford Robert Sutton, "apresentarão muitas ideias que parecerão anomalias estranhas, becos sem saída e fiascos completos. Mas o custo vale a pena porque eles também criarão um conjunto maior de ideias – principalmente novas ideias."[18]

---

* Essa é uma das razões pelas quais os homens parecem ser responsáveis por um número maior de criações influentes do que as mulheres. Historicamente, as portas de muitas carreiras criativas eram fechadas a elas.[19] As mulheres que conseguiam uma oportunidade de sair de casa eram frequentemente encarregadas de cuidar de crianças. Assim, os homens simplesmente produziam em maior quantidade, o que lhes dava mais chance de ser originais. Com uma igualdade maior de oportunidades nos dias de hoje, tais diferenças de gênero na produção criativa tendem a desaparecer ou mesmo a mudar de lado. Berg descobriu que, em média, as mulheres fazem prognósticos criativos melhores do que os homens: elas são mais abertas a ideias novas, o que as torna menos inclinadas ao falso negativo.

Muitas pessoas deixam de atingir a originalidade[20] porque concebem algumas poucas ideias e depois ficam obcecadas em aperfeiçoá-las. Na Upworthy,[21] empresa especializada em viralizar bom conteúdo, dois funcionários escreveram chamadas diferentes para um vídeo que mostrava a reação de dois macacos sendo recompensados – um com pepinos e o outro com uvas. Oito mil pessoas assistiram ao vídeo quando a chamada era: "Lembra-se de *Planeta dos macacos*? Está mais perto da realidade do que você imagina." Uma chamada diferente atraiu 59 vezes mais espectadores, quase meio milhão de pessoas, para o mesmo vídeo: "Dois macacos receberam pagamentos desiguais; veja o que aconteceu." A regra da Upworthy diz que é preciso produzir pelo menos 25 ideias de chamada para encontrar a ideal. Alguns estudos mostram que os gênios de fato às vezes têm suas melhores ideias no início do processo criativo, mas, para a maioria de nós, as primeiras ideias costumam ser as mais convencionais, as mais próximas do padrão que já existe.[22] Somente depois de descartar o óbvio é que conquistamos a liberdade de considerar possibilidades mais remotas. "Quando bate o desespero, você começa a pensar fora da caixa", reza um dos mandamentos da Upworthy. "A ideia número 24 vai ser horrorosa, mas então a 25 surgirá como um presente dos deuses para fazer de você uma lenda."

Quando trabalhava no Segway, Dean Kamen tinha consciência das variações cegas que marcam o processo criativo. Com mais de 440 patentes em seu nome, ele acumulava uma farta coleção de erros e acertos. "Você tem que beijar um monte de sapos", costumava dizer à sua equipe, "antes de encontrar um príncipe." Na verdade, beijar sapos era um de seus mantras: Kamen incentivava os engenheiros a tentar muitas variações para aumentar as chances de tropeçarem na certa. Mas ele se decidiu pelo Segway antes de considerar outras soluções para os problemas de transporte, perdendo de vista o fato de que os inventores sempre têm dificuldade de determinar se suas criações serão, no fim das contas, sapos ou príncipes.

A melhor maneira de avaliar nossas ideias é por meio do feedback. Lance um bom punhado de ideias no mundo e observe quais são elogiadas e adotadas por seu público-alvo. Depois de passar décadas criando comédias, a cocriadora de *The Daily Show*, Lizz Winstead, ainda não sabe o que faz as pessoas rirem. Ela se lembra de estar sempre "tentando desesperadamente bolar piadas, escrevendo-as, depois testando-as no palco".[23] Algumas acertavam na mosca, outras eram um fiasco. Agora, com as mídias sociais, ela tem um mecanismo de feedback mais rápido. Quando pensa em uma piada, faz um tuíte; se o texto for um pouco mais longo, vai para o Facebook. Quando recebe de volta pelo menos 25 retuítes em menos de um minuto ou um grande número de compartilhamentos no Facebook, a ideia é aproveitada. No fim das contas, ela desenvolve o material que se mostrou ser mais popular entre seu público. "O Twitter e o Facebook me ajudam imensamente a decidir o que vai agradar as pessoas", explica.

Quando estava desenvolvendo o Segway, Dean Kamen não abriu a porta para esse tipo de feedback. Preocupado com a possibilidade de sua ideia ser roubada ou temendo que seu conceito fundamental se tornasse público cedo demais, ele manteve regras estritas de sigilo. Vários de seus próprios funcionários não tinham acesso à área onde o Segway era desenvolvido. Apenas um grupo de elite de investidores potenciais teve a oportunidade de experimentar o produto. Enquanto construía o Segway, sua equipe gerou um grande número de ideias, mas não dispunha de retorno crítico suficiente dos consumidores para fazer as escolhas mais adequadas ao produto final. O aparelho teve três ou quatro versões antes de ser visto por um consumidor.*
Ter convicção demais em nossas ideias não é perigoso apenas por nos deixar vulneráveis a falsos positivos, mas também porque nos impede de produzir a variedade necessária para atingirmos todo o nosso potencial criativo.

Mas Kamen e sua equipe não foram os únicos que se mostraram confiantes demais no Segway. Onde foi que os grandes Steve Jobs, Jeff Bezos e John Doerr erraram em seus julgamentos? Para descobrir isso, vamos primeiro examinar por que tantos executivos e pessoas em testes de audiência fracassaram em detectar o potencial de *Seinfeld*.

Prisioneiros de protótipos e preferências provincianas

Quando o primeiro roteiro de *Seinfeld* foi apresentado, os executivos não sabiam o que fazer com aquilo. Era algo "totalmente não convencional", recorda Warren Littlefield, da NBC. "Não se parecia com nada que houvesse na televisão. Não havia nenhum precedente histórico."

---

* A lição aqui não é que se deva perguntar ao consumidor o que ele deseja. Como diz a famosa frase que costuma ser atribuída a Henry Ford: "Se eu tivesse perguntado aos consumidores o que eles desejavam, eles diriam: 'um cavalo mais veloz'." Em vez disso, os criadores devem construir um carro e ver se os clientes vão querer dirigi-lo. Isso significa identificar uma necessidade potencial, projetar o que Eric Ries[24] chama de mínimo produto viável, testar diferentes versões e acumular feedback.

No estudo de Justin Berg sobre os números circenses, os administradores de circo, embora fizessem previsões de sucesso mais meticulosas do que os artistas, também não eram muito bons, sobretudo no que dizia respeito a ideias novas. Administradores costumam ser avessos de mais ao risco: eles se concentram no custo de investir em ideias ruins em vez de pensar nas vantagens de capitanear as boas, o que os leva a incorrer em um grande número de falsos negativos. O autor do primeiro relatório sobre o piloto de *Seinfeld* o avaliou em uma zona de fronteira entre "fraco" e "moderado". Inclinava-se por "moderado", mas seu chefe o desautorizou e classificou como "fraco".

Esses tipos de falsos negativos são comuns na indústria do entretenimento.[25] Executivos de grandes estúdios deixaram passar sucessos como *Star Wars, E. T.* e *Pulp Fiction*. No mercado editorial, rejeitaram *As crônicas de Nárnia, O diário de Anne Frank, ... E o vento levou, O senhor das moscas* e *Harry Potter* – em 2015, apenas os livros de J. K. Rowling faturaram mais de 25 bilhões de dólares, além de terem sido vendidas mais cópias da série do que de qualquer outra na história. Os anais da inovação corporativa estão cheios de histórias de chefes que mandaram seus funcionários pararem de trabalhar em projetos que acabaram se tornando grandes sucessos, da invenção da luz de LED pela Nichia ao carro Fiero da Pontiac, passando pelos mostradores eletrostáticos da HP. O Xbox quase foi encerrado pela Microsoft. A impressora a laser passou perto de ser descontinuada pela Xerox por ser cara e pouco prática.

Diante da incerteza, nosso primeiro instinto costuma ser o de rejeitar o novo, procurando razões que expliquem por que um conceito pouco familiar será um fracasso.[26] Quando os administradores julgam ideias novas, estão em um estado mental de avaliação. Para se protegerem dos riscos de uma aposta ruim, comparam o novo conceito que está sendo apresentado com modelos de ideias que foram bem-sucedidas no passado. Quando os editores recusaram *Harry Potter*, alegaram que o livro era longo demais para o público infantil. Quando Brandon Tartikoff viu o piloto de *Seinfeld*, achou que ele era "muito judaico" e "muito nova-iorquino" para seduzir uma audiência mais ampla.

Erik Dane, professor da Universidade de Rice, afirma que quanto mais conhecimento e experiência uma pessoa tem, mais entrincheirada em determinada visão de mundo ela fica.[27] Ele aponta estudos que provaram, por exemplo, que jogadores de bridge veteranos tiveram mais dificuldade do que os novatos de se adaptar quando as regras foram mudadas, e que contadores experientes saíam-se pior do que os recém-formados na hora de aplicar uma nova legislação tributária. À medida que acumulamos conhecimento sobre determinado campo, vamos nos tornando prisioneiros de nossos protótipos.

Em princípio, o público em geral deveria ser mais aberto à novidade do que os administradores: não tem os antolhos ou limitadores de visão associados à experiência, além de ter muito pouco a perder ao avaliar um formato diferente e expressar entusiasmo por uma ideia pouco usual. Na prática, porém, Justin Berg constatou que os testes de audiência não são melhores do que os executivos na hora de prever o sucesso de novas ideias: os grupos de pesquisa qualitativa são propensos a cometer os mesmos erros que os gestores.

Quando assiste a um programa em sua sala de estar, você é capturado pelo enredo. Se der gargalhadas, vai concluir que o programa é engraçado. Ao assistir ao mesmo episódio em um grupo de pesquisa qualitativa, porém, não se engaja da mesma forma no programa. Você permanece consciente do fato de que está ali para avaliá-lo, não para apreciá-lo, então assume uma posição de julgamento logo de cara. Como está tentando descobrir se as pessoas vão querer vê-lo, você naturalmente o compara com as ideias estabelecidas de como um programa daquele gênero deve funcionar. Quando os grupos de pesquisa viram o piloto de *Seinfeld*, acharam que lhe faltava o espírito comunitário de *Cheers*, a dinâmica de família de *The Cosby Show* e a confiabilidade de *ALF*. Era fácil demais encontrar defeito em um programa que era descaradamente sobre nada.

"A verdade é que a maioria dos pilotos não se sai bem nos testes", observa Warren Littlefield, "porque o público não reage bem a coisas que sejam novas ou diferentes." Os espectadores não têm experiência suficiente: simplesmente nunca viram muitas das ideias novas que vão parar na mesa de edição. "Os testes de *Seinfeld* deveriam fazer com que esse negócio de teste de audiência acabasse para sempre. Por favor, não venham me dizer que meu programa se reduz ao que pensam 20 pessoas em um subúrbio de Los Angeles", diz o comediante Paul Reiser. "Nunca estive em nenhum teste de audiência que prestasse."

Portanto, nem os testes de audiência nem os executivos são os juízes ideais para as ideias criativas. Eles são suscetíveis demais aos falsos negativos, concentram-se em excesso nos motivos para rejeitar uma ideia e agarram-se com firmeza aos protótipos existentes. Vimos ainda que os criadores também têm dificuldades, por serem demasiado positivos em relação às próprias criações. No entanto, há um grupo que chega perto da maestria na hora de fazer prognósticos: colegas criadores que avaliam as ideias uns dos outros. No estudo de Berg sobre os números circenses, as previsões mais precisas sobre quais vídeos ganhariam mais curtidas, compartilhamentos e investimentos foram as de artistas que avaliavam o trabalho dos colegas.

Quando julgavam a performance dos outros, os artistas tiveram um índice de acerto duas vezes maior do que os administradores e os testes de audiência ao prever quantos compartilhamentos os vídeos alcançariam. Comparados com eles, administradores e testes qualitativos incorreram, respectivamente, em 56% e 55% mais falsos negativos, subestimando apresentações novas e promissoras em cinco posições ou mais na grade de 10 aos quais assistiram.

Costumamos falar da sabedoria das multidões, mas é preciso ter cuidado com o tipo de multidão ao qual nos referimos. Em média, as previsões combinadas de todos os 120 gerentes de circo não foram melhores do que as de um artista solitário típico. Os administradores e os testes de audiência tenderam a se fixar em um tipo particular de apresentação preferida e rejeitar os demais. Os criadores foram mais abertos a modalidades diferentes de performance, vendo potencial em colegas que faziam acrobacias aéreas e de solo, mas também em malabaristas e mímicos talentosos.*

Em vez de tentarmos avaliar por conta própria nossa originalidade ou pedirmos a opinião dos superiores, deveríamos nos voltar com maior frequência para nossos colegas. Eles não têm a aversão ao risco dos gerentes e dos testes de audiência, o que os protege dos falsos negativos. Ao mesmo tempo, não investiram em nossas ideias, o que lhes confere o distanciamento necessário para fazer um julgamento honesto e previne falsos positivos.

Essas evidências ajudam a explicar por que muitos artistas gostam da aprovação do público, mas cobiçam mesmo a admiração de seus pares. Os comediantes costumam dizer que a maior honraria é fazer um colega rir. Mágicos gostam de enganar a plateia, mas dedicam a vida a impressionar seus colegas de profissão. A explicação convencional para tal preferência é a busca de status: somos ávidos pela aceitação de nosso grupo, de nossos semelhantes. Mas a pesquisa de Berg sugere que somos atraídos pelo julgamento de nossos pares também porque são eles que nos fornecem as avaliações mais confiáveis.

---

* Uma categoria de arte circense foi universalmente rejeitada por gerentes, testes de audiência e criadores: a dos palhaços. Não é coincidência que um dos episódios de *Seinfeld* gire em torno do medo que os palhaços provocam tanto em adultos quanto em crianças.

Ao julgar ideias inovadoras, podemos reduzir o risco de incorrer em falsos negativos pensando mais como os criadores. Em uma série de experiências, Berg pediu a mais de mil adultos que fizessem previsões sobre o sucesso de novos produtos para o mercado. Algumas das ideias poderiam ser úteis: um projetor de imagens 3-D, um sistema de pavimentação que simula o terreno natural e um dispositivo automático para arrumar a cama. Outras ideias eram menos práticas, como uma toalha eletrificada para impedir que formigas arruinassem o piquenique. O restante era composto por ideias convencionais de utilidade variada, que iam de um recipiente portátil para cozinhar a vapor no micro-ondas a um sistema de transportar toalhas de banho sem tocar nelas.

Berg queria aumentar as chances de que as pessoas dessem notas maiores a ideias novas e úteis em vez de favorecer as convencionais. Aleatoriamente, ele separou metade dos participantes e pediu que pensassem como executivos, dedicando os seis minutos iniciais à preparação de uma lista de três critérios para avaliar o sucesso de produtos novos. Este grupo, então, apostou em uma ideia nova e útil 51% das vezes. Mas o outro grupo de participantes acertou muito mais, escolhendo as ideias novas mais promissoras mais de 77% do tempo. Para isso, bastou que tivessem empregado seus seis minutos iniciais de forma um pouco diferente: em vez de adotarem um ponto de vista gerencial na avaliação das ideias, entraram em um modo mental criativo, concebendo eles mesmos suas ideias. Aqueles meros seis minutos que passaram desenvolvendo pensamentos originais os deixaram mais abertos ao novo, aprimorando sua capacidade de enxergar o potencial de algo diferente.

A partir dessas descobertas pode-se pensar que, para aprimorar a seleção de ideias, bastaria garantir que os executivos tivessem alguma experiência como criadores. No entanto, na pesquisa de Berg sobre os números circenses, ex-artistas que haviam se tornado administradores não se saíram significativamente melhor em suas avaliações do que os demais executivos: artistas puros ainda são os melhores para fazer prognósticos. Uma vez assumida uma função administrativa, é difícil evitar que um modelo mental gerencial se instale e provoque falsos negativos. Berg demonstrou isso em uma experiência, pedindo às pessoas que concebessem ideias de produtos e em seguida elaborassem uma lista de critérios de avaliação. Então, ele mediu o sucesso dessas ideias com um público de verdade. Pensar como criador e depois assumir o papel de administrador fez a capacidade de previsão das pessoas cair para 41%.

Quando Berg inverteu a ordem dos fatores, pedindo às pessoas que elaborassem a lista de critérios de avaliação primeiro e depois criassem ideias, seu índice de acerto subiu para 65%. Se quisermos aprimorar nossas chances de apostar nas melhores ideias originais, temos que gerar nossas próprias ideias imediatamente antes de levar em conta as sugestões dos outros. E isso, como veremos, ajuda a explicar por que *Seinfeld* acabou vindo à luz.

A espada de dois gumes da experiência

Quando o teste de audiência reprovou o piloto de *Seinfeld*, "foi uma facada no coração", recorda Warren Littlefield. "Ficamos receosos de seguir em frente com algo que havia sido rejeitado com tanta veemência nas pesquisas." As pessoas ideais para dar uma chance ao programa seriam outros roteiristas de comédia, mas não havia escritores puros em posições de comando. Rick Ludwin, o homem que acabou sendo o responsável pela realização do programa, era quem mais se aproximava disso.

Mais tarde, Ludwin deixaria sua marca na história da TV ao se posicionar a favor de Jay Leno, defender Conan O'Brien e lutar pela renovação do contrato de um programa que a princípio não tinha uma grande audiência: *The Office*. Mas sua maior contribuição foi ter comissionado o piloto de *Seinfeld*.

Àquela altura de sua carreira, Rick Ludwin nem trabalhava no departamento de comédia: lidava com espetáculos de variedade e programas especiais. Quando o piloto de *Seinfeld* não decolou, ele assumiu a missão de lhe dar uma nova chance. Encontrou algumas horas de programação sob sua gestão que ainda não estavam ocupadas, dividiu-as em períodos de meia hora e tirou dinheiro do orçamento de projetos especiais para financiar mais episódios. "Até onde sabemos, foi a menor encomenda de episódios na história das séries de televisão", diz Ludwin. Jerry Seinfeld tinha chegado a comentar que uma encomenda de apenas seis episódios seria "como um tapa na cara". A NBC quis apenas quatro.

"Se você quer fazer conexões que sejam inovadoras", disse Steve Jobs no distante ano de 1982, "é preciso não ter a mesma bagagem de experiências que todos os outros têm."[28] Trabalhar fora do departamento de seriados de comédia pode ter sido a maior vantagem de Rick Ludwin. "Larry [David] e Jerry nunca haviam escrito uma *sitcom*, e meu departamento nunca tinha desenvolvido um", lembra Ludwin. "Combinávamos bem, porque não sabíamos quais eram as regras que não deveríamos quebrar." Seu status como alguém de fora lhe deu o distanciamento necessário dos formatos convencionais de *sitcom* para considerar algo diferente. A maioria dos seriados de comédia tinha um pequeno punhado de cenas agrupado em um episódio arrumadinho de 22 minutos. *Seinfeld* muitas vezes deixava conflitos sem solução e tinha até 20 cenas diferentes socadas em um único episódio. Isso era enfadonho para quem trabalhava exclusivamente no mundo das *sitcoms*, mas confortável para um sujeito que trabalhava com uma estrutura diferente a cada especial.

Ao mesmo tempo, Ludwin tinha, sim, o pré-requisito da experiência em criação de comédia. Enquanto trabalhava como produtor, nos anos 1970, escreveu piadas e as vendeu a Bob Hope. Mais tarde, produziu alguns segmentos para um programa diurno de variedades que incluía esquetes cômicos. "Estar rodeado de autores de comédia é como ir a um acampamento de verão de beisebol. Você pensa que é bom até que chega a sua vez de rebater", recorda. "Não é que você não consiga acertar a bola: você não consegue nem ver a bola. Eu sabia que não estava no nível deles, mas pelo menos falava a mesma língua."

É quando têm uma experiência moderada em determinada área que as pessoas ficam mais abertas a ideias radicalmente criativas. A profunda experiência de Ludwin com a comédia deu a ele a desenvoltura necessária para o humor, ao passo que sua ampla experiência longe das *sitcoms* o impedia de ficar cego a modos alternativos de dar conta do recado. Em vez de fechar o foco em pesquisar o que tornava as *sitcoms* bem-sucedidas, Ludwin lançou uma rede mais abrangente para estudar o que funcionava na comédia de modo geral:

> *Você nunca sabe de onde virá o próximo grande sucesso. Pode ser algo completamente inesperado ou incomum. Se você pensar que "não, isso não pode funcionar porque o produtor não tem experiência suficiente, ou porque nenhuma ideia parecida jamais funcionou" – se você tiver esse tipo de barreira na cabeça, vai acabar deixando escapar algo. Uma das melhores coisas que eu tinha a meu favor era que nunca havia desenvolvido uma comédia de situação para o horário nobre, mas estava acostumado a ideias malucas, menos convencionais. Conseguia enxergar o que funcionava e o que não funcionava. O tempo que eu havia passado lendo roteiros do* Saturday Night Live *me deixou mais aberto para as histórias não convencionais que hoje são lendárias em* Seinfeld.

Essa combinação única de experiência ampla e profunda é fundamental para a criatividade. Um estudo recente em que todos os cientistas vencedores do prêmio Nobel entre 1901 e 2005 foram comparados a cientistas comuns do mesmo período revelou que ambos os grupos tinham a mesma experiência profunda em seus respectivos campos de estudo. No entanto, os vencedores do Nobel tinham chances significativamente maiores de estarem envolvidos com arte do que os cientistas menos bem-sucedidos. Eis o que uma equipe de 15 pesquisadores da Universidade do Estado de Michigan descobriu sobre o engajamento dos vencedores do Nobel com atividades artísticas, em comparação com os cientistas comuns:[29]

Hobby artístico	Probabilidades para os vencedores do prêmio Nobel em relação aos cientistas comuns
Música: tocar um instrumento, compor, reger	2 vezes maiores
Artes plásticas: desenhar, pintar, fazer gravuras, esculpir	7 vezes maiores
Artes manuais: marcenaria, mecânica, eletrônica, vidraçaria	7,5 vezes maiores
Escrita: poesia, teatro, romance, contos, ensaios, livros populares	12 vezes maiores
Artes cênicas: atuação amadora, dança, mágica	22 vezes maiores

Um estudo abrangente com milhares de americanos mostrou resultados semelhantes para empreendedores e inventores.[30] Pessoas que abriram negócios de sucesso e tiveram patentes postas em produção apresentavam maior probabilidade do que seus pares de ter hobbies que envolvessem desenho, pintura, arquitetura, escultura e literatura.

O interesse pelas artes por parte de empreendedores, inventores e cientistas célebres é um reflexo óbvio de sua curiosidade e aptidão. Pessoas que são abertas a novas formas de encarar a ciência e os negócios em geral são fascinadas pela expressão de ideias e emoções por meio de imagens, sons e palavras.* Mas não se trata de dizer que apenas certo tipo de pessoa original procura se expor à arte. A arte também serve, por sua vez, como uma poderosa fonte de percepções criativas.

Quando Galileu fez a surpreendente descoberta da existência de montanhas na Lua, seu telescópio na verdade não tinha capacidade de ampliação suficiente para permitir aquele achado. Ele reconheceu os padrões em zigue-zague que separavam as zonas de luz das zonas de sombra na superfície lunar. Outros astrônomos da época usavam telescópios semelhantes, mas só Galileu "foi capaz de compreender as implicações das regiões de luz e de sombra", como observa Simonton.[31] Ele tinha experiência com física e astronomia na profundidade necessária, mas também uma ampla experiência com pintura e desenho. Graças à sua formação artística em uma técnica chamada *chiaroscuro*, que se baseia nas representações de luz e sombra, Galileu foi capaz de identificar montanhas onde os outros não as viam.

Assim como cientistas, empreendedores e inventores costumam descobrir novas ideias ao ampliar seus conhecimentos para incluir as artes, nós também podemos adquirir maior amplitude ao diversificar nossos repertórios culturais. Pesquisas com adultos altamente criativos[32] demonstram que durante a infância eles se mudaram de cidade com frequência muito maior do que seus colegas, o que os expôs a culturas e valores diferentes, estimulando sua flexibilidade e capacidade de adaptação. Em um estudo recente, uma equipe de pesquisadores liderados pelo professor de estratégia Frédéric Godart investigou se a criatividade poderia ser influenciada pelo tempo que uma pessoa passa no exterior.[33] Eles se concentraram na indústria de moda, tabulando as avaliações de consumidores e críticos da indústria sobre a criatividade das coleções produzidas por centenas de marcas ao longo de 21 estações. Os pesquisadores estudaram as biografias dos diretores de criação dessas marcas, acompanhando as experiências de ícones da indústria como Giorgio Armani, Donna Karan, Karl Lagerfeld, Donatella Versace e Vera Wang.

---

* O traço de personalidade mais associado ao interesse artístico chama-se "abertura", a tendência a buscar a novidade e a variedade em termos intelectuais, estéticos e emocionais. Quando o psicólogo Robert McCrae analisou dezenas de questionários aplicados a pessoas de 51 culturas diferentes, descobriu que um dos melhores indicadores de abertura era a concordância com a seguinte afirmativa: "Às vezes, quando estou lendo poesia ou contemplando uma obra de arte, sinto um arrepio ou uma onda de excitação". Em todo o mundo, dos Estados Unidos ao Japão, do Brasil à Noruega, as pessoas de cabeça mais aberta sentem arrepios e tremores estéticos[34] ao apreciar uma obra de arte ou ouvir uma bela composição. "Adquiri um gosto acentuado por música", escreveu Charles Darwin[35] certa vez, "de tal forma que às vezes, ouvindo um hino, sinto um frio na espinha."

As coleções de moda mais criativas vieram de grifes cujos estilistas tinham maior experiência no exterior, mas houve três aspectos inesperados. Em primeiro lugar, ter *vivido* no exterior não importava: era o tempo *trabalhando* fora, engajando-se ativamente no mercado de design em um país estrangeiro, que indicava se as novas coleções dos estilistas seriam bem-sucedidas. As coleções mais originais vieram de profissionais que haviam trabalhado em dois ou três países diferentes.

Em segundo lugar, quanto mais a cultura estrangeira se distanciava da cultura de sua terra natal, mais a experiência contribuía para a criatividade dos estilistas. Um americano beneficiava-se pouco por ter trabalhado no Canadá, em comparação com os ganhos de originalidade que podiam ser obtidos com um projeto na Coreia ou no Japão.

Mas trabalhar em diversos países com culturas diferentes não era o bastante. O terceiro e mais importante fator era a profundidade – o tempo passado a trabalho no exterior. Um emprego temporário não era de grande proveito, pois os estilistas não ficavam tempo suficiente lá para internalizar as ideias inovadoras daquela cultura estrangeira e fundi-las com suas velhas perspectivas. O mais alto índice de originalidade ocorreu quando eles tinham passado 35 anos trabalhando fora.

A experiência de Rick Ludwin se alinha com esse modelo. Ele tinha a profundidade adquirida em mais de uma década de trabalho com diferentes esquetes cômicos. Possuía a visão ampla advinda dos programas televisivos adaptados de países estrangeiros bastante distintos: variedades e especiais, além de programas de entrevistas diurnos e noturnos. Fluente em múltiplas linguagens televisivas, ele enxergou promessa onde os outros só viam dúvidas. Depois de conseguir que *Seinfeld* fosse aprovado, continuou a supervisionar o programa até o fim, e apostou em escritores que tinham o mesmo perfil que ele, meio de dentro e meio de fora. Quase todos vinham de programas noturnos e a maioria nunca tinha trabalhado com seriados de comédia antes de *Seinfeld*, o que significava que "ideias pouco convencionais nunca eram um problema".*

---

* Será que experiências diversificadas levam mesmo à originalidade?[36] Ou são as pessoas originais que procuram experiências diversificadas? Nos ateliês de moda, talvez os estilistas mais criativos é que tenham escolhido mergulhar em novas culturas por períodos mais prolongados. Isso pode ser parte da explicação, mas há evidências de que a variedade de experiências pode estimular a criatividade. Quando diversificamos nossa base de conhecimento, aumentamos nossas chances de experimentar ideias originais e buscar conhecimento não convencional. Estudos mostram que as pessoas se tornam mais criativas quando são lembradas do tempo que passaram vivendo em uma cultura estrangeira,

Os riscos da intuição: onde Steve Jobs errou

A primeira vez que Steve Jobs subiu em um Segway, não queria mais descer. Quando Dean Kamen disse que estava na hora de outros investidores potenciais experimentarem o produto, Jobs relutantemente o largou, mas logo deu um jeito de dar mais uma volta. Ele convidou Kamen para jantar e, como conta o jornalista Steve Kemper, Jobs "achou que aquela máquina era tão original e fascinante quanto o computador pessoal, e sentiu que *tinha que se envolver*".[37]

Steve Jobs era famoso por fazer grandes apostas com base na intuição, e não em análises sistemáticas. Por que será que ele acertou tantas vezes em relação a softwares e hardwares mas errou dessa vez? Três fatores principais contribuíram para seu excesso de confiança no potencial do Segway: falta de experiência na área, arrogância e entusiasmo.

Vamos começar pela experiência. Enquanto muitos executivos da NBC tinham experiência demais com *sitcoms* tradicionais para apreciar o gênio heterodoxo de *Seinfeld*, os primeiros investidores do Segway padeciam do problema oposto: não sabiam o suficiente sobre transporte. Jobs tinha se especializado no mundo digital, Jeff Bezos era o rei do comércio eletrônico e John Doerr fizera fortuna investindo em empresas de software e internet como Sun Mycrosystems, Netscape, Amazon e Google. Todos eram originais em seus respectivos campos, mas ser um criador em determinado domínio não faz de ninguém um especialista em prognósticos de outras áreas. Para prever com exatidão o sucesso de uma nova ideia, é melhor ser um criador na própria área que se está julgando.

Uma nova pesquisa coordenada por Erik Dane explica por que é assim: nossas intuições só são precisas nos campos em que temos bastante experiência.[38] Em um experimento, as pessoas foram apresentadas a 10 bolsas de grife para decidir se eram verdadeiras ou falsificadas. Metade dos participantes precisava adivinhar em apenas cinco segundos, o que os forçou a confiar em seus instintos. A outra metade dispunha de 30 segundos, o que lhes permitiu inspecionar o produto e analisar suas características. A equipe de Dane também mediu a experiência dos participantes com bolsas – alguns

---

e que pessoas bilíngues tendem a ser mais criativas do que as que falam apenas uma língua. Em uma experiência na qual americanos de ascendência europeia assistiram a uma apresentação de slides de 45 minutos sobre a cultura miscigenada sino-americana, observou-se que eles foram mais criativos ao reescreverem a história de Cinderela para crianças turcas do que seus pares que haviam sido expostos apenas a lições sobre as culturas americana ou chinesa separadamente.

tinham bastante, sendo donos de mais de três bolsas Coach ou Louis Vuitton, ao passo que outros jamais haviam tocado em uma bolsa de grife.

Se você é o orgulhoso proprietário de várias bolsas de grife, quanto menos tempo tiver para examiná-las, mais preciso será em seu julgamento. Os donos de bolsas acertaram 22% mais quando tinham apenas cinco segundos para julgar do que quando tinham 30 segundos. Quando se passa muitos anos estudando bolsas, a intuição supera a análise, porque nosso inconsciente é imbatível no reconhecimento de padrões. Se você pensar muito, será fácil perder de vista o bosque por dar atenção demais às árvores.

Se você não sabe absolutamente nada sobre bolsas, porém, sua intuição não vai ajudá-lo. Quando lidamos com produtos pouco familiares, precisamos recuar um passo e avaliá-los. Não especialistas fazem julgamentos melhores quando se dedicam a uma análise minuciosa. Quando teve a intuição de que o Segway mudaria o mundo, Steve Jobs se deixou seduzir por uma atração impulsiva pela carga de novidade do produto, em vez de fazer um exame cuidadoso de sua utilidade. A psicóloga Teresa Amabile, de Harvard, uma das maiores autoridades do mundo em criatividade, lembra que, para ter êxito em ser original, uma invenção precisa ser nova – mas também precisa ser prática. Em um mundo digital dominado por bits e bytes invisíveis, Jobs se enamorou pela possibilidade de a próxima inovação revolucionária acontecer na área de transporte. O Segway era um prodígio de engenharia, e andar nele, uma delícia. "Era como um tapete mágico. Como produto, era algo transformador", diz Bill Sahlman, o professor de empreendedorismo de Harvard que apresentou Kamen a Doerr. "Mas os produtos não criam valor. São os consumidores que o fazem."

Para um grupo sem qualquer experiência em transporte, seria necessário fazer um bocado de dever de casa antes de decidir se o Segway era realmente prático. Um dos poucos investidores que manifestou preocupações dessa natureza foi Aileen Lee, que naquela época era sócia da Kleiner Perkins a serviço de Doerr. Nas reuniões de diretoria, Lee fez perguntas sobre como o Segway seria usado. Como trancá-lo? Onde seriam colocadas as compras? Ela tinha outra preocupação prática: o preço, uma vez que "cinco ou oito mil dólares é muito dinheiro para uma pessoa normal". Em retrospecto, ela diz: "Eu deveria ter sido mais incisiva e dito: 'Não estamos entendendo isso direito.'"

Outro cético de primeira hora foi Randy Komisar, que tinha sido empresário, conselheiro sênior na Apple, CEO da LucasArts Entertainment e membro fundador do TiVo. "Foi como se eu estivesse pensando como empreendedor naquele momento. Não acho que eu seja mais esperto do que todas aquelas pessoas, mas eu vi algo diferente do que elas viram. Acho que elas enxergaram uma tecnologia brilhante aplicada de uma forma que parecia extremamente inovadora. Quando fomos apresentados ao equipamento naquele dia, foi uma experiência mágica estar sobre duas rodas, autoequilibrados e circulando por aí", lembra Komisar. "A primeira impressão foi de puro deslumbramento. Por que será que não me convenceu?"

Quando estudou o mercado, Komisar percebeu que o Segway provavelmente não tomaria o lugar dos carros, mas poderia substituir caminhadas e passeios de bicicleta. Não o via como um produto para o consumidor comum. "Trata-se de uma mudança enorme de comportamento a um preço muito elevado e, fora o fator 'deslumbramento', com valor limitado para qualquer pessoa com dois pés", explica ele. Mesmo que o Segway fosse aprovado para uso em calçadas (o que ainda era uma questão em aberto) e seu preço se tornasse acessível, convencer as pessoas a adotá-lo seria um trabalho de anos. Ele sugeriu que se concentrassem então na utilidade do equipamento para jogadores de golfe, carteiros, policiais em ronda e pessoas nos parques da Disney. "Era possível ver uma relação de custo-benefício para esses usos, para os quais poderia haver alguma vantagem." Mas Komisar continuou a ter sérias reservas:

> Eu ainda via aquilo como uma mudança comportamental considerável a um custo muito significativo. Não estava claro para mim que pudesse aumentar a produtividade de um carteiro, ou que isso fosse um objetivo do serviço postal, que é bastante engessado por acordos sindicais. Nos campos de golfe, as pessoas dirigem carrinhos elétricos o dia inteiro. Por que passariam a usar esse equipamento?

Enquanto isso, Jobs apegou-se à sua intuição sobre novidades: "Se um número suficiente de pessoas virem a máquina, não será preciso convencê-las a adaptar as cidades para acomodá-la. As pessoas são espertas, isso vai acontecer."

Como explicam o psicólogo Daniel Kahneman, vencedor do prêmio Nobel, e o especialista em processos decisórios Gary Klein, as intuições só são confiáveis quando as pessoas acumulam experiência fazendo julgamentos em um ambiente previsível.[39] Se você é um médico às voltas com os sintomas de um paciente ou um bombeiro entrando em um edifício em chamas, a experiência tornará suas intuições mais certeiras. Há relações fortes e estáveis entre os padrões que você viu antes e o que você encontra hoje. Mas se você é um corretor da Bolsa de Valores ou um analista político, os eventos do passado não têm implicações confiáveis no presente. Kahneman e Klein examinam evidências de que a experiência ajuda físicos, contadores, analistas de seguro e gênios de xadrez: todos eles trabalham em campos nos quais as relações de causa e efeito são razoavelmente consistentes. Mas profissionais de recursos humanos, juízes, analistas de inteligência, psiquiatras e corretores da Bolsa não se beneficiam muito da experiência. Em um mundo em rápida transformação, as lições da experiência podem facilmente nos apontar a direção errada. E como o ritmo das mudanças está se acelerando, os ambientes em que vivemos tornam-se cada vez mais imprevisíveis. Isso torna a intuição menos confiável como fonte de revelações sobre novas ideias, ao mesmo tempo que aumenta a importância da análise.

Uma vez que Jobs não tinha acumulado uma experiência relevante na área de transporte, por que ele confiou tanto em sua intuição? Isso nos leva ao segundo fator: "O sucesso traz consigo certa prepotência", explica Komisar. Se ele tivesse insistido com mais veemência sobre suas preocupações, "Steve Jobs teria dito: 'Você não entende nada'", acredita Komisar. Pesquisas feitas em transporte e viagens aéreas sustentam o que ele diz. Quanto mais sucesso alguém teve no passado, pior seu desempenho ao entrar em um novo ambiente.[40] Torna-se excessivamente confiante e menos inclinado a buscar o diálogo crítico, ainda que o contexto seja radicalmente diferente. Jobs caiu em uma dessas armadilhas do sucesso: com seu histórico de êxitos, tendo provado tantas vezes que os pessimistas estavam errados, não se preocupou em confrontar sua intuição com as opiniões de criadores com experiência relevante na área. E sua intuição o fez perder ainda mais o rumo quando ele deparou com o estilo de apresentação de Dean Kamen.

Os perigos da paixão

Quando Kamen vendia a ideia do Segway, discorria com paixão sobre o fato de países em desenvolvimento como a China e a Índia estarem construindo novas cidades do tamanho de Nova York a cada ano. Esses centros urbanos logo estariam entulhados de carros, o que era ruim para o meio ambiente. O Segway poderia resolver esse problema. "Kamen é uma força da natureza", lembra Aileen Lee. "É técnico, experiente e superapaixonado por esses temas. Ou seja, é hipnótico."

Em um estudo conduzido pela professora de empreendedorismo Cheryl Mitteness, da Universidade de Northeastern, mais de 60 investidores-anjos avaliaram um total superior a 3.500 discursos de empreendedores sobre seus negócios para decidir se investiriam neles ou não.[41] Os investidores responderam a uma pesquisa na qual indicavam se eram mais intuitivos ou mais analíticos e, em seguida, deram notas para a paixão e o entusiasmo de cada empreendedor, além de avaliarem o potencial de financiamento de cada start-up. Os resultados mostraram que quanto mais intuitivos os investidores, maiores eram suas chances de serem convencidos pela paixão de um empreendedor.

Como explica Daniel Kahneman em seu livro *Rápido e devagar: duas formas de pensar*,[42] a intuição opera rapidamente, baseada em emoções em ebulição, ao passo que a razão é um processo mais lento e frio. Investidores intuitivos são mais suscetíveis a ceder ao entusiasmo de um empreendedor; já os investidores analíticos têm maior probabilidade de se concentrar nos fatos e fazer julgamentos desapaixonados sobre a viabilidade do negócio. O estilo intuitivo de Jobs o predispunha a se deixar levar pela paixão de Kamen e pela inovação intrínseca da tecnologia. E sua arrogância e falta de experiência com o mercado de transporte o deixaram vulnerável a acreditar no que acabaria por se revelar um falso positivo.

Quando consideramos os prospectos de uma ideia inovadora, é muito fácil nos deixarmos seduzir pelo entusiasmo das pessoas que estão por trás dela. Nas palavras de dois executivos do Google, Eric Schmidt e Jonathan Rosenberg: "Pessoas apaixonadas não trazem sua paixão à flor da pele, mas no coração."[43] A paixão de transformar uma ideia em realidade não é visível na emoção que as pessoas expressam. O entusiasmo que injetamos nas palavras, no tom de voz e na linguagem corporal não são pistas da paixão interior que experimentamos, mas meros reflexos de nossas habilidades de apresentação e nossa personalidade. Por exemplo, pesquisas mostram que pessoas extrovertidas costumam ser mais expressivas do que as introvertidas, o que significa dizer que demonstram mais paixão. Mas o fato de sermos mais extrovertidos ou mais introvertidos não tem, no fundo, relação alguma com o fato de sermos bem-sucedidos ou malsucedidos como empreendedores. Você pode amar uma ideia e estar determinado a conduzi-la ao sucesso, mas ainda assim comunicá-la de forma discreta.

Isso não quer dizer que a paixão seja irrelevante para o sucesso nos negócios. Há evidências de sobra de que empreendedores apaixonados conseguem fazer sua empresa crescer mais depressa e com maior solidez. No caso em questão, Kamen carecia de um elemento da paixão que faz as ideias passarem da concepção à ação. Em vez de se deixarem seduzir pela paixão de Kamen por ter criado o Segway, aqueles primeiros investidores deveriam ter avaliado a paixão dele pela construção de uma empresa e pela tarefa de levar o produto ao mercado com êxito. Para tanto, não deveriam ter prestado tanta atenção ao que ele *disse*. Deveriam ter examinado o que ele *fez*.

Depois de estudar a história de Kamen, Randy Komisar concluiu que ele era mais admirável como inventor do que como empreendedor. No passado, suas invenções mais bem-sucedidas haviam sido criadas em resposta a consumidores que chegavam até ele com um problema. Nos anos 1970, ele teve a ideia da bomba portátil de administração intravenosa de medicamentos quando seu irmão, que era médico, queixou-se de que as enfermeiras tinham de ministrar manualmente a medicação frequente; um processo que deveria ser automático. Isso permitiria a muitos pacientes irem para casa em vez ficarem presos nos hospitais. Nos anos 1980, desenvolveu a máquina portátil de hemodiálise depois que a Baxter Healthcare contratou sua empresa para aperfeiçoar os equipamentos de hemodiálise para pacientes diabéticos. Ele era excepcional em criar soluções brilhantes para problemas identificados pelos outros, não em descobrir os problemas certos a serem solucionados. No caso do Segway, ele começou com a solução e depois saiu à caça de um problema. Em vez de responder a uma demanda de mercado, cometeu o erro de tentar empurrar para o mercado uma oferta tecnológica.

Embora fosse apaixonado pelo Segway, Kamen não estava preparado para executá-lo bem. Se quisermos aprimorar nossa capacidade de selecionar ideias, não devemos nos perguntar *se* as pessoas tiveram sucesso. Precisamos entender *como* elas tiveram sucesso. "Quando olhávamos para Dean, víamos um fundador de negócios cheio de credibilidade, com um currículo de invenções bem-sucedidas na área médica, e víamos que as pessoas a quem ele havia se associado para fabricar esses produtos ainda estavam ao seu lado", diz Aileen Lee. "Mas na hora de fabricar de fato o produto, a rotina de execução e a capacidade de aprimorar a relação custo-benefício são importantes." Kamen não tinha essa experiência. Bill Sahlman acrescenta: "Nunca é a ideia. É sempre a execução."

Se quisermos prever se os criadores de uma ideia nova conseguirão torná-la bem-sucedida, precisamos enxergar além do entusiasmo que eles demonstram pela ideia e prestar atenção ao entusiasmo pela execução revelado por seus atos. Rick Ludwin não apostou em Jerry Seinfeld e Larry David porque eles pareciam ou soavam apaixonados quando defendiam seu roteiro – nem porque estavam animados com o conceito do programa. Ele lhes deu uma chance porque os viu revisar o conceito e observou sua capacidade de cuidar bem da execução. "Eles eram os tipos de sujeitos que estariam na sala dos roteiristas à meia-noite, tentando consertar o segundo ato. Dava para ver como Jerry era meticuloso com o próprio trabalho. Esse é o tipo de paixão que devemos procurar."

Lentes corretivas para a seleção de ideias

Meu fracasso pessoal em investir na Warby Parker foi um tremendo falso negativo. Depois de ler as pesquisas sobre seleção de ideias, reconheci uma das minhas limitações: eu não era criador naquela área, nem consumidor. A princípio, pus a culpa de minha baixa acuidade prognóstica em minha visão perfeita. Se você nunca usou óculos na vida, fica terrivelmente difícil avaliar as preferências de quem não vive sem eles. No entanto, refletindo melhor, eu me dei conta de que o que realmente me faltava era uma visão mais ampla. Eu tinha passado dois anos fazendo pesquisa e consultoria para uma ótica cuja principal fonte de receita era a venda de óculos em lojas, fabricados depois que os oftalmologistas prescreviam receitas e os consumidores experimentavam as armações. Eu estava preso ao ponto de vista convencional sobre como os óculos eram comprados e vendidos. Se eu tivesse passado algum tempo pensando em ideias inovadoras antes de ouvir o discurso sobre o conceito da empresa, ou lendo sobre como outros itens de vestuário e acessórios eram vendidos on-line, talvez eu fosse mais receptivo à ideia.

Os quatro fundadores da empresa não tinham antolhos como os meus: eles tinham experiência na profundidade e na amplitude corretas. Três deles usavam óculos e somavam experiências em bioengenharia, saúde, consultoria e finanças. Um destes, Dave, havia perdido os óculos no meio de uma viagem de muitos meses ao exterior. De volta aos Estados Unidos, a necessidade de comprar um celular e um par de óculos ao mesmo tempo lhe deu uma perspectiva nova. Neil Blumenthal não usava óculos, mas tinha passado os últimos cinco anos trabalhando em uma organização sem fins lucrativos, ensinando mulheres da Ásia, da África e da América Latina a abrir as próprias empresas. Os produtos que ele ensinava suas alunas a vender eram óculos. Isso lhe deu a profundidade necessária de conhecimento sobre a indústria ótica: ele sabia que óculos podiam ser desenhados, fabricados e vendidos a um custo mais baixo. E, tendo passado tempo fora dos canais convencionais do mercado, também tinha amplitude de visão para adotar uma perspectiva nova. "É raro que a originalidade venha das pessoas que estão dentro do mercado", diz Neil, "especialmente quando elas se sentem tão bem estabelecidas e confortáveis quanto o pessoal da indústria ótica."

Por conta da diversidade de suas experiências, os empreendedores da Warby Parker não foram prejudicados por protótipos existentes nem limitados por modelos mentais de avaliação.[44] Em vez de pressupor que a ideia iria funcionar e passar para o modo de venda entusiástica como fez Kamen, primeiro eles buscaram feedback de outros criadores e clientes potenciais. Ao eliminar o intermediário do varejo, haviam determinado que conseguiriam vender óculos que normalmente custam 500 dólares por 45 dólares. Depois de um especialista em marketing alertá-los de que seus custos subiriam – e também que o preço era visto como um sinal de qualidade –, criaram páginas de pesquisa com produtos simulados, distribuindo ao acaso os clientes a diferentes preços. Descobriram que a probabilidade de uma venda crescia em uma faixa de preço em torno de 100 dólares, depois da qual se estabilizava até começar a cair em faixas mais elevadas. Testaram diferentes designs de site com amigos a fim de avaliar não só quais geravam mais cliques, mas também quais transmitiam mais confiança.

Uma vez que outras empresas também poderiam vender óculos on-line, os fundadores deram-se conta de que um trabalho de *branding* seria fundamental para o sucesso. Para batizar a empresa, passaram seis meses criando ideias e fizeram uma lista com mais de 2 mil nomes potenciais. Ao testar seus favoritos em pesquisas quantitativas e qualitativas, descobriram que o nome inspirado em Kerouac, Warby Parker, soava sofisticado e único, além de não evocar nenhuma associação negativa. Depois disso, inundaram o negócio com paixão pela execução.

Muito do sucesso recente da Warby Parker se deve ao modo como eles envolveram seus colegas na avaliação de ideias. Em 2014, criaram um programa chamado Warbles, convidando todo mundo da companhia a apresentar sugestões de novas características tecnológicas a qualquer momento.

Antes da introdução do Warbles, eles recebiam de sua equipe entre 10 e 20 ideias por quadrimestre. Com o novo programa, o número de sugestões pulou para cerca de 400, e os funcionários passaram a demonstrar confiança no caráter meritocrático da seleção de ideias. Uma dessas sugestões levou a empresa a revisar seu processo de venda no varejo. Outra conduziu a um novo sistema para marcar entrevistas. "Neil e Dave são realmente brilhantes", diz o chefe de tecnologia da Warby Parker, Lon Binder, "mas não tem como serem tão brilhantes quanto 200 pessoas juntas."

Em vez de limitar o acesso às ideias e deixar que apenas os profissionais em nível de gerência decidissem quais seriam adotadas e implementadas, a Warby Parker deixou as sugestões completamente transparentes em um documento do Google. Todo mundo na empresa podia lê-las, comentá-las on-line e discuti-las em um encontro quinzenal. Isso significa que, como recomenda Justin Berg, as ideias eram avaliadas não apenas pelos chefes, mas também por colegas criadores – que tendem a ser mais abertos a ideias radicalmente novas. O tempo que os funcionários gastam tendo ideias os torna mais aptos a discernir quais sugestões de seus colegas valem a pena.

As equipes de tecnologia têm total autonomia para vasculhar a lista de sugestões e começar a trabalhar nas que julgarem mais interessantes. Parece uma democracia, mas há um porém: para dar aos funcionários alguma orientação sobre quais sugestões representam prioridades estratégicas para a companhia, os gerentes votam, atribuindo em um ranking uma posição mais alta para as mais promissoras e mais baixa para as menos interessantes. No entanto, para evitar falsos positivos e falsos negativos, esses votos não são definitivos. As equipes de tecnologia podem se sobrepor aos gerentes, selecionando uma sugestão que não foi bem votada e trabalhando para provar seu valor. "Eles não esperam permissão para começar a construir alguma coisa", afirma o especialista em psicologia aplicada Reb Rebele, que estudou a Warby Parker. "Mas coletam feedback dos pares antes de repassar a novidade ao consumidor. Começam depressa e depois desaceleram."

Se o Segway tivesse sido submetido ao processo Warbles, muito mais feedback crítico teria chegado para impedir que ele fosse construído – ou para gerar um projeto mais útil. Antes que fosse tarde demais, Dean Kamen teria aprendido a torná-lo mais prático ou licenciado o produto para quem pudesse fazê-lo.

O Segway pode ter fracassado, mas Kamen ainda é um inventor brilhante, Jeff Bezos ainda é um empreendedor visionário e John Doerr ainda é um investidor astuto. Concebendo ou avaliando novas ideias, o melhor que você pode fazer é medir o sucesso com o mesmo tipo de parâmetro que os rebatedores usam no beisebol. Como diz Randy Komisar, "se eu acerto a bola 3 vezes em 10, sou um gênio. Isso porque o futuro não pode ser previsto. Quanto mais cedo você aprender essa lição, mais cedo se tornará bom nisso".

Dean Kamen seguiu em frente e apresentou ao mundo uma série de novas invenções, de volta ao campo da saúde onde havia deixado sua marca. Uma delas é um braço artificial com tecnologia robótica de ponta que permite a um amputado pegar uma uva e operar uma furadeira elétrica – apelidado de "Luke" por causa de uma cena de *Star Wars* em que Skywalker ganha um braço biônico. Há também um novo motor Stirling, uma máquina silenciosa e econômica que gera energia e aquece água. Esse motor move o purificador de água Slingshot, que consegue destilar água potável de qualquer fonte, dispensa filtros e pode usar até esterco como combustível. Dando uma volta completa, Kamen se viu vendendo a ideia do Slingshot para Komisar. Mais uma vez, porém, Komisar foi cético. Com a experiência de quem já vagou pelo mundo em desenvolvimento com uma mochila nas costas, ele acha que a máquina é complicada demais para lugares sem energia elétrica: quando deixar de funcionar, vai acabar em uma pilha de ferro-velho. Se esta vai se revelar uma previsão certeira ou um falso negativo, o tempo dirá.

Como inventor, a melhor aposta de Kamen é conceber cegamente novas ideias e depois reunir feedback de seus colegas criadores a fim de aprimorar seu entendimento sobre quais delas serão úteis.[45] Como investidor, você vai conseguir ter uma visão mais clara, mas ainda estará fazendo apostas com um dos olhos fechados. Em vez de bancar uma única ideia, sua jogada mais inteligente poderia ser apostar em um portfólio com várias das criações de Kamen.

Somente em 2013, mais de 300 mil patentes foram concedidas nos Estados Unidos. As chances de uma dessas invenções mudar o mundo são minúsculas. Criadores individuais têm chances muito melhores depois de uma vida inteira de ideias. Quando julgamos sua grandeza, não pensamos em suas médias, mas em seus pontos altos.

3

No limbo[1]

Como dizer verdades aos poderosos

Os espíritos elevados sempre enfrentaram oposição das mentes medíocres.

– Albert Einstein[2]

No início dos anos 1990, uma ambiciosa analista da CIA chamada Carmen Medina foi para a Europa Ocidental em uma missão de três anos. Quando voltou aos Estados Unidos, descobriu que ter deixado o país a fizera retroceder na carreira. Depois de ficar empacada em várias funções que não condiziam com suas capacidades e aspirações, ela procurou uma forma diferente de dar sua contribuição. Começou a participar de grupos de trabalho sobre o futuro da inteligência.

Ao longo de sua carreira na CIA, Carmen Medina identificara um problema fundamental de comunicação dentro da comunidade de inteligência. O sistema convencional de compartilhamento de informação baseava-se em "relatórios fechados de inteligência", divulgados uma vez por dia e difíceis de coordenar entre as agências. Os analistas não tinham como compartilhar insights à medida que surgiam. Uma vez que o conhecimento estava em constante evolução, levava muito tempo para que a informação crítica chegasse às mãos certas. Com vidas em jogo e a segurança nacional em questão, cada segundo era importante. Todas as agências produziam os próprios jornais diários, e Medina enxergou a necessidade de haver um sistema radicalmente diferente que permitisse o compartilhamento de atualizações em tempo real entre as agências. Para quebrar a concentração de informação e acelerar a comunicação, propôs algo contracultural e arrojado: em vez de imprimir relatórios em papel, as agências de inteligência deveriam publicar suas descobertas instantaneamente e transmiti-las pelo Intelink, a internet sigilosa da comunidade de inteligência.

Seus colegas foram rápidos em abrir fogo contra a sugestão. Nada parecido jamais tinha sido tentado. A internet, argumentavam, era uma ameaça à segurança nacional. A inteligência era um trabalho clandestino e havia uma boa razão para isso. Com o sistema atual, era possível garantir que os documentos impressos chegassem ao destinatário designado, àquele que precisava ter conhecimento dele. A comunicação eletrônica não parecia segura nesse sentido: se a informação fosse parar nas mãos erradas, todos estariam em perigo.

Medina se recusou a desistir. Se a própria razão de ser daqueles grupos era sondar o futuro, e ela não pudesse dizer verdades aos poderosos ali, onde mais poderia? Tendo testemunhado a maior eficiência que os aparelhos de fax haviam trazido para o compartilhamento de informação, estava convencida de que a revolução digital acabaria sacudindo o mundo da inteligência. Ela defendia uma plataforma de internet que permitisse à CIA trocar informações com outras agências, como FBI e NSA.

Medina continuou a externar suas opiniões, mas ninguém lhe deu ouvidos. Um colega experiente a advertiu: "Tome cuidado com o que você fala nesses grupos. Se for honesta demais e disser o que realmente pensa, isso vai arruinar sua carreira." Em pouco tempo, até bons amigos começaram a se afastar dela. Por fim, cansada da falta de respeito com que era tratada, Medina explodiu e se envolveu em uma discussão acalorada, o que a forçou a tirar três dias de licença e depois começar a procurar um novo emprego.

Como não encontrou trabalho fora da agência, acabou sendo realocada em um cargo burocrático que a afastava de toda a ação – mais ou menos a única posição que lhe restava na CIA. Manteve-se quieta por algum tempo, mas, três anos depois daquela explosão, Medina decidiu voltar a erguer a voz em defesa de um sistema on-line para que as agências pudessem trocar informações de forma contínua e em tempo real.[3]

Menos de uma década depois, Carmen Medina desempenhou um papel indispensável na criação de uma plataforma chamada Intellipedia,[4] uma Wikipedia interna que permite às agências de inteligência acessar a base de dados uma da outra. Aquilo era tão contrário às normas da CIA que, nas palavras de um observador, "era como ser convocado a pregar o vegetarianismo no Texas".

Em 2008, a Intellipedia já era um recurso-chave que as agências de inteligência usavam em desafios tão variados quanto proteger as Olimpíadas de Pequim e identificar os terroristas por trás dos atentados de Mumbai. Em poucos anos, o site registrou mais de 500 mil usuários da comunidade de inteligência, acima de 1 milhão de páginas e 630 milhões de visitas – e conquistou a medalha do Serviço à Segurança Interna dos Estados Unidos. "É difícil exagerar a importância do que eles fizeram", disse um experiente líder da comunidade. "Eles promoveram uma grande transformação quase da noite para o dia e sem verba, depois que outros programas fracassaram em obter esses resultados com milhões de dólares de financiamento."

Por que Medina falhou em suas primeiras tentativas de expor suas ideias e o que a levou a ser ouvida da segunda vez? Entre os dois momentos, o mundo havia mudado: a internet ganhou aceitação ampla e os ataques terroristas de 11 de Setembro fizeram soar o alarme da necessidade de melhor coordenação entre as agências de inteligência. Mas não surgiu uma solução on-line até que Medina fosse promovida a vice-diretora de inteligência da CIA, o que lhe deu autoridade para apoiar a Intellipedia. Para chegar a esse cargo, ela precisou aprender a se comunicar de forma diferente – falar de modo a conquistar credibilidade em vez de perdê-la.

Todos nós já consideramos, em algum momento, expressar uma opinião minoritária, criticando uma medida administrativa que não faz sentido, defendendo uma nova maneira de fazer as coisas ou os direitos de um grupo de pessoas em situação de desvantagem. Este capítulo trata de quando falar e de como fazê-lo de forma eficaz, sem pôr em risco a carreira nem os relacionamentos. Quais são os momentos certos de falar e quais medidas devemos tomar para sermos ouvidos? Além de examinar passo a passo as descobertas de Carmen Medina, você vai aprender com um empreendedor que apresenta o conceito de suas empresas de modo invertido e com uma gerente que desafiou Steve Jobs. Entenderá por que os chefes mais afáveis às vezes são os que menos dão apoio, como o gênero e a cor da pele influenciam na voz das pessoas e por que nossas próprias fotos preferidas são o oposto daquelas de que mais gostamos dos nossos amigos. O objetivo é explicar como podemos reduzir os riscos de expor nossas opiniões – e aproveitar os benefícios de fazê-lo.

Poder sem status

Líderes e gestores gostam quando os funcionários tomam a iniciativa de oferecer ajuda, construir redes de relacionamentos, reunir novas informações e buscar feedback. Mas há uma forma de iniciativa que costuma ser punida: erguer a voz para dar sugestões.⁵ Em um estudo que cobriu as áreas de manufatura, serviços, varejo e instituições sem fins lucrativos, constatou-se que, quanto maior a frequência com que os funcionários expunham ideias para seus superiores, menores eram suas chances de ganhar aumentos e promoções em um período de dois anos. Em outro experimento, quando expressavam objeções ao racismo, eram criticados como moralistas por aqueles que não conseguiam assumir a mesma postura crítica.⁶ Ao subir alguns degraus na escala moral, podemos acabar solitários lá no alto.

Para entender as barreiras que Carmen Medina encontrou, é preciso separar duas dimensões importantes da hierarquia social que em geral aparecem agrupadas: poder e status. Ter poder envolve exercer controle e ter autoridade sobre os outros. Ter status é ser respeitado e admirado. Uma pesquisa coordenada pela professora Alison Fragale, da Universidade da Carolina do Norte, mostrou que as pessoas são punidas quando tentam exercer poder sem status.⁷ Quando tentam ter uma influência sobre os outros sem contar com seu respeito, são vistas como difíceis, coercitivas e egoístas. Como não fizeram por merecer nossa admiração, não achamos que tenham o direito de nos dizer o que fazer e oferecemos resistência. Foi isso que aconteceu com Carmen Medina: os anos que passou no exterior diminuíram seu status. Ela não tivera a oportunidade de provar seu valor para os colegas, que por isso não lhe davam crédito. Quanto mais as pessoas menosprezavam suas preocupações, maior era sua frustração.

Quando tentamos influenciar pessoas e descobrimos que elas não nos respeitam, isso alimenta um círculo vicioso de ressentimento. Em uma tentativa de impor autoridade, nossa reação é recorrer a comportamentos cada vez mais desrespeitosos. A demonstração mais chocante desse círculo vicioso se deu quando os pesquisadores organizaram duplas, atribuindo a uma pessoa poder sobre a tarefa que a outra deveria realizar em troca de um bônus de 50 dólares. Quando os detentores do poder, escolhidos ao acaso, eram informados de que seus pares os admiravam e respeitavam, eles em geral escolhiam tarefas razoáveis: para ganhar os 50 dólares, seus comandados tinham que contar uma piada ou escrever sobre o que haviam feito na véspera. No entanto, quando os detentores do poder eram alertados de que seus pares os desprezavam, eles retaliavam com tarefas humilhantes, mandando-os imitar um cachorro e latir três vezes, repetir "sou imundo" cinco vezes ou contar de trás para a frente a partir de 500 de 7 em 7. A informação de que não eram respeitados chegou perto de dobrar suas chances de usar o poder para degradar os demais.⁸

Carmen Medina não chegou nem perto desse ponto. Mas, à medida que buscava exercer um poder desacompanhado de status, foi colhendo reações cada vez mais negativas. Status não é algo que se possa reivindicar: precisa ser conquistado ou concedido.

Em sua segunda tentativa, anos depois, Medina não pôs sua carreira em risco tentando atacar o sistema desde baixo. Em vez disso, tratou de ganhar status tornando-se parte do sistema para só então transformá-lo de dentro para fora. Como o icônico cineasta Francis Ford Coppola observou: "Nem sempre o jeito certo de chegar ao poder é desafiando o sistema: às vezes é melhor encontrar um lugar dentro do sistema para então desafiá-lo, enganá-lo."⁹ Quando tomou a arriscada decisão de apresentar sua ideia outra vez, Medina havia equilibrado seu portfólio de risco ao assumir um cargo ligado à segurança da informação. Sua missão primária era manter as informações a salvo. "Aquilo não era algo que normalmente me atrairia. Era muito conservador", recorda.

> *As coisas que eu tinha que fazer quanto à segurança de nossas publicações não me motivavam. Mas eu podia acabar usando o cargo para fazer as coisas que eu queria. No pé da lista das minhas responsabilidades estava começar a explorar opções de publicação digital das informações que tentávamos manter em segurança. Eu tinha uma fachada bastante conservadora. Era um portfólio de risco balanceado.*

Anteriormente, sua defesa do compartilhamento digital de informações tinha soado como uma ameaça à segurança. Agora ela podia enquadrá-la como parte de sua missão de proteger a segurança. "As pessoas viram que eu me posicionava *a favor* de algo, não apenas contra o status quo. Achei que, se conseguisse me firmar naquela posição, teria a chance de começar a plantar as sementes de mudanças ainda maiores."

À medida que conquistava respeito por seus esforços, Medina foi acumulando o que o psicólogo Edwin Hollander chamou de créditos de idiossincrasia — a liberdade de se desviar das expectativas do grupo.¹⁰ Créditos de idiossincrasia decorrem do respeito, não da posição hierárquica: eles se baseiam em contribuições. Massacramos um membro de pouco status que tente desafiar o sistema, mas toleramos e às vezes até aplaudimos a originalidade de um astro de status elevado.

Em uma pesquisa recente conduzida por Silvia Bellezza, as pessoas atribuíram status e competência 14% superior aos professores de universidades de primeira linha que usavam camisetas e cultivavam barbas, em comparação com os que usavam gravatas e se barbeavam todos os dias.[11] A maioria dos professores se veste com formalidade e recusar a norma tem um custo. Aqueles que têm sucesso em desafiar as convenções demonstram terem conquistado créditos de idiossincrasia para agir como quiserem.

Depois que assumiu seu posto na área de segurança, Carmen Medina passou os anos seguintes fazendo progressos notáveis no campo digital. Ao realizar um trabalho que fazia a CIA avançar em sua missão, ganhou os créditos de idiossincrasia necessários para defender sua visão sobre o compartilhamento de informações. Acabou promovida ao nível executivo. Em 2005, Sean Dennehy e Don Burke, dois analistas vindos de diferentes partes da CIA, uniram forças para ajudar a criar a Intellipedia, uma variante sigilosa da Wikipedia criada para ser acessível a toda a comunidade de inteligência. Muitos gerentes eram céticos quanto ao valor de um modelo wiki para o compartilhamento de dados entre as agências. "Tentar implementar essas ferramentas na comunidade de inteligência é basicamente como dizer às pessoas que seus pais as criaram do jeito errado", admitiu Dennehy. Eles deram com portas fechadas em todos os níveis até encontrarem Carmen Medina, que vinha construindo com discrição uma rede de rebeldes dentro da CIA. Ela forneceu o apoio de cima de que eles precisavam para fazer vingar suas ideias, assegurando o espaço para que se introduzisse o conceito de fonte aberta em uma cultura baseada no sigilo.

Como tinha poder, Medina já não precisava se preocupar tanto com o modo de expressar suas ideias.[12] Ao longo do caminho, porém, ela foi obrigada a alterar seu jeito de falar. Essa mudança de estratégia tem alguma semelhança com o mais bizarro discurso de apresentação de start-up que você jamais encontrará.

Enfatizando seus defeitos: o Efeito Sarick

Quando tiveram seu primeiro bebê, Rufus Griscom e Alisa Volkman ficaram chocados com a quantidade de propaganda enganosa e conselhos ruins divulgados sobre a criação de filhos. Criaram então o Babble, um misto de revista digital e rede de blogs para desafiar os clichês dominantes e apresentar as verdades mais duras com humor. Em 2009, quando vendeu a ideia do

Babble para capitalistas de risco, Griscom fez o exato oposto daquilo que ensinam todo empreendedor a fazer: apresentou uma série de slides listando as cinco principais razões para *não* investirem em seu negócio.

Isso deveria ter matado o seu discurso de venda. Enquanto investidores procuram motivos para dizer *sim*, lá estava alguém que lhes dava de bandeja uma lista de motivos para dizer *não*. Espera-se que os empreendedores discorram sobre os lados positivos de suas empresas, não os negativos. Mas a abordagem contraintuitiva de Griscom funcionou: naquele ano, o Babble captou 3,3 milhões de dólares em investimentos.

Dois anos depois, Griscom fez uma visita à Disney para ver se eles estariam interessados em adquirir o Babble. Para essa apresentação, seria logicamente impensável enfatizar os lados negativos, certo? Uma coisa é admitir que sua start-up tem problemas, falhas que você promete corrigir. Mas ao vender uma empresa já estabelecida, você tem todos os incentivos para enfatizar o lado bom – e a verdade é que não ficará na casa tempo suficiente para corrigir as falhas apontadas.

Estranhamente, porém, Griscom fez aquilo de novo. Um de seus slides dizia o seguinte: "Eis por que vocês não deveriam comprar o Babble."

Em sua apresentação para a divisão familiar de negócios digitais da Disney, ele explicou que o engajamento dos usuários, menor que três visualizações de página por visita, estava abaixo do esperado. O Babble era supostamente um site voltado para os pais, mas 40% de seus posts eram sobre celebridades. E o *back-end*, isto é, o sistema que roda por trás do site e o faz funcionar, precisava urgentemente de uma reforma.

A Disney acabou comprando a empresa por 40 milhões de dólares.

O nome disso é Efeito Sarick, batizado em homenagem ao cientista social Leslie Sarick.

Em ambas as situações, Griscom estava apresentando ideias a pessoas que tinham mais poder do que ele, tentando convencê-las a empenhar seus recursos. A maioria de nós supõe que, para sermos persuasivos, devemos enfatizar os pontos fortes e minimizar os pontos fracos. Esse tipo poderoso de comunicação faz sentido se o público for acolhedor.

No entanto, quando você está vendendo uma nova ideia ou fazendo uma sugestão de mudança, é provável que seu público seja cético. Os investidores estarão à procura de furos em sua argumentação, e os administradores, à caça de razões para se convencerem de que sua sugestão não vai funcionar. Em tais circunstâncias, por pelo menos quatro razões, é mais eficaz fazer como Griscom e adotar uma forma de comunicação "desempoderada", acentuando os defeitos da sua ideia.

A primeira vantagem é que deixar os pontos fracos em primeiro plano desarma a audiência. Os professores de marketing Marian Friestad e Peter Wright descobriram que, quando temos consciência de que alguém está tentando nos convencer de algo, naturalmente erguemos barreiras mentais.[13] Uma autoconfiança excessiva representa um sinal vermelho, um alerta de que precisamos nos defender das armas da influência. Nos primeiros tempos do Babble, quando Griscom fez suas duas primeiras apresentações para os membros do conselho da empresa, ele falou de tudo o que estava indo bem com o negócio na esperança de entusiasmar os conselheiros quanto ao seu potencial. "Toda vez que eu enfatizava um ponto forte, as reações eram de ceticismo", recorda.[14] "Otimismo desenfreado acaba parecendo puro discurso de vendedor. De alguma forma soa desonesto e, assim, desperta ceticismo. Todo mundo é alérgico a essa sensação, receoso de que lhe empurrem algo ruim."

Na terceira reunião do conselho, Griscom inverteu sua abordagem e abriu a apresentação com uma conversa franca sobre tudo o que não ia bem na empresa e o fazia passar noites em claro. Embora essa tática possa ser familiar em debates de ideias, era altamente heterodoxa para um empreendedor. Os conselheiros da empresa, porém, reagiram de modo muito mais favorável do que nas reuniões anteriores, passando de uma atitude defensiva para uma postura voltada para a solução de problemas. Griscom decidiu tentar a mesma abordagem com investidores e observou reações semelhantes: eles baixaram a guarda. "Quando eu projetei um slide que dizia 'Eis por que você não deve comprar esta empresa', a primeira reação foi uma gargalhada geral. Então dava para perceber as pessoas relaxando fisicamente. Ali estava algo sincero que não tinha cheiro, aparência ou sensação de papo de vendedor. Ninguém estava tentando lhes empurrar nada."

Em suas primeiras tentativas de ser ouvida, Carmen Medina não conseguiu compreender as limitações de suas ideias. Ela afirmava que a comunidade de inteligência precisava compartilhar informações de modo mais aberto, elaborando um argumento arriscado que enfatizava apenas as vantagens da transparência. Um amigo lhe confidenciou: "Carmen, você fala como se não fosse ficar satisfeita enquanto todo mundo não aceitar o que você diz como verdade." Da segunda vez que ergueu sua voz, anos mais tarde, suas apresentações haviam se tornado muito mais equilibradas, buscando expressar "um bocadinho de dúvida ao dizer: 'Talvez eu esteja errada'".

Depois que foi alçada a uma posição de liderança, Medina se viu do outro lado do balcão da venda de ideias. Quando as pessoas apregoavam apenas os pontos fortes de suas sugestões, ela concluía rapidamente que "a ideia era cheia de furos, não tinha sido burilada como deveria, e eles a enfeitaram com slides para me impedir de enxergar isso. Quando as pessoas falavam de obstáculos e desvantagens, porém, eu me tornava uma aliada. Em vez de me vender algo, estavam me dando um problema para resolver".

Além de redefinir a moldura da interação, ser sincero sobre nossas falhas altera o modo como o público nos julga. Em uma pesquisa fascinante, Teresa Amabile pediu às pessoas que avaliassem a inteligência e a experiência de resenhistas de livros.[15] Ela estava interessada em descobrir se um ajuste no tom das resenhas mudaria o julgamento que o público fazia do crítico. Pegou resenhas publicadas no *The New York Times* e as editou de modo que o conteúdo fosse quase o mesmo mas o tom variasse – um era elogioso demais, o outro, severo demais. Metade dos participantes, escolhida aleatoriamente, foi encarregada de ler uma resenha positiva.

> *Em sua estreia literária, o jovem escritor americano Alvin Harter revela extremo domínio da arte narrativa. Uma longa alvorada é um romance – ou um poema em prosa – impactante, em que temas essenciais, como a vida, a morte e o amor, são tratados de forma sensível em 128 páginas inspiradas.*

A outra metade leu uma versão ácida da mesma resenha, na qual Amabile deixou a linguagem intacta no geral, mas substituiu as palavras elogiosas por críticas:

> *Em sua estreia literária, o jovem escritor americano Alvin Harter revela parco domínio da arte narrativa. Uma longa alvorada é um romance – ou um poema em prosa – entediante, em que temas essenciais, como a vida, a morte e o amor, são tratados de forma pouco sensível em 128 páginas arrastadas.*

Qual versão faz o resenhista parecer mais inteligente? Elas deveriam se equivaler, já que a qualidade da prosa do resenhista não mudou. O vocabulário é comparável, bem como a estrutura gramatical. Escrever as duas versões exigiu o mesmo nível de capacidade. Mas as pessoas elegeram a crítica negativa como 14% mais inteligente, além de reveladora de um conhecimento literário 16% maior que o da resenha elogiosa.

As pessoas acham que um amador pode gostar de arte, mas só um profissional é capaz de criticá-la. Bastou trocar um punhado de palavras de positivas para negativas – *inspiradas* por *arrastadas, extremo domínio* por *parco domínio, impactante* por *entediante, sensível* por *pouco sensível* – para fazer o resenhista crítico parecer mais esperto. "Os profetas das trevas e do apocalipse parecem sábios e conhecedores de segredos", escreve Amabile, "ao passo que afirmações positivas são vistas como possuidoras de uma ingenuidade de Pollyanna."

Esta é a segunda vantagem de enfatizar as limitações de uma ideia: faz você parecer inteligente.* Rufus Griscom descobriu isso bem cedo em sua carreira, que começou no mercado editorial. "Não há nada mais vergonhoso do que escrever uma resenha positiva demais", aprendeu. Mesmo quando adoram um livro, os resenhistas sentem-se obrigados a acrescentar um parágrafo final para dizer qual aspecto poderia ter sido melhor.[16] Segundo Griscom, é uma forma de afirmar: "Não sou um bobalhão. O autor não me convenceu totalmente. Tenho discernimento." Quando falou aos investidores sobre os problemas do Babble, ele demonstrou que não estava totalmente satisfeito com suas próprias ideias nem tentando convencê-los: era um juiz ciente das próprias limitações. Tinha sido inteligente o bastante para fazer o dever de casa e antecipar alguns dos problemas que eles poderiam detectar.

A terceira vantagem de pôr em primeiro plano os lados negativos de suas ideias é que isso o faz parecer digno de confiança.[17] Quando Griscom descreveu os obstáculos que tinha pela frente em seu negócio, projetou a imagem de alguém que era não apenas lúcido e bem informado, mas também sincero e modesto. É claro que, ao enfatizar os pontos fracos, o tiro pode sair pela culatra se a audiência não for capaz de enxergá-los por si mesma: isso pode dar munição aos críticos para abater sua ideia. Mas a audiência de Griscom já era cética de antemão e acabaria por descobrir muitos dos problemas de qualquer jeito durante o processo de análise. "O trabalho do

---

* Como você provavelmente já deduziu, isso não funciona se você estiver vendendo uma ideia ruim. O psicólogo Zak Tormala, de Stanford, descobriu que o público fica mais convencido quando os especialistas expressam dúvida do que quando expressam certeza, por causa do elemento da surpresa. Esperamos que um empreendedor ou agente de transformação tenha certeza. Quando não tem, ficamos intrigados e prestamos mais atenção à mensagem – o que significa que embarcaremos na ideia se ela for convincente. O Efeito Sarick só funciona se você tiver uma mensagem persuasiva.

investidor é entender o que está errado com a empresa. Ao dizer o que havia de errado com meu modelo de negócio, eu estava fazendo parte desse trabalho por eles. Isso criou um clima de confiança", explica Griscom. E discorrer com franqueza sobre o lado ruim do negócio também reforçou sua credibilidade para falar sobre o lado bom. "É preciso ter autoconfiança para ser humilde, para enfatizar seus pontos fracos", diz Griscom. "'Se ele está disposto a contar o que há de errado com o negócio,' os investidores pensam, 'então deve haver um monte de coisas que estão certas'." A Disney confiou tanto em Griscom que depois de comprar o Babble o contratou para dirigir a unidade de negócios por dois anos como vice-presidente e gerente geral, cargo no qual ele desempenhou um papel-chave no desenvolvimento da estratégia digital Disney Interactive. O Efeito Sarick acerta outra vez.

A quarta vantagem dessa abordagem é que ela deixa o público com uma opinião mais favorável em relação à ideia por causa de uma distorção no modo como processamos informações. Para ilustrar tal distorção, costumo pedir aos executivos que avaliem seu grau de felicidade depois de pensarem em aspectos positivos de suas vidas. Um grupo recebe a tarefa de escrever três aspectos positivos, enquanto outro faz o mesmo, mas deve listar 12. Todo mundo espera que a turma dos 12 aspectos se declare mais feliz: afinal, quanto mais bênçãos você contabiliza, melhor deveria se sentir em relação às suas circunstâncias de vida. No entanto, na maior parte das vezes ocorre o oposto: ficamos mais felizes depois de listar três coisas boas do que quando pensamos em 12. Por que isso acontece?

O psicólogo Norbert Schwarz demonstrou que quanto maior a nossa facilidade de pensar em alguma coisa, mais comum e importante presumimos que ela seja. Tratamos a facilidade de recuperação como informação.[18] É moleza para os executivos listar três aspectos positivos de suas vidas. Eles imediatamente listam o amor que sentem pelos filhos, pelo cônjuge e pelo trabalho. Uma vez que foi tão fácil encontrar uns poucos pontos positivos, concluem que têm uma vida ótima. É bem mais difícil enumerar 12 coisas boas sobre a vida. Depois de cobrir família e trabalho, os executivos costumam mencionar os amigos, e então perguntam se podem contar com cada um deles separadamente. Como precisam se esforçar para reunir uma dúzia de pontos positivos, acabam por concluir que não têm uma vida tão boa assim, afinal.*

---

* Como me sinto culpado por interferir nas avaliações de satisfação com a existência, eu contrabalanço o exercício pedindo aos executivos que nomeiem três ou 12 coisas ruins sobre suas vidas. Encontrar três pontos negativos é fácil, o que nos deixa pensando que a vida não é tão boa assim. Mas é um

Foi isso que aconteceu com os investidores quando Rufus Griscom mencionou os pontos fracos do Babble. Ao reconhecer seus problemas mais sérios, ele tornou mais difícil o trabalho de gerar outras ideias sobre o que havia de errado com a empresa. E, ao se verem se esforçando para identificar novos motivos de preocupação, os investidores decidiram que os problemas do Babble não eram tão graves assim. Griscom percebeu isso na primeira reunião do conselho em que testou o discurso invertido. "Quando coloquei em primeiro plano os fatores que poderiam aniquilar a empresa, a reação dos conselheiros foi o exato oposto disso: 'Ah, as coisas não são tão ruins assim.' A terceira lei de Newton também pode ser aplicada à dinâmica das interações humanas: toda ação gera uma reação igual e contrária."

Assim como apresentar os aspectos negativos faz com que, ironicamente, as pessoas tenham mais dificuldade de pensar neles, uma comunicação eficaz também depende da capacidade de tornar os aspectos positivos mais fáceis de processar.

Estranhamento gera hostilidade

Dê uma olhada nesta lista de canções familiares. Escolha uma e batuque seu ritmo na mesa:[19]

- *"Feliz aniversário!"*
- *"Carneirinho, carneirão"*
- *"Jingle Bells"*
- *"Brilha, brilha, estrelinha"*
- *"Cai, cai, balão"*
- *"Hino nacional"*

Agora tente adivinhar quais são as chances de seus amigos reconhecerem a canção que você está batucando.

---

desafio e tanto elencar 12 coisas que vão mal, o que nos conduz à percepção de que a vida poderia ser muito pior. Outra forma de demonstrar esse ponto é pedir às pessoas que julguem alguém famoso. Em uma pesquisa conduzida pelo psicólogo Geoffrey Haddock, os entrevistados fizeram uma lista de dois ou de cinco atributos negativos de Tony Blair. Depois de listar mais razões para não gostar dele, as pessoas na verdade passavam a gostar mais dele.[20] Como era mais difícil pensar em tantos atributos negativos, presumiam que ele não devia ser tão ruim.

Tenho feito esse exercício há anos, com líderes e estudantes. Ele faz sucesso em festas, mas é instrutivo também. Então, qual é a sua estimativa? Se você responder zero, das duas, uma: ou está duvidando de sua habilidade em batucar ou questionando seriamente o ouvido musical de seu amigo. No estudo original, em Stanford, após batucar uma canção, as pessoas acharam que seria fácil para o outro adivinhar qual era a música: previram que as chances de que isso ocorresse seriam de 50%. No entanto, depois de escutar os batuques, apenas 2,5% acertaram. Das 120 canções que foram batucadas, esperava-se que 60 fossem reconhecidas. Na verdade, apenas três o foram. Cheguei aos mesmos resultados em inúmeras organizações. Em um encontro de líderes seniores do JPMorgan Chase, o CEO Jamie Dimon previu que o executivo sentado ao seu lado teria 100% de chance de acertar. Revelou-se que ele tinha razão – mas, na maior parte do tempo, somos excessivamente otimistas em nossas previsões. Por quê?

É humanamente impossível batucar o ritmo de uma canção sem ouvir a melodia em nossa mente. Isso torna impossível imaginar como soam nossas batidas desconjuntadas aos ouvidos de quem não está escutando a mesma melodia. Como escrevem Chip e Dan Heath no livro *Ideias que colam*, "os ouvintes não escutam aquela melodia – tudo o que podem ouvir é um monte de batidas desconexas, como um tipo bizarro de código Morse".

Esse é o maior desafio de falar em defesa de uma ideia original. Quando apresenta uma nova sugestão, você não está apenas ouvindo a melodia em sua mente.

Você compôs a canção.

Sim, você passou horas, dias, semanas, meses, talvez até anos pensando naquela ideia. Examinou o problema, formulou a solução, ensaiou a visão de futuro. Sabe de cor a letra e a melodia de sua ideia. A essa altura, já não é possível imaginar como ela soará para uma plateia ouvindo aquilo pela primeira vez.

Isso explica por que é tão frequente comunicarmos nossas ideias de forma insuficiente. Elas são tão familiares para nós que subestimamos o tempo de exposição necessário para que os outros as compreendam e se convençam delas. Quando o professor John Kotter, de Harvard, estudou agentes de transformação anos atrás, descobriu que eles subestimavam a comunicação de suas visões de futuro por um fator de 10.[21] Em média, falavam sobre o sentido da transformação 10 vezes menos do que os outros precisavam ouvir.

Em um período de três meses, os funcionários se expunham a 2,3 milhões de palavras e números. Em média, naquele período, as visões da transformação eram expostas em apenas 13.400 palavras e números: um discurso de meia hora, uma reunião de uma hora, um briefing e um memorando. Uma vez que mais de 99% da comunicação que os funcionários encontraram naqueles três meses não diziam respeito à nova visão, como esperar que eles a compreendessem – e mais: a internalizassem? Os agentes de mudança não se dão conta disso porque estão mergulhados até o pescoço em informações sobre sua própria visão de futuro.

Se quisermos que as pessoas aceitem nossas ideias originais, precisamos falar sobre elas, esperar um período curto de tempo e repetir o processo. Para ilustrar, de qual dessas duas palavras você gosta mais?

iktitaf   *sarick*

Se você for como a maioria das pessoas, vai preferir *sarick* em vez de *iktitaf*. Mas isso não tem nada a ver com a palavra em si.

O eminente psicólogo Robert Zajonc batizou isso de efeito de mera exposição: quanto mais encontramos uma coisa, mais gostamos dela.[22] Quando ele apresentou às pessoas pela primeira vez essas duas palavras sem sentido, ambas apresentaram o mesmo apelo. Em seguida, Zajonc apresentou uma das duas antes do teste comparativo, e as pessoas demonstraram preferência pela que já conheciam – uma preferência que continuou a crescer depois de 5, 10 ou 25 exposições.

Para garantir sua preferência por *sarick*, eu a embuti cinco vezes na seção anterior sobre Rufus Griscom.

Não existe nenhum Efeito Sarick e nunca houve um cientista social chamado Leslie Sarick. Eu os inventei para demonstrar o efeito de mera exposição. (Que fique registrado que Rufus Griscom é uma pessoa de verdade, como, aliás, todas as outras mencionadas neste livro.)

O efeito de mera exposição já foi replicado muitas vezes: quanto mais familiar um rosto, letra, número, som, sabor, marca ou ideograma chinês, mais gostamos deles.[23] Isso se aplica a diferentes culturas e espécies: até pintinhos preferem o que é familiar. Minha experiência favorita é aquela em que as pessoas observam fotografias de si mesmas e de seus amigos, algumas normais e outras invertidas como em um espelho.[24] Em geral, preferimos as fotos normais de nossos amigos, porque é assim que estamos habituados a vê-los, mas gostamos das fotos invertidas de nós mesmos, pois é assim que nos vemos ao olhar no espelho. "A familiaridade não gera hostilidade", diz o empreendedor Howard Tullman.[25] "Gera conforto."

Uma explicação para tal efeito é a de que a exposição aumenta a facilidade de processamento. Uma ideia não familiar exige mais esforço para ser entendida. Quanto mais a vemos, ouvimos ou tocamos, mais à vontade ficamos com ela e menos ameaçadora ela se torna.

Da mesma maneira que um filme é arruinado pela superexposição e canções que ouvimos com frequência excessiva podem grudar de forma irritante em nossa cabeça, familiaridade demais com uma ideia pode levar ao tédio. No entanto, no contexto das apresentações de ideias, é raro que alguém consiga saturar sua audiência. Em geral, as evidências sugerem que a simpatia por uma ideia continua a crescer quando as pessoas são expostas a ela entre 10 e 20 vezes – ou mais ainda, se a ideia for muito complexa. Curiosamente, as exposições funcionam melhor quando são curtas e vêm misturadas com outras ideias, a fim de manter a curiosidade dos ouvintes. Além disso, é melhor introduzir uma pausa entre a apresentação da ideia e sua avaliação, dando tempo para que ela seja assimilada. Se estiver fazendo uma sugestão a um superior, você pode começar com um discurso de 30 segundos no elevador durante um bate-papo na terça-feira, voltar ao assunto brevemente na segunda-feira seguinte e só no fim da semana pedir um feedback.

Quando Carmen Medina virou vice-diretora de inteligência na CIA, ela sabia que, se quisesse que os analistas compartilhassem informações de forma mais aberta, teria que expô-los regularmente a essa ideia. Assim, ela lançou um blog na intranet sigilosa da agência como tentativa de exemplificar a transparência que advogava. Duas vezes por semana, escrevia comentários breves, expressando suas ideias sobre a necessidade de menos sigilo e mais compartilhamento de informação, além de sugerir que aquela seria a onda do futuro. A princípio, muitos líderes descartaram automaticamente o conceito. No entanto, como sugerem as pesquisas sobre exposição, aqueles breves comentários espaçados entre outros comunicados – e as pausas entre eles – fizeram os líderes começarem a simpatizar com as ideias de Medina. Logo os especialistas em tecnologia da CIA desenvolveram uma plataforma na intranet que permitia aos funcionários criar os próprios blogs e a familiaridade se espalhou ainda mais. As pessoas começaram a valorizar Medina por sua coragem de blogar.* Graças em grande parte ao seu esforço, a comunidade de inteligência ganhou uma cena blogueira vibrante em que analistas de diferentes agências compartilham conhecimento informalmente.

Desistir antes de partir

Quando eu soube da história de Carmen Medina, fiquei intrigado com uma questão: por que ela continuou a expressar suas ideias depois de isso ter prejudicado sua carreira? Com base em um livro clássico do economista Albert Hirschman, podemos considerar que existem quatro formas de lidar com uma situação insatisfatória.[26] Seja qual for sua fonte de insatisfação – o emprego, o casamento ou o governo –, décadas de pesquisa mostram que você tem uma escolha entre desistir, discutir, persistir ou negligenciar.[27] Desistir significa retirar-se em definitivo da situação: demitir-se de um emprego horrível, dar fim a um casamento abusivo ou emigrar de um país opressor. Discutir envolve tentar ativamente melhorar a situação: apresentar ideias ao chefe para aprimorar o trabalho, incentivar o cônjuge a fazer terapia ou tornar-se um ativista político que lute pela eleição de um governo menos corrupto. Persistir é ranger os dentes e aguentar: trabalhar duro mesmo em um emprego sufocante, manter-se firme no casamento ou tolerar um governo do qual discorda. Negligenciar também envolve permanecer na mesma situação, mas reduzindo o esforço necessário para isso: fazer no trabalho apenas o suficiente para não ser demitido, adotar novos hobbies que o mantenham longe de casa – e do cônjuge – ou recusar-se a votar.

	Muda a situação		
Prejudica a organização	Desistir	Discutir	**Beneficia a organização**
	Negligenciar	Persistir	
	Mantém o status quo		

---

* Quando Dennehy e Burke começaram a incentivar as pessoas a contribuírem para o wiki, muitos chefes proibiram seus funcionários de fazê-lo. Estavam preocupados com falhas de segurança, diluição de qualidade e outros problemas ligados à postagem e à circulação de informação entre as agências. No entanto, a exposição fez com que fossem se habituando à ideia de não submeter as mudanças à aprovação de seus superiores – e eles perceberam que na verdade era mais eficiente compartilhar informação por tópico do que por agência. Em três anos, a Intellipedia havia atingido uma média de mais de 4 mil edições por dia.

Essas escolhas se baseiam fundamentalmente em sentimentos de poder e compromisso.[28] Você acha que consegue mudar alguma coisa e se importa com ela o suficiente para tentar? Se acreditar que nada pode ser feito para mudar o status quo, você vai escolher "negligenciar" quando não houver um sentido de compromisso e "persistir" quando ele estiver presente. Se achar que pode fazer a diferença mas não se sentir comprometido com a pessoa, o país ou a organização, desistirá. Somente quando acreditar que suas ações têm relevância *e* se importar profundamente é que considerará a opção de discutir.

Depois que Carmen Medina foi silenciada nas primeiras tentativas de expressar suas ideias, ela deixou de acreditar que poderia fazer a diferença. Ela não era o tipo de pessoa que negligencia suas responsabilidades, mas parte de seu sentido de comprometimento estava em cacos: "Era como se eu fosse uma refugiada em um barco, em algum ponto do caminho entre a negligência e a lealdade." Mesmo após alguns anos, ela não conseguia se livrar do sentimento de que expressar suas ideias havia afundado sua carreira. "Eu estava relutante em tentar de novo. Não sabia se já havia se passado tempo suficiente", recorda ela, remoendo o passado. "Sabe por que fui louca o bastante para recomeçar? Porque eu estava trabalhando para o Mike, o melhor chefe que tive em toda a minha carreira."

No trabalho, nosso sentido de compromisso e poder depende mais de nosso superior direto do que de qualquer outra pessoa. Quando temos um chefe que nos apoia, nosso laço com a organização se fortalece e sentimos que temos mais influência.[29] Ao imaginar o chefe que deu a Medina a confiança para voltar a expressar suas ideias, visualizei uma pessoa simpática – calorosa, confiante e solidária – e fiquei surpreso quando Medina descreveu Mike como "inclinado ao sarcasmo e temperamental". O retrato que ela pintava dele combinava com o perfil de um gestor mais desagradável, aquele que dirige aos outros um olhar crítico e desconfiado. Gerentes ríspidos costumam ser o último tipo de pessoa que procuramos quando estamos por baixo, mas algumas vezes são nossos melhores advogados.[30]

Por mais que pessoas afáveis gostem da gente, elas costumam odiar o conflito. Seu desejo de agradar os outros e preservar a harmonia as deixa inclinadas a se curvar em vez de se erguer em nossa defesa. "Por valorizarem a cooperação e se conformarem com as normas, as pessoas afáveis não costumam perturbar as relações interpessoais", escreveram os pesquisadores da área de gestão Jeff LePine e Linn Van Dyne.[31] Quase sempre são as pessoas mais espinhosas as que ficam mais à vontade com a ideia de se erguer contra os outros e contra as convenções. Como descreveu um funcionário do Google, chefes antipáticos podem ter uma interface ruim para o usuário, mas têm um ótimo sistema operacional.[32]

Em uma pesquisa liderada pelo psicólogo Stéphane Côté, adultos preencheram um questionário de personalidade avaliando as próprias tendências à simpatia e à antipatia. Pelas três semanas seguintes, seis vezes por dia, relataram o que estavam fazendo e como se sentiam. Pessoas simpáticas eram mais felizes nos momentos em que distribuíam elogios, sorriam e davam risada com os demais, expressavam afeto, tranquilizavam os outros ou faziam concessões para agradar alguém.[33] Pessoas antipáticas, por outro lado, experimentavam maior alegria quando estavam criticando, confrontando ou desafiando outras.

Na decisão de expor nossas ideias, quem escolhemos como audiência é tão importante quanto o modo de comunicar a mensagem. Quando falamos a um público simpático, seu instinto é assentir com a cabeça e sorrir. Em seu esforço de conciliar e evitar conflitos, eles costumam optar por não nos dar feedbacks críticos. Gestores ríspidos são mais inclinados a nos desafiar, o que estimula nossa capacidade de efetiva comunicação. "O sarcasmo tem vantagens, desde que não seja levado longe demais", observa Medina. "Não creio que Mike tenha chegado a acreditar totalmente que aquele fosse o caminho a ser tomado pela organização, mas ele respeitava a diversidade de pensamento. Embora não concordasse necessariamente – e nós discordávamos com frequência –, eu sabia que podia ser honesta com ele, que ele me daria bastante corda, mas pararia antes que eu me enforcasse."

Em vez de falar com audiências muito simpáticas, temos mais a ganhar dirigindo-nos a pessoas com um histórico de originalidade. Pesquisas mostram que, quando os gestores têm um histórico de desafio ao status quo, eles tendem a ser mais abertos a novas ideias e a se sentirem menos ameaçados pelas sugestões dos outros.[34] Gostam mais da perspectiva de aprimorar a organização do que de preservá-la em seu estado atual. O que os motiva é fazer a organização avançar em sua missão, o que significa dizer que a lealdade não chega ao ponto de deixá-los cegos para as falhas que possam existir. "Mike amava a agência, mas estava disposto a ser crítico sobre ela. Ficava com os olhos marejados quando falava da missão", diz Medina. "Tinha uma tolerância muito maior aos desajustados, excêntricos, do que a maioria dos chefes da agência."

Com o apoio de um chefe durão cuja máxima prioridade era fortalecer a CIA, Medina recuperou sua noção de poder e comprometimento. Sabendo que seu superior lhe dava cobertura, sentiu-se preparada para retomar as tentativas de promover um compartilhamento mais aberto de informação.

À medida que subia na hierarquia da agência, Medina notou que os colegas se tornavam mais receptivos às suas sugestões, embora a maioria dos gerentes em níveis intermediários as desconsiderassem. Cientistas sociais vêm demonstrando faz tempo esse efeito conformista do status intermediário.[35] Se você está no topo, espera-se que seja diferente e, portanto, tem licença para se desviar da norma. Algo semelhante se passa na base da hierarquia, onde se tem pouco a perder e tudo a ganhar com um comportamento original. Entretanto, o segmento intermediário da hierarquia – onde se situa a maioria das pessoas de uma organização – é dominado pela insegurança. Agora que conquistou algum respeito, você valoriza sua posição no grupo e não quer colocá-la em risco. Para manter o status adquirido e até conquistar mais, você entra em um jogo de "seu mestre mandou", assumindo uma postura conformista para provar seu valor como membro do grupo. Como observou o sociólogo francês George Homans, "o conservadorismo do status intermediário reflete a ansiedade de quem aspira a subir mais na vida mas tem medo de perder tudo". A queda de uma posição baixa a outra mais baixa não dói tanto. A queda do meio para baixo é devastadora.

Não faz muito tempo me pediram que entrevistasse o CEO do Google, Larry Page, em um palco. Em um jantar na véspera do evento, eu lhe perguntei por que ele e Sergey Brin hesitaram tanto em abandonar os estudos em Stanford e se comprometer em tempo integral com o Google, no início da história da empresa. A resposta dele se concentrou no estágio em que se encontravam suas carreiras. Caso já tivessem se tornado superastros acadêmicos, poderiam ter se dedicado ao Google sem correr o risco de se sacrificar profissionalmente.[36] Antes, quando não tinham status algum, eles corriam riscos com tranquilidade: Page se manteve ocupado nos anos de graduação trabalhando em carros movidos a energia solar e construindo uma impressora de Lego. Depois de fazer progressos significativos no caminho rumo ao doutorado, porém, eles tinham mais a perder se largassem tudo.

O conformismo do status intermediário nos leva a preferir a segurança do "testado e aprovado" no lugar do perigo de uma ideia original. Os sociólogos Damon Phillips, da Universidade Columbia, e Ezra Zuckerman, do MIT, descobriram que analistas de risco de mercado eram significativamente menos inclinados a atribuir cotações negativas a ações quando eles ou os bancos que os empregavam tinham status intermediário.³⁷ Recomendar a venda de uma ação pode irritar os grandes executivos e investidores que a valorizam. Analistas com um currículo inexpressivo em bancos menores nada têm a perder fazendo isso, e analistas alçados ao estrelato contam com uma rede de segurança. No entanto, para os profissionais moderadamente bem-sucedidos trabalhando em bancos médios – e que estão tentando subir na carreira –, uma recomendação negativa pode ser um ato capaz de limitar as chances de crescimento profissional.*

Em sua ascensão na agência, Carmen Medina foi aprendendo que era mais eficaz falar de suas ideias com superiores e com os subordinados da base, e passou a perder menos tempo tentando fazer sugestões aos níveis intermediários. Líderes experientes a viam como uma entre os raros funcionários que acreditavam haver algo errado com a agência – ao mesmo tempo que acreditavam ser possível mudar isso. A credibilidade dela também foi fortalecida por um séquito cada vez maior de juniores. Quando falava de suas visões com novos talentos em ascensão na CIA, estes se entusiasmavam, o que lhe conferia status. "Os funcionários mais jovens apreciavam o frescor das ideias dela e a viam como um modelo a seguir, o que tornou cada vez mais difícil para os demais ignorá-la", observa Susan Benjamin, colega de Medina. "Isso consolidou a reputação dela e a ajudou a ser ouvida."

Erguer a voz sendo mulher: o risco duplo das duplas minorias

Falar para uma audiência de gerentes de nível médio com aversão ao risco é um desafio para qualquer pessoa, mas foi ainda mais difícil para Carmen Medina, uma mulher em uma organização dominada por homens. Quando ouvi sua história pela primeira vez, imaginei ingenuamente que os dias

---

* Será que o status intermediário nos faz mesmo escolher o conformismo em vez da originalidade? Talvez sejam as pessoas convencionais que escolham ocupar cargos de status intermediário – ou tenham ambição suficiente para chegar lá mas careçam da originalidade necessária para ir até o topo. Ou não. Há novas evidências de que atingir o nível intermediário da hierarquia nos torna, sim, menos originais.³⁸ Quando os psicólogos Michelle Duguid e Jack Goncalo pediram a um grupo que gerasse ideias, a produção das pessoas foi 34% menos original depois que elas foram designadas aleatoriamente para cargos de nível intermediário, em comparação com as posições de presidente e de assistente. Em outra pesquisa, a simples lembrança do tempo em que ocupavam posições de nível intermediário bastou para que os participantes gerassem entre 20% e 25% menos ideias e 16% menos ideias originais do que quando pensavam sobre suas funções no topo ou na base da hierarquia. Tendo mais a perder no meio, as pessoas ficam mais hesitantes em conduzir o trabalho em uma direção original.

em que as mulheres eram subestimadas nos ambientes profissionais haviam ficado para trás e que, no fim das contas, ela teria sido julgada apenas pela qualidade das ideias e não por seu gênero. No entanto, quando examinei as evidências, constatei com desolação que, mesmo hoje, erguer uma voz sendo mulher é notoriamente difícil. Em diversas culturas, há riqueza de provas de que as pessoas continuam a alimentar estereótipos de gênero muito marcados, esperando que os homens sejam assertivos e as mulheres, preocupadas com os laços comunitários.[39] Quando as mulheres erguem a voz, correm o risco de contrariar esse estereótipo de gênero, o que faz o público as julgar agressivas. Discutir é um ato de liderança. Como escreve Sheryl Sandberg em *Faça acontecer*, "quando uma garota tenta liderar, logo a rotulam de mandona".[40]

Ao analisar meus próprios dados, os resultados se mostraram profundamente perturbadores. Em um banco internacional e uma empresa de planos de saúde, discutir novas ideias geradoras de receita fizeram homens ganharem pontos em suas avaliações de desempenho, mas o mesmo não se deu com mulheres.[41] Outros estudos mostraram que executivos do sexo masculino que falam mais do que seus colegas são recompensados, mas executivas mulheres com o mesmo comportamento são desvalorizadas por homens *e* por mulheres.[42] Da mesma forma, quando mulheres apresentam sugestões de melhoria, os chefes as julgam menos leais do que os homens na mesma situação e têm probabilidade menor de implementar as propostas delas.[43] Sobretudo em organizações dominadas por homens,[44] as mulheres pagam um preço por colocarem em prática a discussão de ideias.*

Em suas primeiras tentativas de ser ouvida, Carmen Medina pagou esse preço. "O campo de comportamentos aceitáveis para mulheres era mais estreito do que para homens", diz ela. Da segunda vez, ela teve uma experiência diferente. Disponibilizar informações on-line era parte de seu trabalho, e ela já não precisava ter receio de parecer agressiva demais ao defender suas ideias de transparência. "No início dos anos 1990, quando tudo deu errado, meu compromisso com a mudança foi confundido com minha frustração pessoal de não ver minha carreira progredir. O foco estava sempre

---

* Isso ajuda a explicar os padrões de assédio sexual. Em três estudos, a especialista em questões de gênero Jennifer Berdahl descobriu que a motivação primária do assédio não é sexual: mulheres que se enquadram nos padrões femininos de beleza não são as mais expostas ao problema. Em vez disso, o assédio sexual "é motivado primeiramente por um desejo de punir desvios de comportamento de gênero e, assim, é dirigido a mulheres que violam os ideais femininos". Mulheres "assertivas, dominadoras e independentes" enfrentam mais assédio, sobretudo em organizações dominadas por homens. O assédio sexual, conclui ela, é dirigido majoritariamente a "mulheres presunçosas".[45]

no aspecto pessoal", disse-me Medina. "O segundo capítulo dessa saga foi realmente bem diferente do primeiro. O foco estava na missão." Muitas pesquisas mostram que, quando erguem a voz para defender outras pessoas, as mulheres evitam reações negativas, pois isso é visto como condizente com seu espírito comunitário.[46]

Há pouca dúvida de que o caminho de Medina foi mais acidentado em decorrência do fato de ela ser uma mulher em uma organização dominada por homens. No entanto, sendo porto-riquenha, ela não pertencia apenas a um, mas a dois grupos minoritários. Novas pesquisas sugerem que seu status minoritário duplo pode ter potencializado os custos e os benefícios de erguer a voz.[47] A pesquisadora da área de gestão Ashleigh Rosette, que é afro-americana, percebeu que, quando estava em situações de liderança assertiva, recebia um tratamento diferente do que era dispensado tanto a mulheres brancas quanto a homens negros na mesma situação. Trabalhando com colegas, descobriu que grupos duplamente minoritários enfrentavam riscos duplos. Quando falhavam, mulheres negras eram julgadas de modo muito mais severo do que homens negros e líderes brancos dos dois sexos. Elas não se enquadravam no estereótipo do líder nem como negras nem como mulheres, e acabavam levando uma parcela injusta da culpa pelos erros. Para minorias duplas, apontou a equipe de Rosette, o fracasso não é uma opção.

Curiosamente, porém, Rosette e suas colegas descobriram que quando mulheres negras agem de modo dominador, não incorrem nas mesmas penas que as mulheres brancas e os homens negros. Como minorias duplas, elas desafiam a categorização.[48] Uma vez que as pessoas não sabem quais estereótipos lhes aplicar, elas têm maior flexibilidade para agir de modo "negro" ou "feminino" sem contrariar expectativas.

Mas tudo isso só vale quando há evidências de sua competência. Para membros de grupos minoritários, é especialmente importante conquistar status antes de exercer poder. Ao fazer avançar discretamente a ideia de incluir a inteligência on-line como parte de seu trabalho, Carmen Medina pôde alcançar algumas vitórias sem atrair muita atenção. "Consegui voar abaixo do alcance do radar", diz. "Ninguém prestou muita atenção no que eu fazia enquanto eu ia acumulando repetidos avanços no sentido da publicação imediata de informações. Foi quase como uma experiência de fundo de quintal. Eu pude agir bem livremente."

Depois de ter acumulado vitórias suficientes, Medina começou a erguer sua voz de novo – e dessa vez as pessoas estavam prontas para ouvi-la. Rosette descobriu que, quando as mulheres conseguem chegar ao topo e deixam claro que estão no comando, as pessoas presumem que devem ser notavelmente motivadas e talentosas, do contrário não teriam conseguido superar os preconceitos e as injustiças. Mas o que acontece quando a voz encontra ouvidos moucos?

O caminho que não foi trilhado

Às vésperas de completar 30 anos, Donna Dubinsky passava pela fase mais frenética de sua vida. Como gerente de distribuição e vendas da Apple em 1985, ela trabalhava praticamente sem parar da hora em que acordava à hora em que ia dormir, concentrando todos os seus esforços para despachar computadores e fazer frente à demanda explosiva. De repente, Steve Jobs propôs eliminar todos os seis depósitos da empresa nos Estados Unidos, abrindo mão do estoque em favor de um sistema de produção por demanda em que os computadores seriam montados depois da compra e enviados rapidamente por FedEx.

Dubinsky acreditava que aquele era um erro colossal, capaz de pôr em risco todo o futuro da empresa. "Na minha cabeça, o sucesso da Apple dependia do sucesso da distribuição", diz ela.[49] A princípio, ela ignorou o assunto, achando que aquilo seria esquecido. Como não foi, começou a defender seu ponto de vista. A distribuição estava funcionando muito bem, insistiu: sua equipe acabara de ter o melhor quadrimestre da história, e as queixas eram praticamente inexistentes.

Embora ela fosse uma autoridade na área de distribuição, suas objeções não foram aceitas. Ela acabou sendo designada para uma força-tarefa que passou vários meses estudando a proposta de Jobs. Na última reunião da força-tarefa, o chefe de seu chefe perguntou se todos concordavam com o sistema de produção por demanda. Jobs tinha o poder e o apoio da maioria, e Dubinsky estava em minoria. Será que ela deveria falar e desafiar o notoriamente temperamental fundador e presidente do conselho – ou ficar calada e deixar Jobs feliz?

Embora Dubinsky fosse uma das poucas mulheres em cargos de gerência na Apple dos anos 1980, "nunca me passou pela cabeça que o gênero pudesse ser um problema". Ela era comprometida: havia investido seu coração e sua alma na empresa. Tinha comando: era encarregada de parte da divisão de distribuição. Decidiu se manter firme e voltou a externar suas objeções à proposta de Jobs. Sabendo que precisaria de mais tempo para provar que estava certa, reuniu-se com o chefe de seu chefe e lhe apresentou um ultimato: se não lhe dessem 30 dias para criar uma contraproposta, iria embora da Apple.

Estabelecer limites de modo tão resoluto foi uma decisão temerária, mas seu pedido foi atendido. Dubinsky desenvolveu uma proposta inovadora para consolidar os centros de serviço ao consumidor em vez de partir para a produção por demanda, o que traria alguns dos benefícios desejados sem os riscos correspondentes. Sua proposta foi aceita.

"O que me fez ser ouvida", explica Dubinsky, "foi minha produção e minha relevância. As pessoas me viam como alguém que fazia as coisas acontecerem. Se você fica conhecido como alguém que dá conta do recado, que faz seu trabalho e o faz bem, obtém respeito." Como ela havia conquistado status antes de exercer o poder, tinha créditos de idiossincrasia para gastar.

Para quem estava de fora, a perspectiva de contrariar Steve Jobs poderia parecer uma batalha perdida. No entanto, dadas suas tendências ríspidas, Jobs era precisamente o tipo de pessoa que podia ser confrontada. Dubinsky sabia que ele respeitava quem o contrariava e era aberto a novas formas de fazer as coisas. E ela não estava falando em benefício próprio: estava advogando pela Apple.

Em virtude de sua disposição de contrariar uma ideia que considerava errada, Dubinsky acabou promovida. E não foi a única. A partir de 1981, a equipe do Macintosh começou a dar um prêmio anual a quem desafiasse Jobs – e Jobs promoveu cada um dos ganhadores do prêmio ao comando de uma divisão importante da Apple.[50]

A comparação das experiências de Carmen Medina e Donna Dubinsky levanta questões fundamentais sobre a melhor forma de lidar com a insatisfação. Na busca por originalidade, a negligência não é uma opção. A persistência oferece uma rota temporária para a conquista do direito de ser ouvido. A longo prazo, porém, contribui tanto quanto a negligência para manter o status quo, deixando de solucionar a insatisfação. Para mudar essa situação, desistir e discutir são as únicas alternativas viáveis.

Anos atrás, Hirschman nos alertou para uma grande desvantagem da desistência. Embora nos traga o benefício de transformar nossas circunstâncias, ela não as torna melhores para mais ninguém, pois permite que o status quo se perpetue. "A discussão se alimenta", argumentou Hirschman, "da falta de oportunidades para a desistência."[51]

Nos últimos anos, o mundo mudou de forma a tornar a desistência muito mais fácil do que era no tempo em que Carmen Medina não conseguiu encontrar trabalho fora da CIA, depois de ter perdido a cabeça na agência em 1995. Passar toda a carreira em uma única organização é coisa do passado: o mercado de trabalho dinâmico tornou possível para muita gente encontrar novas posições com novos empregadores. Graças à globalização, às mídias sociais, às facilidades de transporte e às tecnologias de comunicação, temos mais mobilidade do que jamais tivemos. Diante dessas vantagens, se você está infeliz no trabalho e tem facilidade para encontrar outro, por que pagar o preço de erguer a voz?

Na visão de Hirschman, desistir é ruim para a originalidade. Mas a experiência de Donna Dubinsky lança uma luz nova sobre a desistência. Depois de vencer a batalha da distribuição na Apple, ela passou a ocupar um cargo sênior em vendas internacionais e marketing na Claris, uma das subsidiárias de software da Apple. Passados poucos anos, a equipe de Dubinsky respondia por metade de todas as vendas da empresa. Em 1991, quando a Apple se recusou a permitir que a Claris se tornasse uma empresa independente, Dubinsky ficou tão frustrada com a falta de oportunidade para fazer um trabalho relevante que pediu demissão. Viajou para Paris para um ano sabático e dedicou-se à pintura, enquanto procurava maneiras de contribuir para um bem maior. Quando conheceu um empreendedor chamado Jeff Hawkins, decidiu que sua start-up, a Palm Computing, iniciaria a próxima grande onda da tecnologia e aceitou ser CEO da empresa.

Sob a liderança de Dubinsky, a start-up desenvolveu o PalmPilot, o primeiro sucesso indiscutível do mercado nascente de aparelhos digitais pessoais. O PalmPilot foi lançado em 1996 e, em um ano e meio, vendeu mais de um milhão de unidades. Em 1997, porém, com a aquisição da Palm pela 3Com, Dubinsky não concordou com algumas decisões estratégicas. Por exemplo, quando o grupo financeiro manifestou o desejo de exigir que todos os departamentos executassem um corte orçamentário de 10%, Dubinsky protestou, afirmando que a companhia devia investir mais em áreas que tinham sucesso e aplicar cortes naquelas que não tinham. Em resposta, ouviu o seguinte: "Você não é uma cidadã corporativa muito boa. Precisa ficar na sua e fazer a sua parte."

Frustrados, Dubinsky e Hawkins saíram da Palm para fundar uma nova empresa, a Handspring, em 1998. Depois de apenas um ano, a Handspring lançou o computador de mão Visor, rapidamente arrebatando 25% do mercado. Após desenvolver o bem-sucedido smartphone Treo, a Handspring se fundiu com a Palm em 2003. Poucos anos depois, Steve Jobs lançou o iPhone.

Anos antes, lembra-se Dubinsky, "estava sentada com Steve Jobs em uma sala. Ele disse: 'Não há hipótese de eu fabricar um telefone.' Será que ele admitiria que foi influenciado por nós, que nós fizemos um grande telefone e isso o fez mudar de ideia? Não. Ele jamais admitiria isso. Mas, apesar de sua teimosia, ele evoluiu."

Foi a impossibilidade da desistência que levou Carmen Medina a fazer a segurança nacional avançar. E foi a possibilidade da desistência que permitiu que Donna Dubinsky fosse pioneira no início da revolução dos smartphones. A lição aqui é que discutir não é necessariamente melhor do que desistir. Em algumas circunstâncias, deixar uma organização sufocante pode ser o melhor caminho para a originalidade. O melhor que podemos fazer é expressar nossas opiniões e balancear nossos portfólios de risco, preparando-nos para ir embora caso seja necessário. Se nossos chefes evoluem, como Jobs evoluiu, pode valer a pena ficar e discutir. Mas, quando eles não evoluem, quando nossa audiência carece da abertura necessária para considerar uma mudança de rumo, é possível que encontremos oportunidades melhores em outro lugar.

Perguntas sobre o que poderia ter acontecido podem ficar em nossa cabeça. Se Medina tivesse deixado a CIA, teria conseguido defender a causa da transparência mesmo de fora? Caso Dubinsky tivesse permanecido na Apple, teria a empresa desenvolvido o iPhone ou produzido um conjunto diferente de inovações?

Nunca teremos respostas para esses cenários contrafactuais, mas podemos aprender algo com as decisões tomadas por Medina e Dubinsky. Embora uma tenha escolhido discutir até o fim e a outra tenha preferido desistir, há algo em comum entre essas escolhas: elas decidiram erguer a voz em vez de se manter em silêncio. E, a longo prazo, pesquisas demonstram que os erros que mais provocam arrependimento não são os erros de ação, mas os de omissão.[52] Se pudéssemos viver tudo outra vez, a maioria das pessoas iria se censurar menos e expressar mais livremente suas ideias. Foi exatamente o que Carmen Medina e Donna Dubinsky fizeram, o que as deixou com poucos motivos de arrependimento.

4

O apressado come cru

*Timing, procrastinação estratégica
e a desvantagem do pioneirismo*

Nunca deixe para amanhã o que você pode deixar para depois de amanhã.

– Mark Twain[1]

Tarde da noite em seu quarto de hotel, um jovem fitava uma folha de papel em branco sobre a mesa. Cheio de ansiedade, pegou o telefone e expôs algumas ideias a um assessor que estava hospedado em um quarto vários andares abaixo e que então subiu as escadas correndo para debater com ele um discurso que mudaria a história. Às três horas da manhã, o homem ainda trabalhava de modo febril, "corpo dolorido, quase apagando de exaustão". Era o mês de agosto de 1963, e embora a Marcha em Washington por Trabalho e Liberdade estivesse marcada para a manhã seguinte, Martin Luther King Jr. ainda não havia preparado seu discurso de encerramento.

"Ele trabalhou a noite inteira, sem sequer cochilar", lembrou a mulher de King, Coretta.[2] "Seria o último a falar, e suas palavras seriam levadas por rádio e televisão a milhões de pessoas nos Estados Unidos e ao redor do mundo. Assim, era de importância vital que seu discurso fosse ao mesmo tempo inspirador e sábio."

A marcha tinha sido anunciada para a imprensa dois meses antes. King sabia que seria um evento monumental. Além da cobertura jornalística, era esperada uma multidão de pelo menos 100 mil pessoas, e King ajudara a recrutar um bom número de personalidades para dar apoio. Lá estariam os pioneiros dos direitos civis Rosa Parks e Jackie Robinson, os atores Marlon Brando e Sidney Poitier e os cantores Harry Belafonte e Bob Dylan.

Dispondo de um tempo relativamente curto para preparar seu discurso de encerramento, teria sido natural que King começasse a rascunhá-lo imediatamente. Uma vez que cada orador a princípio teria um limite de cinco minutos para falar, ele precisaria ser especialmente cuidadoso na escolha das palavras. Ao longo da história, grandes pensadores – de Benjamin Franklin a Henry David Thoreau, passando por Martinho Lutero – observaram que se leva mais tempo para escrever um discurso curto do que um longo.³ "Se é um discurso de 10 minutos, passo duas semanas inteiras preparando-o", disse o presidente Woodrow Wilson. "Se posso falar pelo tempo que quiser, não preciso de preparação alguma." Mas King só começou a escrever seu discurso depois das 10 horas da noite anterior à marcha.

Pais e professores estão sempre implorando para que as crianças comecem a fazer suas tarefas cedo, em vez de esperar até o último minuto. No mundo da autoajuda, há todo um nicho de mercado voltado para o combate à procrastinação. No entanto, e se tiver sido justamente o ato de procrastinar a razão de King ter feito o melhor discurso de sua vida?

No trabalho e na vida, dizem-nos o tempo todo que a chave para o sucesso é agir depressa. Quando temos uma tarefa importante, somos aconselhados a realizá-la bem antes do fim do prazo. Quando temos uma ideia original para a criação de um produto ou a fundação de uma empresa, somos encorajados a ser os pioneiros. Existem, é claro, vantagens claras na rapidez: ficamos seguros de terminar a tempo o que começamos e de chegar à frente da concorrência. Surpreendentemente, porém, meus estudos com pessoas originais mostraram que há mais desvantagens em agir depressa e ser o primeiro. É verdade que o pássaro madrugador come a minhoca, mas não podemos nos esquecer de que a minhoca madrugadora vira comida de pássaro.

Este capítulo levanta considerações sobre o melhor momento para agir de forma original. Quando está se preparando para remar contra a maré, você pode escolher entre começar com a aurora, esperar até o meio-dia ou se segurar até o pôr do sol. Meu objetivo aqui é desmistificar as crenças comuns sobre o momento ideal, examinando os benefícios inesperados de adiar o início e a conclusão de uma tarefa, bem como a hora de divulgar nossas ideias para o mundo. Discutirei por que a procrastinação pode ser tanto uma virtude quanto um vício, como os empreendedores pioneiros frequentemente enfrentam uma batalha inglória, por que inovadores mais velhos muitas vezes levam a melhor sobre os mais jovens e por que os líderes que promovem mudanças efetivas são aqueles que esperam pacientemente o momento certo. Embora o atraso possa ser arriscado, você verá que a espera também pode reduzir riscos ao impedi-lo de pôr todos os seus ovos em uma única cesta. Você não precisa ser o primeiro da fila para ser um original, e os originais mais bem-sucedidos nem sempre são pontuais. Para muitos, chegar à festa atrasados é parte do seu charme.

O outro Código da Vinci

Recentemente, uma aluna de doutorado especialmente criativa chamada Jihae Shin me abordou com uma ideia contraintuitiva: a procrastinação poderia conduzir à originalidade.[4] Quando você procrastina, está intencionalmente adiando um trabalho que precisa ser feito. Pode estar pensando na tarefa, mas adia o momento de progredir nela, ou de terminá-la, a fim de fazer qualquer coisa menos produtiva. Shin propunha a hipótese de que, ao adiar uma tarefa, estamos ganhando tempo para pensar sobre ela de modo livre em vez de fechar o foco em uma ideia particular. Com isso, levamos em conta um leque mais amplo de conceitos originais e terminamos por escolher uma direção mais inovadora. Desafiei-a a testar sua hipótese.

Shin pediu a estudantes universitários que elaborassem propostas para um negócio com a intenção de ocupar um terreno do campus deixado vago por uma loja de conveniência. Quando se lançaram à tarefa de imediato, eles tenderam a propor ideias convencionais – como outra loja de conveniência. Então Shin separou aleatoriamente alguns estudantes e os fez procrastinar a tarefa enquanto se distraíam no computador com jogos como Campo minado, FreeCell e Paciência. Estes produziram em seguida ideias de negócio mais inovadoras, como um centro de tutoria e uma unidade de armazenamento. Um júri independente avaliou as propostas finais, sem saber quais eram de procrastinadores e quais não eram. As propostas dos procrastinadores foram consideradas 28% mais criativas.

Embora esses resultados tenham nos deixado animados, receávamos que a procrastinação não fosse a verdadeira causa da criatividade. Talvez tivessem sido os joguinhos de computador que estimularam as pessoas mentalmente, dando-lhes a energia para pensar de forma mais criativa – ou servindo como um mero descanso que lhes restaurava o fôlego. No entanto, a pesquisa mostrou que nem os jogos nem o descanso estimulavam a criatividade. Quando as pessoas jogavam antes de saber sobre a tarefa, as ideias que submetiam depois não eram as mais inovadoras. Para chegar a isso era necessário que elas estivessem de fato procrastinando o trabalho enquanto jogavam, com a necessidade de conceber uma proposta de negócio no fundo da consciência. E quando elas começavam a tarefa imediatamente e em seguida faziam uma pausa para só retomar o trabalho mais tarde, o progresso que haviam feito no início as impedia de recomeçar com uma nova perspectiva. Somente quando começavam a pensar na tarefa e depois a procrastinavam deliberadamente que conseguiam considerar as possibilidades mais remotas e gerar ideias mais criativas. O processo de adiamento lhes permitia passar mais tempo ponderando diferentes modos de realizar o trabalho, em vez de adotar de saída uma estratégia e se aferrar a ela.

Será que as descobertas de Shin passariam pelo teste da vida real? Para descobrir, ela reuniu informações sobre uma fábrica de móveis coreana. Funcionários que procrastinavam com regularidade passavam mais tempo engajados em pensamentos divergentes e eram considerados significativamente mais criativos por seus supervisores. Nem sempre, porém, a procrastinação alimenta a criatividade: se os funcionários não eram naturalmente motivados para resolver grandes problemas, adiar o trabalho só os deixava para trás. Mas quando eram apaixonados pela geração de ideias novas, deixar a tarefa para depois os levava a encontrar soluções mais criativas.

A procrastinação pode ser inimiga da produtividade, mas também uma aliada da criatividade. Muito tempo antes da obsessão moderna com a eficiência, precipitada pela Revolução Industrial e pela ética protestante do trabalho, as civilizações reconheciam os benefícios da procrastinação. No Egito antigo, havia dois verbos diferentes para a ideia de *procrastinação*: um denotava preguiça; o outro significava esperar pelo momento certo.

Talvez não seja coincidência que alguns dos pensadores e inventores mais originais da história tenham sido procrastinadores. Um exemplo típico é Leonardo da Vinci, cujos feitos originais abarcaram pintura, escultura, arquitetura, música, matemática, engenharia, geologia, cartografia, anatomia e botânica. Estudiosos calculam que Da Vinci pintou a *Mona Lisa* ao longo de alguns anos, interrompendo e retomando o trabalho. Ele começou a pintura em 1503, mas deixou o quadro inacabado e só foi concluí-lo perto de sua morte, em 1519. Seus críticos acreditavam que ele estava perdendo tempo com as experiências ópticas e outras distrações que o impediam de terminar seus quadros. Essas distrações, porém, acabaram por se revelar vitais para sua originalidade. Como explica o historiador William Pannapacker:

Os estudos de Leonardo sobre como a luz incide em uma esfera, por exemplo, permitiram-lhe fazer a modelagem contínua de Mona Lisa *e* São João Batista. *Seu trabalho com a óptica pode ter adiado projetos, mas seus feitos finais na pintura dependiam daqueles experimentos... Longe de serem uma distração – como pensavam muitos de seus contemporâneos –, tais experimentos representavam uma vida inteira de* brainstorming *produtivo, um exercício privado de ideias das quais dependiam seus trabalhos mais notáveis... Se a procrastinação criativa, aplicada seletivamente, impediu Leonardo de terminar alguns trabalhos que lhe foram encomendados – de importância menor quando se está lidando com as engrenagens secretas do cosmo –, só alguém que seja um escravo total do culto moderno da mediocridade produtiva poderia culpá-lo por isso. A mediocridade produtiva exige disciplina de um tipo ordinário. É segura e não ameaça ninguém. Nada será transformado pela mediocridade... Mas um gênio é descontrolado e incontrolável. Não é possível produzir uma obra genial seguindo um cronograma ou um projeto previamente traçado.*⁵

Da Vinci passou cerca de 15 anos desenvolvendo ideias para *A última ceia*, enquanto trabalhava em uma variedade de outros projetos. A pintura começou como um esboço de figuras sentadas em um banco. Mais de 10 anos depois, tornou-se a base da inovadora disposição horizontal dos 13 sentados à mesa. Embora se irritasse frequentemente com a própria procrastinação, Da Vinci compreendia que a originalidade não podia ser apressada. Percebia que os "gênios às vezes realizam mais quando trabalham menos, porque estão pensando em invenções e formando na mente a ideia perfeita".⁶*

---

* A procrastinação pode ser especialmente indutora de criatividade quando nos leva a solucionar problemas em momentos de atenção difusa.⁷ As psicólogas Mareike Wieth e Rose Zacks separaram estudantes em grupos de madrugadores e notívagos, e depois lhes deram problemas analíticos e intuitivos para resolver às 8h e às 16h30. Todos foram igualmente bons em resolver os problemas analíticos a qualquer hora. Com os problemas de solução intuitiva, porém, os notívagos se saíram melhor de manhã cedo, e os madrugadores no fim da tarde. Uma das questões intuitivas exigia explicar como um antiquário reconhecia uma moeda de bronze como falsa. A moeda tinha a efígie de um imperador de um lado e a data de 544 a.C. do outro. Quando estavam inteiramente despertos, os estudantes tinham maior probabilidade de se prender a pensamentos lineares estruturados, o que os impedia de tropeçar em ideias inovadoras. Quando estavam com sono, tinham maior abertura a pensamentos aleatórios e chances 20% maiores de se lembrar subitamente de que a.C. significa "antes de Cristo". Uma vez que Jesus ainda não tinha nascido, a moeda só poderia ter sido cunhada mais de meio milênio mais tarde. Se você se sente pressionado a começar um trabalho criativo quando está totalmente desperto, pode valer a pena adiá-lo até se sentir um pouco sonolento.

A disciplina do adiamento

A procrastinação acaba por se revelar um hábito comum a pensadores criativos e grandes solucionadores de problemas. Considerem-se os vencedores do Science Talent Search, também conhecido como o "Super Bowl da Ciência" para formandos do ensino médio nos Estados Unidos. Uma equipe liderada pela psicóloga Rena Subotnik entrevistou esses competidores de elite mais de uma década depois de suas vitórias, quando eles estavam entrando na casa dos 30 anos, perguntando-lhes se procrastinavam na rotina e nas tarefas criativas, bem como na vida social e nos cuidados com a saúde. Mais de 68% admitiram procrastinar em pelo menos duas dessas quatro áreas. A procrastinação revelou-se especialmente frutífera para o trabalho criativo. Os astros da ciência[8] a "usavam como forma de incubação,[9] para afastar uma escolha prematura de um problema ou solução científica". Como explicou um deles: "Frequentemente, quando estou procrastinando, na verdade é porque tenho algo em banho-maria no pensamento e preciso de um tempo para pensar melhor." Outro disse: "No trabalho científico, as ideias precisam de tempo para amadurecer", e a procrastinação é uma forma de "conter aquela vontade de responder prematuramente". Depois de estudar as entrevistas desses pensadores e agentes precoces, a equipe de Subotnik chegou a uma conclusão curiosa. "Paradoxalmente", escreveram, aqueles com "mais e menos em jogo... tinham mais chance de procrastinar no campo criativo".

Na história americana, talvez haja apenas um discurso tão famoso quanto o de King: o de Abraham Lincoln em Gettysburg.[10] Em apenas 272 palavras, Lincoln redefiniu a Guerra Civil como uma luta pela liberdade e pela igualdade prometidas na Declaração de Independência. O convite formal para o discurso foi feito a Lincoln com cerca de duas semanas de antecedência. Quando chegou a véspera de sua viagem para Gettysburg, o presidente havia redigido apenas metade do discurso. Seu secretário, John Nicolay, escreveu que Lincoln "provavelmente seguiu seu hábito de sempre nesses assuntos, que era o de organizar seus pensamentos com vagar e método, moldando suas frases mentalmente e esperando até que tomassem uma forma satisfatória antes de escrevê-las". No fim das contas, Lincoln não escreveu o último parágrafo até a noite da véspera do discurso e só o finalizou na manhã seguinte. Ele esperou porque queria desenvolver o tema com maior apelo.

No início do verão anterior ao discurso "Eu tenho um sonho", King procurou o aconselhamento de três assessores próximos sobre o conteúdo e o tom que seriam apropriados. Em seguida, travou um longo diálogo sobre o discurso com Clarence Jones, seu advogado e redator de pronunciamentos. Mais tarde, King pediu a Jones e outro ativista que começassem a trabalhar em um primeiro rascunho.

Nas semanas seguintes, King resistiu à tentação de fechar o foco em um tema ou direção. Esperou até estar a quatro dias da marcha para começar a trabalhar ativamente no discurso. Na noite da véspera, reuniu um grupo de assessores e voltou à estaca zero. Segundo o que Jones recorda do episódio, King "disse que aquele seria 'um marco tão importante em nossa luta por direitos civis' que nós deveríamos fazer todos os esforços para recolher as melhores ideias" com personagens importantes do movimento. King abriu a reunião explicando que "queria revisar as ideias outra vez e ficar com as melhores abordagens".

Atrasando a tarefa de dar forma e consistência ao discurso, King permitiu que Jones se beneficiasse do efeito Zeigarnik.[11] Em 1927, a psicóloga russa Bluma Zeigarnik demonstrou que as pessoas têm melhor memória de trabalhos incompletos do que dos concluídos. Uma vez terminada uma tarefa, paramos de pensar nela. Mas quando ela é interrompida e deixada inconclusa, permanece ativa em nossa mente. Quando Jones estava comparando seu rascunho original com a pauta de discussões daquela noite, "alguma coisa emergiu do fundo de meu subconsciente".*

Quatro meses antes, Jones tinha se encontrado com o governador Nelson Rockfeller, um eminente filantropo cuja família apoiava os direitos civis, tentando levantar fundos para pagar a fiança de King, que estava na cadeia de Birmingham. Rockfeller abriu uma agência bancária em um sábado e deu a Jones uma maleta contendo 100 mil dólares. O regulamento bancário exigia que Jones assinasse uma nota promissória; Rockfeller pagou por ela. Pensando naquela experiência na noite da véspera do discurso de King, Jones se deu conta de que aquela nota promissória podia ser uma metáfora poderosa. No dia seguinte, King a usou no trecho inicial do discurso: "Quando os arquitetos de nossa república escreveram as magníficas palavras da Constituição e da Declaração de Independência, eles estavam assinando

---

* Procrastinei deliberadamente a redação deste capítulo. Em vez de completar esta seção no dia em que planejara fazê-lo, deixei-a inacabada, parando no meio de uma frase para responder a alguns e-mails. Na manhã seguinte me ocorreu que o efeito Zeigarnik era pertinente. Zeigarnik ficaria contente de saber que eu me lembrei de sua pesquisa sobre a memória das tarefas inconclusas depois de deixar inconclusa uma tarefa. Naturalmente, o adiamento pode passar do ponto. "Amo deadlines", disse Douglas Adams.[12] "Adoro o barulhinho de vento que eles fazem ao passar por mim."

uma promissória... É óbvio hoje que os Estados Unidos deixaram de honrar essa promissória no que diz respeito aos cidadãos negros."

Quando King finalmente mandou Jones criar um rascunho completo, foi com o mais amplo repertório de ideias à disposição. Mas esse não foi o único lado positivo da procrastinação.

Nas asas do improviso

Meio século depois que King fez seu espetacular discurso, quatro palavras permanecem gravadas em nossa memória coletiva: "Eu tenho um sonho." Esta continua sendo uma das frases mais imediatamente reconhecíveis na história da retórica, como um retrato vívido de um futuro melhor. No entanto, fiquei pasmo ao descobrir que a ideia do "sonho" não constava do discurso escrito. Não aparecia no rascunho feito por Jones e não foi incluída por King em sua versão final.

Durante o discurso, a cantora gospel preferida de King, Mahalia Jackson, gritou atrás dele: "Fale para eles do sonho, Martin!" Ele se manteve fiel ao roteiro, e ela o incentivou outra vez. Diante de uma multidão de 250 mil pessoas e outros milhões de telespectadores, King então improvisou, deixando suas notas de lado e se lançando a uma visão inspiradora do futuro. "Na frente de todas aquelas pessoas, câmeras e microfones", recorda Clarence Jones, "Martin alçou voo."

Além de fornecer o tempo necessário para a geração de ideias inovadoras, a procrastinação traz outro benefício: nos mantém abertos à improvisação. Quando planejamos tudo com antecedência, é comum ficarmos presos à estrutura que criamos, fechando a porta às possibilidades criativas que poderiam surgir em nosso campo de visão. Anos atrás, o psicólogo Donald MacKinnon, de Berkeley, descobriu que os arquitetos mais criativos dos Estados Unidos costumavam ser mais espontâneos do que seus colegas tecnicamente capazes, mas convencionais, que se consideravam mais conscientes e dotados de autocontrole.[13] Em um estudo sobre cadeias de pizzarias que fiz em parceria com Francesca Gino e David Hofmann, as lojas mais lucrativas eram gerenciadas por líderes considerados menos eficientes e pontuais.[14] De modo similar, quando os pesquisadores de estratégia Sucheta Nadkarni e Pol Herrmann estudaram quase 200 empresas na Índia, descobriram que as firmas com retornos financeiros mais altos eram aquelas cujos CEOs atribuíam a si mesmos as notas mais baixas em eficiência e pontualidade.[15]

Em ambos os casos, as organizações mais bem-sucedidas eram administradas por executivos que admitiam perder tempo com frequência antes de se sentarem para trabalhar, às vezes deixando de cumprir tarefas a tempo. Esses hábitos, embora possam atrasar a realização das tarefas, deixam os líderes mais estrategicamente flexíveis. Nas empresas indianas, diversos membros das equipes gerenciais mais graduadas deram notas a seus CEOs em flexibilidade estratégica. Aqueles que planejavam tudo com cuidado, agiam com presteza e trabalhavam de forma disciplinada foram avaliados como os mais rígidos: tendo formulado uma estratégia, ficavam presos a ela. Os CEOs que costumavam se atrasar no cumprimento de prazos eram mais flexíveis e versáteis – conseguiam mudar suas estratégias para aproveitar novas oportunidades e se defender de ameaças.*

Enquanto caminhava até o púlpito para discursar, mesmo no momento em que se aproximava do microfone, King ainda revisava mentalmente suas palavras. "Minutos antes de King falar", escreve o político Drew Hansen no livro *The Dream*, ele estava "cortando frases e rabiscando outras enquanto esperava sua vez", e "parecia que ainda editava seu discurso quando caminhou até a tribuna". No livro *Bearing the Cross*, vencedor do prêmio Pulitzer, o historiador David Garrow observa que King improvisava "como uma espécie de músico de jazz". Ele agia espontaneamente, começando por incluir pequenos improvisos. Um dos trechos iniciais do discurso escrito referia-se à Constituição e à Declaração de Independência como "uma promessa de que todos os homens teriam garantidos os direitos inalienáveis à vida, à liberdade e à busca

---

* Quando novos líderes assumem o comando de equipes ou organizações, é comum que fiquem ansiosos por instituir mudanças. Mas existe valor em ser paciente. Em uma pesquisa, a professora Anita Woolley, da Carnegie Mellon, deu a diversas equipes 50 minutos para construírem a estrutura de uma casa com peças de Lego, levando em conta aspectos como tamanho, robustez e beleza. Ao acaso, determinou que algumas equipes discutissem suas estratégias no início da tarefa e outras, depois de 25 minutos. As equipes que avaliaram suas estratégias no meio do caminho revelaram-se 80% mais eficientes do que as que tiveram o mesmo debate no início do processo: àquela altura, era cedo demais para que a conversa tivesse utilidade. Como ainda não tinham familiaridade alguma com a tarefa, as pessoas não sabiam o suficiente sobre ela para fixar uma estratégia eficaz. Havia algo especial na pausa no meio do caminho que permitia às equipes construir edificações de Lego amplas e agradáveis, cheias de quartos, mas capazes de resistir sem quebrar ao manuseio e até a quedas.[16] A pesquisadora Connie Gersick, de Yale, acredita que o meio do caminho seja normalmente o melhor momento para um líder instituir mudanças, aquele em que os grupos se tornam mais abertos à originalidade.[17] Ainda têm bastante tempo para testar ideias novas, o que os deixa receptivos a abordagens radicalmente diferentes. E, uma vez que já gastaram a metade do tempo que tinham, encontram-se altamente motivados a escolher uma boa estratégia. Esta é uma das razões pelas quais o intervalo no meio do jogo pode ter tanta influência em partidas de basquete e futebol: permitem aos treinadores intervir quando os times estão mais prontos a acolher novas estratégias.[18]

de felicidade". Na tribuna, King expandiu a frase para enfatizar a igualdade racial: "Uma promessa de que todos os homens – *sim, tanto brancos quanto negros* – teriam garantidos os direitos inalienáveis..."

O discurso já durava 11 minutos quando Mahalia Jackson gritou a recomendação de que ele compartilhasse seu sonho. Não é certo que a tenha ouvido, mas "de repente, eu me decidi", lembrou King. Seguiu a emoção do momento e revelou seu sonho diante do público. Quando o discurso chegou ao fim, destaca Hansen, "King tinha adicionado tanto material novo à redação original que o tempo de sua fala quase dobrou".

Grandes originais são grandes procrastinadores, mas não abrem mão do planejamento por completo. Eles procrastinam estrategicamente, avançando de forma gradual, testando e refinando diferentes possibilidades. Embora as frases memoráveis sobre o sonho tenham sido improvisadas, King tinha ensaiado variações delas em discursos anteriores. Havia falado de seu sonho quase um ano antes, em novembro de 1962, em Albany, e nos meses seguintes referiu-se ao tema com frequência, de Birmingham a Detroit. Somente ao longo do ano do seu "discurso do sonho", estima-se que tenha viajado cerca de 450 mil quilômetros e feito mais de 350 discursos.

King pode ter adiado a redação de seu "discurso do sonho", mas tinha à disposição uma riqueza de material ao qual podia recorrer a qualquer momento, o que deixava sua oratória mais autêntica. "King havia juntado um repertório de fragmentos oratórios – passagens de sucesso de seus próprios sermões, trechos de obras de outros pregadores, anedotas, versículos da Bíblia, versos de seus poetas preferidos", explica Hansen. "King não escrevia propriamente seus discursos. Na verdade os montava, rearranjando e adaptando material que havia usado muitas vezes antes... Isso lhe dava flexibilidade para alterar os discursos no momento em que os proferia... Se King não tivesse decidido abandonar o texto escrito, talvez seu discurso na marcha não fosse lembrado."

Pioneiros e colonizadores

Depois de se envolver no lançamento de mais de 100 empresas, o fundador da Idealab, Bill Gross, realizou uma análise para entender o que determinava o sucesso e o fracasso de uma ideia. O fator mais importante que encontrou não foi a singularidade da ideia, a capacidade da equipe e a execução da ideia, a qualidade do modelo de negócio ou a disponibilidade de financiamento. "O fator número um foi o timing", revela Gross. "O timing respondeu por 42% da diferença entre sucesso e fracasso."[19]

As pesquisas mostram que, na cultura americana, as pessoas acreditam firmemente na vantagem dos pioneiros.[20] Queremos ser líderes, não seguidores. Cientistas correm para fazer descobertas antes de seus rivais, inventores se apressam a requerer patentes antes de seus adversários, empreendedores querem lançar produtos antes dos concorrentes. Se você é o primeiro a dar a largada com um novo produto, serviço ou tecnologia, pode passar mais cedo pela curva de aprendizado, engolir a melhor fatia do mercado e monopolizar os consumidores. Isso criará dificuldades para a entrada de concorrentes:[21] os esforços de inovação que eles fizerem serão sufocados por suas patentes e sua competência superior, e o crescimento deles esbarrará no fato de que é caro convencer os consumidores a mudar preferências.

Em um estudo clássico, os pesquisadores de marketing Peter Golder e Gerard Tellis compararam o sucesso de empresas pioneiras e empresas colonizadoras.[22] As pioneiras são as que largam na frente, as que primeiro desenvolvem ou vendem determinado produto. As colonizadoras são mais lentas nos lançamentos, esperando até que as pioneiras tenham criado um mercado antes de entrar nele. Quando Golder e Tellis analisaram centenas de marcas em 36 categorias diversificadas de produtos, descobriram uma diferença espantosa nas taxas de fracasso: 47% entre as pioneiras, contra apenas 8% entre as colonizadoras. As pioneiras tinham probabilidade cerca de seis vezes maior de fracassar. Mesmo quando sobreviviam, só conquistavam em média 10% do mercado, contra 28% das colonizadoras.

Surpreendentemente, as desvantagens de ser o primeiro costumam prevalecer sobre as vantagens. Por outro lado, estudos sugerem que os pioneiros às vezes dominam fatias maiores do mercado, mas acabam obtendo não só menores chances de sobrevivência como também lucros menores. Como resume a pesquisadora de marketing Lisa Bolton: "Embora os pioneiros tenham algumas vantagens em mercados específicos, as pesquisas acadêmicas apresentam resultados contraditórios e não indicam uma vantagem geral para eles."

Se você é uma pessoa que se sente tentada a se lançar rapidamente em novos domínios, essa informação deve fazê-lo parar e pensar com calma sobre o momento ideal. Mas Bolton descobriu algo alarmante: mesmo quando sabem que as evidências não sustentam a ideia de uma vantagem dos pioneiros, as pessoas continuam acreditando nela. É mais fácil pensar nos pioneiros que fizeram sucesso, e, como os que falharam são esquecidos, supomos que são raros. A melhor maneira de destruir o mito da vantagem de quem larga na frente é pedir às pessoas que imaginem razões para sua *des*vantagem. Em sua experiência, quais são os quatro maiores problemas de ser um pioneiro?

Colonizadores costumam ser tachados de imitadores, mas esse estereótipo passa longe do alvo. Em vez de se submeterem à demanda já existente, eles ganham tempo até estarem prontos para introduzir algo novo. Costumam ser lentos na largada porque estão desenvolvendo tecnologias, produtos e serviços revolucionários em sua categoria. No mercado de consoles de videogame, a empresa pioneira foi a Magnavox Odyssey, em 1972, que oferecia joguinhos esportivos rudimentares. Uma colonizadora, a Nintendo, adquiriu os direitos de distribuição da Odyssey para o Japão em 1975 e, na década seguinte, exterminou o Magnavox do mercado ao criar o Nintendo Entertainment System, que era original e tinha jogos como *Super Mario Bros.* e *The Legend of Zelda*. A Nintendo transformou o mercado de videogames com controles fáceis de usar, personagens sofisticados e a interatividade do *role-playing*. Para ser original não é preciso ser o primeiro. Basta ser diferente e melhor.

Quando os originais saem correndo para serem pioneiros, tendem a dar passos maiores que as pernas – e esta é sua primeira desvantagem.[23] Certo dia, antes do estouro da bolha da internet, um jovem banqueiro do Goldman Sachs chamado Joseph Park estava sentado em seu apartamento, frustrado com o esforço necessário para ter acesso ao entretenimento. Por que tinha de caminhar até a Blockbuster para alugar um filme? Deveria ser possível simplesmente entrar em um site, escolher um filme e esperar que o entregassem em casa.

Embora tenha levantado 250 milhões de dólares em investimentos, a Kozmo, empresa fundada por Park, foi à falência em 2001. Seu maior erro foi fazer a promessa imprudente de entregar praticamente qualquer produto na casa dos clientes dentro de uma hora, além de investir na construção de uma operação nacional com base em um crescimento que nunca aconteceu. Um estudo conduzido com mais de 3 mil start-ups indica que cerca de três em quatro fracassam por causa de um dimensionamento prematuro, por fazerem investimentos que o mercado ainda não está pronto para suportar.[24]

Se Park tivesse ido mais devagar, talvez notasse que, com a tecnologia então disponível, a entrega em domicílio dentro de uma hora era um negócio pouco prático e com margem de lucro reduzida. Havia, porém, uma enorme demanda por aluguel de filmes on-line. Naquele momento a Netflix estava começando a decolar, e talvez a Kozmo pudesse ter competido com ela na área de aluguéis remotos e depois no streaming de filmes. Mais tarde, quem sabe, poderia ter se aproveitado dos avanços tecnológicos que possibilitaram à Instacart construir uma operação logística capaz de ganhar escala e tornar lucrativo o negócio de entrega de gêneros alimentícios dentro de uma hora. Como o mercado já está mais definido quando os colonizadores chegam, eles podem se concentrar em fornecer qualidade superior em vez de começarem por deliberar o que deveriam fornecer. "Você não iria preferir ser o segundo ou o terceiro para ver como o sujeito que foi o primeiro se saiu, para então aprimorar o negócio?", perguntou Malcolm Gladwell em uma entrevista.[25] "Quando as ideias ficam muito complicadas, e o mundo fica complicado, é tolice achar que o primeiro a chegar será capaz de resolver tudo", observou. "A maioria das coisas boas leva tempo para ser entendida."*

Em segundo lugar, há razão para acreditar que o tipo de pessoa que escolhe entrar mais tarde no mercado pode ser mais preparado para vencer. Os amantes do risco são atraídos pelo pioneirismo e têm inclinação por tomar decisões impulsivas. Enquanto isso, empreendedores mais avessos ao risco observam do lado de fora do campo, esperando a oportunidade certa e equilibrando seus portfólios de risco antes de entrarem no jogo. Em uma pesquisa com start-ups de software, os pesquisadores de estratégia Elizabeth Pontikes e William Barnett descobriram que, quando os empreendedores correm para atender ao clamor popular em mercados de vanguarda, suas start-ups têm menos chances de sobreviver e crescer.[26] Empreendedores que esperam o mercado esfriar um pouco têm maior probabilidade de sucesso:

---

* A velocidade excessiva foi um dos fatores por trás do fracasso do Segway. Randy Komisar "aconselhou paciência", escreve o jornalista Steve Kemper em *Reinventing the Wheel* ("Reinventando a roda"),[27] recomendando à equipe de Dean Kamen "ir devagar, um passo de cada vez". Antes do lançamento, Steve Jobs aconselhou à equipe um redesenho completo do produto. Disse que eles também deveriam fazer estudos de segurança e usabilidade em universidades e na Disney, para que as pessoas vissem o aparelho em ação e começassem a cobiçá-lo antes que ele estivesse disponível. Em vez de aceitar o conselho, a equipe de Kamen correu com o Segway para o mercado, sem ter trabalhado os problemas relativos ao consumidor, à segurança, aos aspectos legais, ao preço e ao design. O professor de empreendedorismo Bill Sahlman, de Harvard, que estava envolvido no processo desde o princípio, até hoje imagina o que teria acontecido se a equipe do Segway tivesse trabalhado mais devagar para provar a segurança do produto, aprimorar o design, reduzir custos e obter aprovação para usá-lo nas calçadas das grandes cidades. "Se ele não tivesse aquela cara desajeitada, pesasse pouco mais de 10 quilos e custasse 700 dólares, venderia", lamenta.[28]

"Inconformistas (...) que vão contra a tendência geral têm mais chances de permanecer no mercado, receber financiamento e, no fim das contas, chegar à oferta pública de ações."

Em terceiro lugar, ao serem menos imprudentemente ambiciosos, os colonizadores podem aprimorar a tecnologia do concorrente a fim de criar produtos melhores. Quando você é o primeiro a chegar ao mercado, precisa cometer todos os erros sozinho, ao passo que os colonizadores apenas observam e aprendem com os equívocos dos outros. "Ser o primeiro é uma tática, não um objetivo", escreve Peter Thiel no livro *Zero to One*. "Largar na frente não serve para nada se alguém vier atrás e tomar seu lugar."

Em quarto, enquanto os pioneiros tendem a ficar presos às suas ofertas iniciais, os colonizadores podem observar as mudanças do mercado e as oscilações no gosto dos clientes a fim de se ajustar a elas. De acordo com um estudo de quase um século sobre a indústria automobilística americana, os pioneiros apresentaram menores taxas de sobrevivência porque tiveram dificuldades para se legitimarem, desenvolveram rotinas que não combinavam com o mercado e ficaram obsoletos quando o consumidor passou a ter mais clareza de suas necessidades.[29] Os colonizadores também se dão ao luxo de esperar que o mercado consumidor esteja pronto. Quando a Warby Parker se lançou, o comércio eletrônico já fazia sucesso há mais de uma década, embora outras empresas tivessem tentado vender óculos pela internet sem muito sucesso. "Não existe a menor possibilidade de que tivesse dado certo antes", diz Neil Blumenthal.[30] "Tivemos de esperar que a Amazon, a Zappos e a Blue Nile deixassem as pessoas confortáveis com a ideia de comprar produtos que normalmente não comprariam on-line."

Isso é verdade também fora do mundo dos negócios: muitas pessoas, ideias e movimentos originais fracassaram por estarem à frente de seu tempo. Na CIA do início dos anos 1990, quando Carmen Medina defendeu pela primeira vez sua ideia sobre o compartilhamento mais rápido de informações on-line, a agência não estava preparada para considerar esse conceito. À medida que a comunicação eletrônica foi se tornando mais segura e familiar, as pessoas passaram a ser mais receptivas à ideia. Depois dos ataques terroristas do 11 de Setembro e a identificação equivocada de armas de destruição em massa no Iraque, ficou cada vez mais claro que o preço da falta de compartilhamento de informações entre agências era alto demais para ser tolerado. "Timing é tudo", observa Susan Benjamin, colega de Medina. "Naquele meio-tempo, ficou óbvio até para pessoas que eram verdadeiros luditas que nós precisávamos fazer as coisas de modo diferente: era uma exigência dos novos tempos. Tornou-se difícil para qualquer um que tivesse meio cérebro não dar ouvidos a ela, não concordar que era naquela direção que deveríamos ir."

Na década de 1840, quando descobriu que obrigar os estudantes de medicina a lavar as mãos reduzia radicalmente as taxas de mortalidade em partos, o clínico húngaro Ignaz Semmelweis foi alvo da zombaria dos colegas e terminou seus dias em um asilo.[31] Apenas duas décadas mais tarde suas ideias seriam legitimadas por Louis Pasteur e Robert Koch, que lançaram as bases da teoria dos germes. Como observou certa vez o físico Max Planck, "uma nova verdade científica não triunfa pelo convencimento, por fazer seus oponentes enxergarem a luz. Triunfa porque seus oponentes acabam morrendo".[32]

Não estou sugerindo que *nunca* é sábio ser o pioneiro. Se todos esperarmos que outros façam o primeiro movimento, nada original jamais será criado. Alguém precisa largar na frente, e às vezes valerá a pena. As vantagens do pioneirismo tendem a prevalecer quando há tecnologia patenteada envolvida, ou quando se verifica um acentuado efeito de rede (o produto ou serviço fica mais valioso se tem um grande número de usuários, como ocorre com telefones e mídias sociais).[33] Mas, na maioria dos casos, suas chances de sucesso não serão maiores se você largar na frente.[34] E quando o mercado é incerto, desconhecido ou imaturo, ser um pioneiro tem grandes desvantagens.[35] A principal lição é que, se você tem uma ideia original, é um equívoco apressá-la apenas para cruzar a linha de chegada à frente da concorrência. Da mesma forma que a procrastinação pode nos dar flexibilidade para realizar uma tarefa, adiar a entrada no mercado pode nos propiciar aprendizado e capacidade de adaptação, reduzindo os riscos associados à originalidade.

Mas o que acontece quando alargamos o campo de visão para além do cronograma de tarefas e do ciclo de vida dos produtos? Ao longo do tempo de vida de uma pessoa, existe um risco em esperar demais para agir?

Os dois ciclos de vida da criatividade: jovens gênios e velhos mestres

Existe uma crença generalizada de que a originalidade flui da fonte da juventude. Nas palavras do famoso capitalista de risco Vinod Khosla, "as pessoas com menos de 35 são as que fazem as mudanças acontecerem. Pessoas com mais de 45 basicamente morrem em termos de novas ideias".[36] Depois de publicar seu primeiro estudo revolucionário sobre a relatividade, aos 20 e tantos anos, Albert Einstein fez uma observação parecida: "Uma pessoa que não tenha feito sua grande contribuição à ciência antes dos 30 anos nunca mais a fará."[37] Tragicamente, os inovadores de fato costumam perder a originalidade com o tempo. Depois de transformar a física com seus dois estudos sobre a relatividade, Einstein se opôs à mecânica quântica, que seria a próxima revolução em seu campo. "Para me castigar por meu desprezo à autoridade, o destino me transformou em uma", lamentou.[38]

No entanto, esse declínio não é inevitável. Há evidências de que, quando as empresas instituem caixinhas de sugestões, os funcionários mais velhos apresentam mais e melhores ideias do que seus colegas mais jovens, com as sugestões mais valiosas vindo de funcionários acima de 55 anos.[39] E nas start-ups de tecnologia que conseguiram se financiar com capital de risco, a média de idade do fundador é de 38 anos.[40]

Nas artes e nas ciências, o economista David Galenson, de Chicago, nos mostra que, embora sejamos rápidos em nos lembrar dos gênios jovens que se revelaram cedo, há grande quantidade de velhos mestres que decolam muito mais tarde. Na medicina, para cada James Watson, que ajudou a descobrir a estrutura de dupla hélice do DNA aos 25 anos, existe um Roger Sperry, que identificou as diferentes especializações dos hemisférios direito e esquerdo do cérebro aos 49. No cinema, para cada Orson Welles, cujo filme de estreia foi a obra-prima *Cidadão Kane* quando ele tinha 25 anos, existe um Alfred Hitchcock, que lançou seus três filmes mais populares quando tinha três décadas de carreira, com as idades de 59 (*Um corpo que cai*), de 60 (*Intriga internacional*) e de 61 (*Psicose*). Na poesia, para cada e. e. cummings, que escreveu seu primeiro poema de sucesso aos 22 anos e mais da metade dos seus melhores trabalhos antes dos 40, há um Robert Frost, que produziu 92% de seus poemas mais consagrados depois dos 40. Como explicar esses ciclos de vida de criatividade tão diversos? Por que alguns explodem cedo e outros desabrocham tarde?

O momento em que atingimos o ponto mais alto de nossa originalidade, bem como sua duração, depende de nosso modo de pensar. Quando Galenson estudou os criadores, descobriu dois tipos radicalmente diferentes de estilos de inovação: conceitual e experimental. Os inovadores conceituais formulam uma grande ideia e partem para executá-la. Os inovadores experimentais resolvem problemas por tentativa e erro, aprendendo e evoluindo à medida que avançam. Eles se dedicam a um problema, mas não partem de uma solução específica já pronta na cabeça. Em vez de planejar com antecedência, eles improvisam enquanto prosseguem. Para parafrasear o escritor E. M. Forster, como posso saber o que penso antes de ver o que digo?[41]

De acordo com Galenson, os inovadores conceituais são velocistas e os experimentais, maratonistas.[42] Em seu estudo sobre economistas que ganharam o prêmio Nobel, os inovadores conceituais realizaram seu trabalho mais influente aos 43 anos em média, ao passo que os experimentais chegaram lá aos 61.[43] Sua análise sobre os poemas mais famosos de grandes poetas revela que os inovadores conceituais escreveram suas melhores obras aos 28 anos e os experimentais, aos 39.[44] E, segundo um estudo independente sobre todos os físicos que ganharam o prêmio Nobel, dos jovens gênios com menos de 30 anos, exatamente metade era de inovadores conceituais que realizavam trabalho teórico. Entre os velhos mestres com 45 anos ou mais, 92% faziam trabalho experimental.[45]

Essas diferenças fundamentais entre inovadores conceituais e experimentais explicam por que algumas pessoas originais explodem cedo e outras desabrocham tarde. A inovação conceitual pode ser feita rapidamente porque não requer anos de investigação metódica. Quando Watson e Crick descobriram a estrutura em dupla hélice do DNA, eles não precisaram esperar que se acumulasse um grande volume de informações: construíram um modelo teórico tridimensional e examinaram as imagens de raios X fornecidas por Rosalind Franklin. Além disso, revoluções conceituais costumam ocorrer mais cedo porque é mais fácil ter um insight profundamente original quando abordamos um problema a partir de uma nova perspectiva. "Os inovadores conceituais costumam fazer suas contribuições mais importantes a uma disciplina pouco tempo depois de serem expostos a ela", afirma Galenson. Por isso, os inovadores conceituais se tornam menos originais à medida que se entrincheiram em modos convencionais de abordar os problemas. Como explica Galenson:

> *A incapacidade que (...) inovadores conceituais têm de igualar os feitos brilhantes de sua juventude após certa idade não se deve a um esgotamento de suas reservas de algum elixir criativo mágico. Na verdade, é provocada pelo impacto da experiência acumulada (...). O verdadeiro inimigo do inovador conceitual é o estabelecimento de padrões fixos de pensamento (...). Os inovadores conceituais podem se tornar prisioneiros de sua grande façanha precoce.*

Como inovador conceitual, esse era o problema de Einstein. Quando desenvolveu sua teoria da relatividade especial, ele não estava fazendo estudos científicos, mas experiências de pensamento: imaginou-se perseguindo um feixe de luz. Suas principais contribuições à ciência eram ideias e teorias que explicavam os resultados das experiências de outras pessoas. Depois de ter internalizado os princípios da relatividade, Einstein lutou para protegê-los das ameaças representadas pela física quântica. Na poesia, Galenson registrou que e. e. cummings enfrentou problema semelhante. Depois de imaginar suas próprias regras de linguagem, gramática e pontuação aos 20 e poucos anos, ele era aos 50 anos, como observou um crítico, "ainda o experimentalista de um experimento só. O que é fascinante sobre Cummings é que ele está sempre falando sobre crescimento e é sempre o mesmo". Mais tarde, quando Cummings tinha 65 anos, outro resenhista comentou que "ele é um poeta ousadamente original", mas "seus livros são todos muito parecidos". Como disse o psicólogo Abraham Maslow, quando você tem um martelo, tudo parece prego.[46]

Por outro lado, embora a inovação experimental exija anos ou décadas de conhecimentos e habilidades acumulados, ela se torna uma fonte mais sustentável de originalidade. Roger Sperry levou anos para conduzir experiências com gatos e pacientes humanos a fim de determinar como os hemisférios do cérebro funcionam. Robert Frost não escreveu nenhum de seus poemas mais famosos na casa dos 20 anos e apenas 8% deles na casa dos 30, para finalmente desabrochar aos 40 e outra vez aos 60. "Passo a passo", observou o poeta Robert Lowell, Frost "testou suas observações de lugares e pessoas até que seus melhores poemas tivessem (...) a riqueza de grandes romances". Como um explorador, Frost reunia material em incursões no mundo, ouvindo com atenção conversas reais. "Eu jamais usava uma palavra ou combinação de palavras se não a tivesse *ouvido* antes em discurso corrente", reconheceu Frost. Cada poema era uma experiência na mistura de elementos diferentes: "Se o autor não se surpreende, o leitor não se surpreende", gostava de dizer. "Quando começo um poema eu não sei onde vou chegar. Não quero um poema que deixe claro que foi escrito para chegar a um bom final... Você tem que ser o feliz descobridor de seus finais."

Os inovadores conceituais em geral desenvolvem ideias originais cedo, mas correm o risco de se repetirem. A abordagem experimental leva mais tempo, mas revela-se mais renovável: em vez de reproduzir ideias passadas, a experimentação nos permite continuar descobrindo novas. Mark Twain publicou *As aventuras de Huckleberry Finn* aos 49 anos, usando "um método de tentativa e erro", segundo especialistas, e "descobriu sua estrutura adaptável à medida que avançava, escrevendo sem um propósito definido ou plano em mente". O próprio Twain comentou: "Quando uma história curta se transforma em uma história longa, a intenção (ou tema) original pode ser abolida e se ver superada por outra bem diferente."

Para conservar nossa originalidade à medida que envelhecemos e acumulamos experiência, nossa melhor aposta é adotar a abordagem experimental. Podemos planejar com menos antecedência o que queremos criar e começar testando diferentes tipos de ideias e soluções. Se tivermos paciência, em algum momento poderemos tropeçar em algo que seja inovador e útil. A abordagem experimental funcionou bem para Leonardo da Vinci: ele tinha 46 anos quando terminou de pintar *A última ceia* e 50 e poucos ao começar a trabalhar na *Mona Lisa*. "Foi desenhando que ele veio a compreender realmente o que buscava", escreveu um estudioso. Outro observou que "Leonardo trabalha como um escultor modelando argila, sem jamais aceitar nenhuma forma como final e criando continuamente, mesmo correndo o risco de obscurecer suas intenções originais."

Martin Luther King Jr. também foi um inovador experimental. Embora tivesse apenas 34 anos quando fez seu "discurso do sonho", já acumulava àquela altura duas décadas de experiência falando em público sobre direitos civis. Aos 15 anos, ele chegou à final de um concurso estadual de oratória com um discurso original. Passou os anos seguintes testando uma vasta gama de possibilidades líricas para articular sua visão. Nos milhares de discursos que havia feito, estava sempre ensaiando diferentes melodias e refrãos. Tendo acumulado a experiência de um velho mestre, chegou à originalidade, segundo a descrição do especialista em gestão Karl Weick, quando usou "velhas coisas em novas combinações e novas coisas em velhas combinações".[47]

Coisas boas acontecem a quem sabe esperar, e para os experimentais nunca é tarde demais para atingir a originalidade. Depois que fechou o contrato para construir a Casa da Cascata, sua mais célebre obra arquitetônica, Frank Lloyd Wright procrastinou o trabalho por quase um ano, fazendo desenhos esporádicos, até completar o projeto aos 64 anos. Raymond Davis dividiu o prêmio Nobel de física por uma pesquisa que ele começou aos 51 anos e terminou aos 80. Quanto mais experiências você faz, menos preso fica às ideias do passado. Aprende com aquilo que descobre em seu público, sua tela ou seus dados. Em vez de ficar preso à visão de túnel da própria imaginação, você aprimora a acuidade de sua visão periférica olhando para o mundo.

A velocidade é uma ótima estratégia para jovens gênios, mas para se tornar um velho mestre é preciso ter a paciência de um maratonista na condução de experiências. Os dois caminhos levam à criatividade. No entanto, para aqueles de nós que não somos atingidos pelo raio de um insight, a experimentação lenta e consistente pode abrir caminho para um período mais longo de originalidade. "Naturalmente, nem toda pessoa de 65 anos que ainda não se realizou é um inovador experimental a ser descoberto", reflete o escritor Daniel Pink. "Mas a ideia pode fortalecer o ânimo dos curiosos incuráveis que não se cansam de entender como as coisas funcionam, essas tartarugas dedicadas que não se deixam abalar pelo borrão das lebres que passam."[48]

5

Cachinhos Dourados e o cavalo de Troia

Como criar e manter coalizões

> *"Os Sneetches de Barriga Estrelada*
> *Tinham barrigas com estrelas.*
> *Os Sneetches de Barriga Lisa*
> *Não chegavam a tê-las.*
> *Não eram estrelas grandes. Eram bem miudinhas*
> *Que isso, era de supor, nenhuma importância tinha.*
> *Mas os de Barriga Estrelada diziam cheios de si:*
> *'Somos os melhores Sneetches que há por aqui.'*
> *E andavam de nariz em pé, com caretas de ojeriza:*
> *'Não queremos conversa com os de Barriga Lisa!'"*
>
> – Dr. Seuss[1]

Hoje sua grandeza está meio esquecida, mas ninguém fez mais pela causa do voto das mulheres nos Estados Unidos do que Lucy Stone.[2] Em 1855, ela comprou uma briga pelos direitos femininos que inspirou milhares a seguirem seus passos, chamando-se de "Lucy Stoners" em sua homenagem.[3] Ao longo do século seguinte, a Liga Lucy Stone incluiria a aviadora Amelia Earhart, a poeta Edna St. Vincent Millay e a pintora Georgia O'Keeffe. Entre as mulheres de hoje que se qualificariam como Lucy Stoners estão Beyoncé, Sheryl Sandberg, Sarah Jessica Parker e a fundadora da Spanx, Sara Blakely.

Lucy Stone foi a primeira mulher nos Estados Unidos a manter seu nome de solteira depois de se casar. Esse foi apenas um de seus muitos pioneirismos. Ela foi também a primeira mulher do estado de Massachusetts a obter um diploma universitário. Foi a primeira americana a se tornar palestrante em tempo integral em favor dos direitos das mulheres, mobilizando incontáveis seguidoras e convertendo muitas adversárias que se juntaram ao movimento. Tornou-se, assim, uma entre as poucas mulheres que falavam em público, qualquer que fosse o assunto e não apenas sobre direitos femininos. Liderou encontros nacionais e lançou o mais importante jornal feminino do país, o *Woman's Journal*, que circulou durante meio século. Nas palavras de Carrie Chapman Catt, a sufragista que liderou a bem-sucedida campanha pela Décima Nona Emenda, que deu às mulheres o direito ao voto: "O sucesso sufragista de hoje não é concebível sem o papel desempenhado pelo *Woman's Journal*."

Em 1851, Stone organizou uma convenção sobre direitos femininos, mas não subiu ao palanque até ser persuadida no último dia. "Queremos ser mais do que apêndices da sociedade", proclamou, convocando as mulheres a pressionarem os legisladores pelo direito feminino ao voto e à propriedade privada. Suas observações ficariam conhecidas como o discurso que incendiou o movimento pelos direitos das mulheres. Aquelas palavras cruzaram o Atlântico e inspiraram os filósofos britânicos John Stuart Mill e Harriet Taylor Mill a publicar um famoso ensaio sobre a emancipação das mulheres, que por sua vez ajudou a mobilizar as ativistas do sufragismo na Inglaterra.

Nos Estados Unidos, talvez o efeito mais significativo tenha sido sofrido por uma professora de Rochester chamada Susan B. Anthony: o discurso de Stone a inspirou a aderir ao movimento sufragista. Dois anos depois, a outra grande sufragista da época, Elizabeth Cady Stanton, escreveu um caloroso bilhete para Anthony sobre Stone: "Não há nenhuma mulher que se compare a ela."

Pelos 15 anos seguintes, Stone, Anthony e Stanton foram parceiras como renomadas líderes da cruzada pelo voto feminino. No entanto, bem antes de conseguirem alcançar sua meta comum de direitos políticos iguais, a coalizão se esfacelou.

Em 1869, Anthony e Stanton romperam a parceria com Stone, afastando-se para fundar uma organização sufragista. As ex-aliadas tornaram-se rivais amargas, publicando seus próprios jornais, encaminhando petições, levantando fundos e fazendo lobby junto aos congressistas de modo independente. "A divisão", lamenta a historiadora Jean Baker, "obrigou um movimento que já era pequeno do ponto de vista numérico e limitado em termos de organização a gastar energia em dobro." Também reforçou estereótipos de que as mulheres não serviam para a vida política, levando alguns jornais a se concentrarem na história das "galinhas em guerra" em vez de focarem na grande causa em questão. Anthony concebeu um plano para roubar líderes da organização de Stone. A animosidade que Stanton e ela nutriam por Stone era tão intensa que chegaram a riscar a organização da ex-aliada de sua história do movimento sufragista. Isto chocou até a filha de Stanton, que corrigiu a omissão escrevendo ela mesma um capítulo sobre a luta de Stone. Uma vez que as três líderes compartilhavam uma profunda dedicação à mesma causa, por que acabaram se envolvendo em um conflito tão rancoroso e destrutivo?

Este capítulo examina como as pessoas originais formam alianças para perseguir seus objetivos e como superar os obstáculos que impedem as coalizões de darem certo. Por definição, a maioria das tentativas de transformar o status quo envolve o movimento de um grupo minoritário que desafia a maioria. Coalizões são poderosas, mas também instáveis, pois dependem fortemente das relações entre seus membros. O conflito de Lucy Stone com Susan B. Anthony e Elizabeth Cady Stanton estilhaçou a aliança mais importante do movimento sufragista, quase provocando seu fim. Por meio de uma análise dos desafios enfrentados por elas – e também da batalha de uma empreendedora talentosa para convencer as pessoas a darem uma chance à sua ideia, um filme de sucesso da Disney que quase deixou de ser produzido e o colapso do movimento Occupy Wall Street –, você verá como a construção de coalizões efetivas envolve um equilíbrio delicado entre virtudes respeitáveis e políticas pragmáticas. Ao fazer isso, vai descobrir como cantar o hino do Canadá pode nos ajudar a formar alianças, por que táticas compartilhadas podem ter mais influência do que valores compartilhados, por que os estados do Oeste americano conquistaram o sufrágio universal antes dos estados do Leste e do Sul, e por que costuma ser mais sábio formar parcerias com inimigos do que com amigos da onça.

A percepção-chave é uma teoria Cachinhos Dourados da formação de coalizões. Os originais que dão início a um movimento costumam ser os membros mais radicais, com ideias e ideais que às vezes se revelam fortes demais para quem os segue. A fim de formar alianças com grupos opostos, o melhor é temperar a causa, esfriando-a tanto quanto possível. No entanto, para que as pessoas se sintam atraídas pela causa, é necessária uma mensagem temperada com moderação, que não seja nem quente nem fria demais, mas no ponto certo.

O narcisismo das pequenas diferenças

Costumamos supor que objetivos compartilhados unem as pessoas, mas a verdade é que, com frequência, eles provocam desunião. Segundo a psicóloga Judith White, da Dartmouth, um prisma para a compreensão dessas fraturas é o conceito de hostilidade horizontal.[4] Embora tomem parte em um objetivo fundamental, os grupos radicais costumam falar mal dos aliados situados mais perto da corrente convencional e dominante, chamando-os de impostores e vendidos. Como escreveu Sigmund Freud há um século: "São justamente as pequenas diferenças em pessoas de resto semelhantes que formam a base dos sentimentos de estranheza e hostilidade entre elas."

White detectou hostilidade horizontal em todos os lugares. Quando uma mulher surda foi coroada Miss América, os ativistas surdos, em vez de saudá-la como uma desbravadora, protestaram. Como ela usava a linguagem oral em vez da linguagem de sinais, não era considerada "surda o bastante". Quando uma negra de pele clara foi nomeada professora de Direito, a Associação de Estudantes Negros da universidade se opôs alegando que ela não era suficientemente negra. Um ambientalista radical referiu-se ao Greenpeace como um "monstro inconsciente motivado pelo lucro da ecograna" e "uma ameaça dinâmica à integridade do movimento verde". Para explicar por que esse tipo de animosidade acontece, White conduziu estudos fascinantes sobre hostilidade horizontal em diferentes movimentos e minorias.

Em um deles, veganos e vegetarianos avaliaram membros do próprio grupo e também do outro grupo em relação ao público em geral. Os veganos demonstraram cerca de três vezes mais preconceito contra os vegetarianos do que vice-versa. Aos olhos dos veganos mais radicais, os vegetarianos só têm pose: se realmente se importassem com a causa, não comeriam produtos de origem animal, como ovos. Em outro estudo, realizado na Grécia, membros do partido político mais conservador do país foram mais duros ao avaliar um partido político semelhante do que ao julgar um partido progressista, assim como membros do partido mais liberal de todos foram bem mais severos com o outro partido progressista do que com o mais conservador. Judeus ortodoxos avaliaram mulheres judias conservadoras de modo mais negativo do que mulheres judias que não eram praticantes nem observavam as datas religiosas. A mensagem foi clara: se você tivesse fé de verdade, mergulharia nisso de cabeça. Quanto mais alguém se identifica com um grupo extremista, mais busca se diferenciar dos moderados que ameaçam seus valores.[5]

Foi esse tipo de hostilidade horizontal que levou Susan B. Anthony e Elizabeth Cady Stanton a se separarem de Lucy Stone. Anthony e Stanton eram relativamente radicais, ao passo que Stone era mais moderada. O solo entre elas rachou em 1866, quando Anthony e Stanton se aliaram a um conhecido racista, George Francis Train, que apoiava o movimento sufragista por acreditar que as mulheres poderiam ajudar a reduzir a influência dos afro-americanos. Stone ficou indignada ao vê-las em campanha com Train e sendo financiadas por ele.

O abismo aumentou quando Anthony e Stanton se opuseram à proposta da Décima Quinta Emenda, que dava aos homens afro-americanos o direito de votar. Elas fincaram pé: se não concediam às mulheres o direito de votar, outros grupos minoritários também não podiam conquistá-lo. Sua posição era radical não só por ser inflexível, mas também porque as mulheres precisavam do apoio de liberais favoráveis à emenda. Stone era mais simpática à causa abolicionista. Em uma convenção pela igualdade de direitos, tentou construir uma ponte entre os ativistas negros e Anthony e Stanton, anunciando seu apoio a uma aliança sustentável:

> *Ambos os lados talvez tenham razão. (...) A mulher tem um oceano de agravos profundo demais para qualquer sonda, e o negro tem um oceano de agravos que não pode ser mensurado. (...) Agradeço a Deus pela Décima Quinta Emenda e espero que ela seja adotada em todos os estados. Serei grata do fundo de minha alma se qualquer de nós conseguir sair desse buraco terrível.*

Anthony e Stanton viram o apoio de Stone ao direito de voto dos negros como uma traição à causa das mulheres. Elas negaram apoio à ideia de uma organização conjunta e na semana seguinte, em maio de 1869, anunciaram a formação da própria organização sufragista nacional. Stone e um grupo de companheiras publicaram uma carta aberta conclamando a uma organização abrangente, mas em vão. No outono restava-lhes pouca escolha além de formar o próprio grupo. Por mais de duas décadas, os dois grupos mantiveram distância um do outro, trabalhando de forma independente em alguns casos e enfrentando-se em outros.

Com o esfacelamento do movimento sufragista, Lucy Stone precisava de novas aliadas, bem como Anthony e Stanton. Todas encontraram apoio em um lugar inesperado: a União Cristã Feminina de Temperança (WCTU, na sigla em inglês), que havia sido criada para combater o abuso de álcool, uma vez que homens bêbados frequentemente batiam em suas mulheres e deixavam as famílias na pobreza. Ao contrário dos grupos sufragistas, a WCTU era bastante conservadora. Seus membros eram em geral mulheres de classes média e alta com crenças religiosas fortes e valores tradicionais. No entanto, por alguma razão, alianças entre a WCTU e as sufragistas surgiram em quase todos os estados do país. As razões das sufragistas para abraçarem a parceria com a WCTU eram claras: o movimento tinha empacado na tarefa de influenciar legisladores, uma onda de organizações antissufragistas estava se formando para combatê-lo e o número de adesões encolhia. No início dos anos 1880, a organização de Stanton e Anthony estava restrita a apenas 100 membros. Enquanto isso, a WCTU, assistia a uma explosão de adesões, crescendo de poucos milhares em 1874 para 13 mil em 1876 e mais de 100 mil em 1890. Com o apoio da maior organização feminina do país, as sufragistas podiam fazer progressos significativos. O intrigante é por que a WCTU concordou em se aliar às sufragistas.

Em uma experiência engenhosa, os pesquisadores Scott Wiltermuth e Chip Heath, de Stanford, separaram ao acaso três grupos de participantes para ouvir o hino nacional do Canadá sob diferentes condições de sincronia.[6] Na condição de controle, os participantes liam a letra em silêncio enquanto a melodia tocava. Na condição sincrônica, cantavam em voz alta juntos. Na condição assincrônica, todos cantavam, mas não em uníssono: cada pessoa ouvia a canção em um andamento diferente.

Os participantes pensavam que estavam sendo avaliados como cantores. Mas havia uma pegadinha: depois de cantar, eles seguiam para o que supostamente seria um outro estudo, no qual tinham a oportunidade de escolher entre ficar com certa soma em dinheiro para si mesmos ou dividi-la com o grupo. Os poucos minutos que haviam passado cantando não deveriam ter influência sobre seu comportamento, mas tiveram. O grupo que cantara junto compartilhou mais o dinheiro. Seus participantes declararam que se sentiram mais próximos uns dos outros e mais como uma equipe do que os membros dos outros grupos.*

---

* Em uma pesquisa conduzida pela psicóloga Erica Boothby, de Yale, as pessoas demonstraram gostar mais de chocolate quando o saboreavam junto de outra pessoa. Como eu detesto chocolate, a experiência não teria funcionado comigo, mas um estudo posterior mostrou que provar um chocolate

Ao procurar alianças com grupos que comungam de nossos valores, nós subestimamos a importância de compartilhar táticas e estratégias.[7] Recentemente, os sociólogos Wooseok Jung e Brayden King, da Universidade de Northwestern, e Sarah Soule, de Stanford, mapearam a emergência de alianças incomuns nos movimentos sociais – como coalizões entre ativistas ambientais e do movimento gay, feministas e pacifistas, uma base de fuzileiros navais e uma tribo de nativos americanos. Eles descobriram que táticas comuns eram um importante fator indicativo de alianças. Mesmo envolvidos em causas diferentes, os grupos encontram afinidades quando usam os mesmos métodos de engajamento. Se você passou a última década participando de marchas e protestos, é fácil ter uma sensação de identidade e espírito comunitário com outra organização que trabalha da mesma forma.

Lucy Stone reconhecia que objetivos comuns não eram suficientes para uma coalizão prosperar, observando que "as pessoas costumam discordar sobre o que consideram os melhores métodos e meios". Stanton, por sua vez, "apontou as diferenças de métodos como 'a questão essencial' a dividir as duas associações". Stone se dedicava a campanhas em nível estadual; Anthony e Stanton queriam uma emenda constitucional federal. Stone envolvia homens em sua organização; Anthony e Stanton preferiam que todos os membros fossem mulheres. Stone tentava inspirar a mudança por meio de palestras e encontros; Anthony e Stanton gostavam mais do confronto, sendo que Anthony votava ilegalmente e ainda incentivava outras mulheres a fazerem o mesmo.

As sufragistas que formaram alianças com as ativistas da temperança eram mais moderadas em seus métodos, o que ajudou os dois grupos a encontrarem um solo comum.[9] Quando as mulheres estavam organizando clubes de WCTU, Lucy Stone lançou os clubes sufragistas. Ambos os grupos tinham vasta experiência com lobby e edição de jornais. Começaram a atuar juntos em trabalhos de lobby, discursos em frente a câmaras legislativas estaduais, publicação de artigos e distribuição de material impresso, encontros públicos, passeatas e debates.* Juntas, as ativistas do sufragismo

---

desagradavelmente amargo era ainda pior quando se fazia isso junto de outra pessoa. Aparentemente, tanto as experiências positivas quanto as negativas são amplificadas quando compartilhadas com alguém, levando a maiores sensações de semelhança entre as pessoas.[8]

* Táticas compartilhadas só facilitam as alianças até certo ponto. Quando a interseção de táticas entre os grupos superam os 61%, as coalizões ficam menos prováveis. Quando os métodos são mais ou menos os mesmos, os grupos simplesmente têm menos a ganhar e aprender um com o outro, e seus esforços acabam sendo redundantes. Embora a WCTU e os grupos sufragistas compartilhassem

e da temperança convenceram diversos estados a aprovar o voto feminino. Ao fazerem isso, as sufragistas descobriram um princípio profundo da conquista de aliados. Esse princípio é mais bem ilustrado pelo caso da jovem e visionária empreendedora que encontrou um modo surpreendente de fazer seus críticos darem uma chance à sua ideia.

Radicais moderados

Em 2011, uma bacharelanda chamada Meredith Perry notou que havia algo de muito básico errado com a tecnologia. Ela não precisava de um cabo para fazer chamadas telefônicas ou se conectar à internet. Tudo que costumava ter fio não tinha mais... com uma exceção. Sentada em seu quarto no alojamento de estudantes, ela ainda estava presa à parede pelo componente mais arcaico de seus aparelhos: a tomada elétrica em que os carregava. Para usar o telefone e o computador, precisava plugá-los na parede. Perry queria ter energia sem fio.

Então ela começou a pensar em objetos que podiam transmitir energia pelo ar. O sinal de um controle remoto de TV era fraco demais, ondas de rádio eram ineficientes demais e raios X eram perigosos demais. De repente imaginou um aparelho que transformasse vibrações físicas em energia. Se você o pusesse debaixo de um trem em movimento, por exemplo, seria capaz de coletar a energia gerada por ele. Embora não fosse prático ter pessoas reunidas em torno de trens para capturar sua energia, ela se deu conta de que o som viaja pelo ar por meio de vibrações. E se fosse possível usar ultrassom, que é invisível e silencioso, para gerar vibrações e convertê-las em energia sem fio?

Os professores de física de Perry disseram que aquilo era impossível. Engenheiros ultrassônicos concordaram: não podia ser feito. Alguns dos

---

certo número de táticas, eles também tinham alguns métodos únicos para ensinar uns aos outros. As sufragistas começaram a marchar em passeatas e ter estandes em festas populares; a WTCU passou a recorrer cada vez mais a petições. Além disso, as diferenças de status são importantes. Os movimentos têm maiores chances de encontrar um alinhamento quando um tem status ligeiramente superior ao outro, e menos quando a diferença de status é inexistente ou extrema. É óbvio que a um movimento de menor status interessa a visibilidade associada ao parceiro de status maior, mas há vantagens para este grupo também. Os sociólogos Jung, King e Soule explicam: "Como desafiantes da ordem social estabelecida, os movimentos precisam renovar e atualizar sua agenda continuamente a fim de serem vistos como vanguardistas, autênticos e relevantes. Quando deixa de renovar sua agenda e incorporar novas ideias, um movimento pode ficar obsoleto e perder contato com seu público original. Por essa razão, movimentos de status elevado podem buscar assimilar novos temas emergentes ou aqueles que, embora antigos, eram até então ignorados."

cientistas mais respeitados do mundo lhe disseram que ela estava perdendo tempo. Mas aí ela venceu uma competição de inventores e foi desafiada por um jornalista a demonstrar sua tecnologia em uma conferência digital que ocorreria apenas quatro semanas depois. Com uma prova conceitual, mas sem nenhum protótipo que funcionasse, Perry tinha um dilema do tipo "o ovo ou a galinha": ela precisava de financiamento para construir o protótipo, mas sua ideia era tão radical que os investidores queriam ver um protótipo primeiro. Como única fundadora de uma start-up de tecnologia, sem qualquer formação em engenharia, ela precisava de aliados para seguir adiante.

Três anos mais tarde encontrei Perry em um evento do Google. Depois de obter 750 mil dólares de capital do Founder's Fund de Mark Cuban, Marissa Mayer e Peter Thiel, sua equipe tinha acabado de finalizar o primeiro protótipo funcional. O equipamento era capaz de carregar aparelhos mais rápido do que um carregador com fio, a distâncias maiores, e estaria à disposição dos consumidores em dois anos. No fim de 2014, a empresa de Perry, uBeam, já acumulava 18 patentes e 10 milhões de dólares em investimentos.

Perry subiu ao palco como parte de um elenco de palestrantes que incluía Snoop Dogg, um vencedor do prêmio Nobel e o ex-presidente Bill Clinton. Foi a única a ser aplaudida de pé. Ainda havia questionamentos se aquele produto funcionaria realmente bem, mas ela já havia superado a barreira fundamental de provar a viabilidade da tecnologia. "Cada uma das pessoas que trabalha hoje para a empresa não acreditava ser possível criar esse produto ou era extremamente cética", contou Perry.

Ela enfrentou uma versão extrema da luta de todas as pessoas originais em seu desafio ao status quo: superar o ceticismo de potenciais parceiros--chave. Suas primeiras tentativas não deram em nada. Ela procurou vários especialistas técnicos, que foram tão rápidos em apontar os furos matemáticos e físicos da ideia que nem chegaram a considerar a possibilidade de trabalhar com ela. Provavelmente não ajudou muito o fato de ela propor contratos de risco – era possível que eles nunca vissem a cor do dinheiro.

Por fim, Perry tomou uma decisão que desafiava cada um dos sábios conselhos que ela já havia ouvido sobre tentar influenciar alguém: ela simplesmente parou de dizer aos especialistas o que estava tentando criar. Em vez de explicar seu plano de gerar energia sem fio, ela apenas fornecia as especificações da tecnologia que desejava. Sua mensagem anterior tinha sido: "Estou tentando construir um transformador que envie energia pelo ar." O novo discurso disfarçava o objetivo: "Estou procurando alguém para projetar um transformador com tais parâmetros. Você poderia desenvolver esta parte?"

A abordagem deu certo. Ela convenceu dois especialistas em acústica a projetar um transmissor, outro a projetar um receptor e um engenheiro elétrico a cuidar da parte eletrônica. "Na minha cabeça tudo se encaixava. Se desse errado, alguém acabaria por me processar", admite Perry. "Mas não havia outro jeito, considerando-se os meus conhecimentos e as minhas habilidades." Em pouco tempo ela tinha a bordo colaboradores com doutorado em Oxford e Stanford, além dos cálculos matemáticos e das simulações que confirmavam a viabilidade teórica da ideia. Foi o bastante para atrair uma primeira rodada de financiamento e um talentoso diretor de tecnologia que a princípio fora altamente cético. "Quando lhe mostrei todas as patentes, ele disse: 'Caramba, isso pode funcionar mesmo.'"[10]

Em uma conferência TED e um livro, ambos sobre tecnologia, entretenimento e design, Simon Sinek argumenta que, se queremos inspirar as pessoas, devemos começar com o *porquê*.[11] Quando comunicamos a visão por trás de nossas ideias, o propósito que guia nossos produtos, as pessoas vêm atrás de nós. Trata-se de um excelente conselho – a menos que você esteja fazendo algo original que desafia o status quo. Se as pessoas que defendem transformações morais explicam seu porquê, correm o risco de colidir com convicções há muito estabelecidas. Caso inconformistas criativos expliquem seu porquê, este pode violar noções convencionais sobre o que é possível.

As pesquisadoras Debra Meyerson e Maureen Scully descobriram que, para ter sucesso, os originais frequentemente precisam se transformar em radicais moderados.[12] Eles acreditam em valores que destoam das tradições e em ideias que contrariam o senso comum, mas aprendem a temperar seu radicalismo e apresentar suas crenças e ideias de uma forma que as deixe menos chocantes e mais sedutoras para o público convencional e dominante. Meredith Perry é uma radical moderada: ela tornou plausível uma ideia implausível ao ocultar seu traço mais extremo. Quando percebeu que não conseguiria convencer os especialistas a dar com ela um salto no escuro, convenceu-os a dar alguns passos mascarando seu verdadeiro propósito.

Mudar o foco do porquê para o como pode ajudar as pessoas a se tornarem menos radicais. Em uma série de experimentos, quando se pedia a pessoas com visões políticas extremas que explicassem as razões por trás de suas preferências, elas se aferravam às suas ideias.[13] Explicar seus porquês lhes dava uma chance de reafirmar suas convicções. Mas quando eram instadas a explicar como suas políticas favoritas funcionariam, elas se tornavam mais moderadas. Pensar sobre o como as fazia enxergar as falhas em seu raciocínio e compreender que algumas de suas visões extremadas eram impraticáveis.

Para formar alianças, os originais podem temperar seu radicalismo contrabandeando sua visão real dentro de um cavalo de Troia. O tenente Josh Steinman, da Marinha americana, tinha uma visão grandiosa: abrir o mundo militar à tecnologia vinda de fora por meio de uma conexão com o Vale do Silício. Steinman sabia que iria enfrentar resistência se apresentasse uma proposta radical e abrangente de repensar por completo o modo como a Marinha lidava com a inovação. Assim, optou por começar com um discurso ponderado. Ele apresentou uma nova tecnologia de updates em tempo real para o almirante Jonathan Greenert, o chefe de operações navais. Intrigado, o almirante Greenert perguntou o que viria em seguida, e o contra-almirante Scott Stearney levantou uma bola redondinha para Steinman, perguntando-lhe como os militares deveriam encarar o futuro tecnológico. "Foi aí que atacamos", lembra-se Steinman. "Senhor, o futuro está no software, não no hardware, e nós precisamos ter uma unidade da Marinha americana no Vale do Silício."[14]

Poucos meses mais tarde, depois que outros oficiais de baixa patente apresentaram defesas semelhantes da importância do software, o chefe de operações navais fez um discurso defendendo a ideia, que também circulou no Pentágono. Não muito tempo depois, o secretário de Defesa anunciou a criação de uma embaixada no Vale do Silício. Steinman havia empregado aquilo que o psicólogo Robert Cialdini chama de "técnica do pé na porta", na qual você começa com uma solicitação modesta para assegurar um comprometimento inicial e só então introduz a demanda maior.[15] Ao partir de um pedido moderado em vez de um radical, Steinman conquistou aliados.

É comum que as coalizões se desmanchem quando as pessoas se recusam a moderar seu radicalismo. Esse foi um dos maiores defeitos do movimento Ocupy Wall Street, um protesto contra a desigualdade econômica e social que teve início em 2011. Naquele ano, pesquisas mostravam que a maioria dos americanos apoiava o movimento, mas esse apoio logo ruiu. O ativista Srdja Popovic admira-se com o fato de que o extremismo do movimento alienou a maioria dos aliados potenciais. O maior erro, argumenta ele, foi escolher um nome que fazia referência à tática radical do acampamento permanente, que poucas pessoas consideram atraente. Ele acredita que, se o grupo tivesse simplesmente mudado o nome para "Os 99 Por Cento", talvez ainda existisse.¹⁶ O nome Occupy "implicava que a única maneira de se sentir parte daquilo era largar tudo o que você estivesse fazendo e começar a ocupar alguma coisa", escreve Popovic. "A ocupação é só uma arma no enorme arsenal dos protestos pacíficos – e, para ser preciso, um tipo que costuma ter apelo apenas para certo perfil de pessoa engajada... Os movimentos sociais, que estão sempre nadando contra a maré, precisam atrair participantes mais casuais se quiserem ter sucesso." "Os 99 Por Cento" é um nome inclusivo: convida todos a se envolverem e a usarem suas táticas preferidas. Moderando a marca do movimento e ampliando o leque de métodos, talvez tivesse sido possível obter o apoio de cidadãos mais próximos da corrente dominante.

No movimento sufragista, foi nesse ponto que o narcisismo das pequenas diferenças pôs as garras de fora. Quando Anthony e Stanton se associaram ao racista George Francis Train em 1867, Stone escreveu que o apoio de Train ao sufragismo era "suficiente para condenar o movimento aos olhos de todas as pessoas que ainda não estivessem convencidas", e seu marido alertou Anthony de que aquela aliança traria "danos irreparáveis à causa dos votos das mulheres *e* dos negros".*

Mas Anthony não arredou pé de sua convicção radical de que, se as mulheres não tinham direito a voto, os negros também não deveriam ter. Fez campanha com Train por todo o estado do Kansas e aceitou o dinheiro dele para financiar a criação de um jornal sufragista. Quando Stone a confrontou com a acusação de manchar a reputação da causa de direitos igualitários ao associá-la a Train, Anthony ficou na defensiva: "Eu sei qual é o seu problema. É inveja, amargura, ódio, porque eu tenho um jornal e você não tem." Stanton ficou do lado de Anthony, endossando sua decisão de formar parceria com Train: "Seria correto e sábio aceitar ajuda até do próprio diabo", disse ela, "desde que ele não nos fizesse baixar nosso nível de exigência."

O preço da aliança se revelou alto: Kansas teve a chance de se tornar o primeiro estado a adotar o voto feminino, mas a batalha acabou perdida – bem como a proposta pelo voto dos negros. Muita gente do meio considerou a

---

* Um antigo aliado, William Lloyd Garrison, implorou a Anthony que voltasse atrás: "Com toda a amizade e a mais alta consideração pelo movimento dos direitos femininos, não posso deixar de expressar meu pesar e minha surpresa com o fato de a senhora e a Sra. Stanton terem virado de tal forma as costas ao bom senso, a ponto de se tornarem companheiras de viagem e palestrantes associadas daquele arlequim de miolo mole e semilunático, George Francis Train... As senhoras apenas se exporão merecidamente ao ridículo e à condenação, e atrairão para o movimento que buscam promover um ódio desnecessário... Ele pode ajudar a atrair audiência, mas o mesmo fariam um canguru, um gorila ou um hipopótamo."

aliança com Train responsável por ambas as derrotas. Cerca de dois anos depois, quando Stanton e Anthony haviam formado a própria associação, em vez de aprenderem com os erros do passado, elas se recusaram a moderar a posição extremista de que qualquer um que apoiasse o sufrágio feminino era um aliado. Em outra aliança que lançou nuvens negras sobre o movimento, Stanton juntou forças com Victoria Woodhull, uma ativista que havia se tornado a primeira mulher a disputar a presidência dos Estados Unidos. No entanto, ela apenas enfraqueceu o movimento sufragista com sua agenda radical. Woodhull, cujo passado incluía um período como prostituta e outro como curandeira charlatã, defendia a liberdade sexual, proclamando que tinha o direito inalienável, constitucional e natural de amar quem ela quisesse, pelo tempo que quisesse, e de mudar de amor todos os dias se assim o desejasse.

Os oponentes do sufragismo usaram a posição de Woodhull como prova de que o movimento estava mais interessado na promiscuidade sexual do que no direito ao voto. Membros começaram a se retirar em grande número da organização de Anthony e Stanton, até o ponto em que elas já não conseguiam público suficiente nem para realizar uma convenção. Até legisladores simpáticos à causa aconselharam as sufragistas a deixar de lado a causa do voto. Sufragistas afirmavam que a campanha de Woodhull "é o modo mais eficiente de afugentar as pessoas do nosso movimento" e que ela havia "feito a causa retroceder 20 anos". A aliança "precipitou uma tempestade de críticas" tão intensa, escreveria mais tarde o biógrafo de Anthony, que os ataques por ela recebidos anteriormente ficaram parecidos com "uma chuva de verão diante de um ciclone do Missouri".

Ao decidir manter a aliança com Woodhull, Stanton deixou de reconhecer o valor do radicalismo moderado. Ela repeliu Stone e muitos outros aliados antigos e potenciais por não enxergar as enormes diferenças no modo como as pessoas de dentro e de fora de qualquer movimento avaliam as coalizões. O erro dela fica mais claro à luz de um novo estudo feito pelos pesquisadores da área de gestão Blake Ashforth e Peter Reingen, que descobriram que os públicos interno e externo têm ideias distintas sobre quem representa uma coalizão.[17] Para os de dentro, o representante-chave é a pessoa que ocupa a posição central e detém o maior número de relações no grupo. Para as sufragistas, essa posição era claramente ocupada por Stanton e Anthony. No entanto, para quem está de fora, a pessoa que representa um grupo é aquela com a visão mais extremada. Esse posto cabia a Woodhull: seu escândalo pessoal ofuscava a causa do sufragismo e alienava muita gente que estaria aberta à ideia relativamente moderada do voto feminino, mas não às ideias mais radicais de independência sexual para as mulheres. Como o público externo julgava o movimento sufragista pela companhia radical que Anthony e Stanton mantinham, Stone não teve escolha senão distanciar ainda mais sua organização das duas.

Inimigos dão melhores aliados que os amigos da onça

Em *O poderoso chefão – Parte II*, Michael Corleone aconselha: "Mantenha os amigos perto e os inimigos mais perto ainda."[18] Mas que fazer com pessoas que não se encaixam muito bem em nenhuma das duas categorias?

Em geral, vemos nossos relacionamentos como um contínuo que vai do positivo ao negativo. Nossos amigos mais próximos sempre nos apoiam e nossos maiores inimigos trabalham ativamente contra nós. Mas pesquisas mostram que é preciso traçar dois eixos independentes: um para medir quão positiva é uma relação e outro, separado, para avaliar quão negativa ela é. Além de relações que são puramente positivas ou inteiramente negativas, nós podemos ter conexões que são ao mesmo tempo positivas e negativas. Os psicólogos as chamam de relações ambivalentes.[19] Talvez você conheça essas pessoas como amigas da onça – aquelas que às vezes estão do seu lado e às vezes contra você.

		Positividade	
		Baixa	Alta
Negatividade	Baixa	Conhecidos: indiferentes	Amigos: sempre do seu lado
	Alta	Inimigos: sempre contra você	Amigos da onça: ambivalentes

As relações de Stone com Stanton e Anthony eram profundamente ambivalentes – elas haviam sido aliadas e adversárias. Por um lado, Stone admirava a sagacidade de Stanton e a capacidade de trabalho de Anthony, e as três tinham um histórico comprovado de colaborações efetivas. Por outro lado, Stone tinha objeções aos "amigos lunáticos" e às "alianças malucas" das outras duas, que ameaçavam a respeitabilidade do movimento sufragista feminino. Já Anthony e Stanton tinham um padrão duplo de comportamento. Assinaram o nome de Stone em um anúncio de saudação a seu benfeitor racista sem lhe pedir permissão. Mais tarde, no outono de 1869, Stone escreveu a Stanton propondo a "colaboração calorosa de *todos* os amigos da causa, que assim podem mais do que cada um deles sozinho", além de garantir que sua organização (de Stone) "jamais será inimiga ou antagonista" da de Stanton. No entanto, na convenção que lançou o grupo de Stone, Anthony tentou arquitetar um golpe frustrado para eleger Stanton como presidente. Stone a convidou a subir ao palco, e Anthony a acusou de tentar "anular e esmagar" sua organização.

Em 1872, Stanton procurou Stone com uma proposta de reconciliação, dizendo: "O que passou, passou. Vamos enterrar todos os problemas de personalidade no trabalho que temos diante de nós." Stone deu então alguns passos no sentido da conciliação, publicando os artigos e discursos de Stanton em seu jornal. Até que chegou uma carta de Anthony na qual ela propunha "cooperar e conduzir uma campanha sistemática", e convidava Stone para ir a Rochester "resolver de uma vez a questão de que estamos todas juntas, como uma única grande mulher". Stone recusou o convite.

Em retrospecto, é fácil julgar e classificar a recusa de Stone como um erro provocado pela teimosia. Se ela tivesse aceitado, talvez suas organizações conquistassem o direito de votar com anos de antecedência. Mas se examinarmos o modo como relações ambivalentes afetam nossos níveis de estresse, descobriremos alguma sabedoria na resistência de Stone.

A fim de descobrir o modo mais eficaz de lidar com as relações ambivalentes, Michelle Duffy, professora da área de gestão na Universidade de Minnesota, conduziu um estudo para avaliar a frequência com que policiais eram deixados na mão ou apoiados por seus colegas mais próximos, bem como seus níveis de estresse e de faltas ao trabalho. De forma nada surpreendente, as relações negativas se revelaram estressantes. Quando se sentiam deixados na mão por seus colegas mais próximos, eles eram menos dedicados, faziam um maior número de pausas não autorizadas e faltavam ao trabalho com mais frequência.

O que acontecia quando o colega que negava apoio era o mesmo que, às vezes, apoiava? Bem, as coisas não melhoravam: ficavam piores. Sentir-se hostilizado e apoiado pela mesma pessoa resultava em níveis ainda mais baixos de dedicação e um número ainda maior de faltas.* As relações negati-

---

* A boa notícia é que, quando eram hostilizados por uma pessoa porém apoiados por outra diferente, os policiais se sentiam melhor. O apoio de um colega ou um superior tinha efeito amortecedor, evitando o estresse e as ausências.

vas são desagradáveis, mas são previsíveis: se um colega sempre o trata com frieza, você pode manter distância e esperar o pior. Mas quando lidamos com uma relação ambivalente, estamos permanentemente na defensiva, tentando descobrir quando aquela pessoa pode ou não merecer nossa confiança. Como explica a equipe de Duffy, "lidar com indivíduos inconsistentes requer mais recursos e mais energia emocional".

Em uma série de estudos inovadores, o psicólogo Bert Uchino descobriu que as relações ambivalentes são menos saudáveis do que as negativas.[20] Em uma pesquisa, ter um maior número de relações ambivalentes mostrou-se um fator de previsão de maiores taxas de estresse, depressão e insatisfação com a vida. Em outro estudo, pessoas mais velhas avaliaram suas relações com as dez pessoas mais importantes de suas vidas, e em seguida se submeteram a dois exercícios do tipo que provoca ansiedade: fazer um discurso com pouco tempo de preparação e responder a uma prova rápida de matemática. Quanto mais relações ambivalentes os participantes haviam tido na vida, mais seu coração acelerava em ambas as tarefas.

Lucy Stone compreendia os riscos de formar alianças ambivalentes. Em 1871, escreveu que era melhor "não apertar a mão daquelas pessoas... Elas eram nossas inimigas. Nós não sabemos se são nossas amigas". A biógrafa e especialista em história americana Andrea Moore Kerr observa que Stone era "incapaz de prever ou controlar o comportamento tanto de Stanton quanto de Anthony". Em reação a isso, de acordo com Baker, "procurou manter sua organização livre da infecção do 'terrível íncubo' das fileiras de Stanton-Anthony".

Nosso instinto é o de romper as relações ruins e resgatar as ambivalentes. Mas as evidências sugerem que devíamos fazer o contrário: isolar nossos amigos da onça e tentar converter nossos inimigos.

Em sua luta para mudar o status quo, os originais muitas vezes ignoram seus oponentes. A lógica afirma que se uma pessoa resiste à transformação, não faz sentido perder tempo com ela. Em vez disso, devemos nos concentrar em fortalecer os laços com aqueles que já nos apoiam.

Mas nossos melhores aliados não são as pessoas que sempre nos apoiaram. São aquelas que começaram contra nós e depois mudaram de lado.

Há meio século, o eminente psicólogo Elliot Aronson conduziu uma experiência que sugeria sermos mais sensíveis a perdas e ganhos de estima do que ao próprio nível de estima.[21] Quando alguém está sempre nos apoiando, tratamos isso como natural e corremos o risco de desprezar esse apoio. Mas consideramos um verdadeiro defensor de nossa causa alguém que começou como adversário e depois se converteu em adepto entusiasmado. "Uma pessoa cujo apreço por nós tenha crescido com o tempo será mais apreciada do que uma que sempre gostou de nós", explica Aronson. "Consideramos mais gratificante quando os sentimentos inicialmente negativos de alguém aos poucos se tornam positivos do que quando os sentimentos de alguém foram inteiramente positivos o tempo todo."[22]

Se temos uma afinidade especialmente forte com nossos ex-rivais convertidos, será que eles se sentem da mesma forma em relação a nós? Sim – e esta é a segunda vantagem de conquistar os resistentes. Para gostar de nós, eles precisam trabalhar duro a fim de superar suas impressões negativas iniciais, dizendo a si mesmos: *Eu devia estar errado sobre essa pessoa*. Com o passar do tempo, para evitar a dissonância cognitiva de mudar de ideia mais uma vez, estarão especialmente motivados a manter uma relação positiva.

O terceiro e mais importante fator é que nossos adversários do passado são os mais eficazes em persuadir os outros a se juntarem aos nossos movimentos.[23] Eles são capazes de empregar os melhores argumentos em nossa defesa porque compreendem as dúvidas e desculpas dos resistentes e dos indecisos. E são uma fonte mais confiável, pois não foram seguidores do tipo Pollyanna ou "maria vai com as outras" desde o início. Um dos estudos de Aronson mostrou que as pessoas têm maiores chances de serem convencidas a mudar de opinião por aqueles que começaram negativos e depois se tornaram positivos. E, mais recentemente, executivos corporativos demonstraram ser influenciados de forma sutil por conselheiros que discordavam deles a princípio e depois se conformaram – o que sinaliza que sua "opinião parece resistir ao exame crítico".[24]*

Em vez de evitar seus inimigos, Lucy Stone os procurava e dedicava-se ativamente a eles. Ela ajudou a converter Julia Ward Howe, uma poeta proeminente, autora de "The Battle Hymn of the Republic". Howe foi convidada a participar de um encontro de sufragistas e compareceu com relutância, "com um coração rebelde", considerando Stone como um de seus "desafe-

---

* Naturalmente, nem toda relação negativa pode ser revertida. O ensaísta Chuck Klosterman faz uma distinção importante entre rivais comuns – adversários que podem se tornar aliados – e arqui-inimigos: "Você até que gosta de seu rival, apesar do fato de que o detesta. Se seu rival o convidasse para tomar uns drinques, você aceitaria... Mas você jamais beberia com seu arqui-inimigo, a menos que estivesse tentando batizar seu gim com veneno."[25]

tos". Mas depois de ouvir seu discurso, tornou-se uma aliada próxima e uma das grandes líderes do movimento.

Em 1855, um desordeiro perturbou uma convenção tomando a palavra e descrevendo as sufragistas como "impróprias para casar" e o movimento como uma ação de "meia dúzia de mulheres frustradas". Em vez de ignorá-lo, Lucy Stone se dirigiu a ele diretamente em seu discurso, sob os aplausos estrondosos da plateia:

> *O último a falar fez alusão a este movimento como sendo o de meia dúzia de mulheres frustradas. Desde os primeiros anos que minha memória alcança, eu tenho sido uma mulher frustrada. (...) Fiquei frustrada quando procurei uma carreira (...) e todos os empregos estavam fechados para mim, com exceção do de professora, costureira e dona de casa. Na educação, no casamento, na religião, em tudo, frustração é o que cabe às mulheres. A missão da minha vida é aprofundar essa frustração no coração de cada mulher, até que elas deixem de se sujeitar a ela.*

Quando Stone saía pelas ruas colando cartazes que anunciavam discursos abolicionistas, era comum que jovens desocupados a seguissem para rasgá-los. Stone lhes perguntava se amavam suas mães. Com certeza. Amavam suas irmãs? Claro que sim. Ela explicava então que, no Sul, homens da idade deles eram vendidos como escravos e nunca mais voltariam a ver suas famílias. Como explica Kerr, "ela então os chamava para as palestras daquela noite como seus 'convidados especiais'. Esses recrutas de rua se provaram aliados úteis, capazes de anular outros encrenqueiros".

Em 1859, uma estudante universitária chamada Frances Willard escreveu em seu diário que Lucy Stone estava na cidade, e observou: "Não gosto das ideias dela." Fiel às próprias opiniões conservadoras, Willard se uniu ao movimento de temperança, mas anos depois se tornou uma das mais influentes líderes sufragistas. Ela ponderou que Stone tinha sido uma força por trás de sua mudança de opinião:

> *Eu me lembro de quando eu morria de medo de Susan e também de Lucy. Mas agora eu amo e honro essas mulheres, e sou incapaz de pôr em palavras o que significa ter as bênçãos dessas mulheres que tornaram possível para as mais tímidas, como eu, seguir em frente e assumir nossos papéis na força de trabalho do mundo. Se elas não tivessem derrubado as árvores e indicado o caminho, nós não teríamos ousado passar.*

Em 1876, Willard foi a líder dos esforços de alinhamento entre as sufragistas e as ativistas da temperança. Pesquisas mostrariam mais tarde que, pelas duas décadas seguintes, toda vez que Willard visitava um estado, as chances de uma aliança entre o sufragismo e a temperança disparavam. Como ela conseguia convencer os membros conservadores da WCTU a se aliar às liberais sufragistas? Uma pista da razão de seu sucesso pode ser encontrada em Hollywood, onde filmes nascem e morrem com base em como os roteiristas conseguem ou não convencer os executivos a embarcarem em suas visões.

O que é familiar aquece o coração

No início dos anos 1990, um grupo de roteiristas propôs algo que nunca havia sido feito na Disney: produzir um longa-metragem de animação com base em um conceito original. Contrariando meio século de sucessos com contos tradicionais consagrados como *Cinderela* e *Branca de Neve*, decidiram escrever uma nova história do zero. O chefe do estúdio, Jeffrey Katzenberg, estava cético e afirmava aos colegas que se tratava de uma experiência. "Ninguém tinha a menor confiança no projeto", lembra o diretor Rob Minkoff. "Na Disney pensava-se naquilo como um filme B."

O roteiro acabou por se transformar em *O rei leão*, que foi o filme de maior bilheteria de 1994, vencendo dois Oscars e um Globo de Ouro. Katzenberg dissera que ficaria de joelhos em reconhecimento ao sucesso caso o filme arrecadasse 50 milhões de dólares. Em 2014, a receita da animação ultrapassava 1 bilhão.

Como muitas ideias originais, o filme quase não saiu do papel. Foi concebido como "Bambi na África com leões". Mas depois que o primeiro roteiro fracassou, cinco dos roteiristas se reuniram para repensá-lo. Sentaram-se por dois dias, ventilando ideias e tecendo um conto épico sobre a sucessão de reis. Quando mostraram a história para um grupo de executivos da Disney, o primeiro a reagir foi o CEO Michael Eisner, que não estava entendendo bem a ideia. Em busca de um gancho, perguntou: "Vocês conseguem transformar isso no *Rei Lear?*"

Por coincidência, Minkoff havia relido a peça de Shakespeare poucas semanas antes e explicou por que o conceito não se encaixava. Então, do fundo da sala, uma produtora chamada Maureen Donley levantou outra sugestão shakespeariana: "Não, isso é *Hamlet*."

De repente, todo mundo entendeu. "Houve um suspiro coletivo de reconhecimento", diz Minkoff. "Claro que era *Hamlet*: o tio mata o pai, o filho tem que vingar a morte do pai. Ali resolvemos que seria *Hamlet* com leões."[26] Naquele momento decisivo, o filme ganhou luz verde.

Para entender o que salvou o longa da degola, recorri a Justin Berg, o especialista em criatividade de Stanford.[27] Os roteiristas tinham começado com leões, explicou ele. Se o ponto de partida deles fosse *Hamlet*, teriam terminado com uma imitação animada de Shakespeare. Partir de uma perspectiva nova foi crucial para a originalidade, mas também representava um desafio.

Em uma pesquisa, Berg pediu a um grupo de pessoas que projetasse um novo produto para ajudar estudantes universitários a se saírem bem em entrevistas de emprego. Instruiu o grupo a começar pelo conceito familiar de um fichário de três argolas e então bolar algo novo. Gerentes de papelarias e clientes avaliaram os resultados como altamente convencionais.

De acordo com Berg, o ponto de partida para a geração de ideias é como a primeira pincelada que um pintor dá na tela: ela molda o caminho que o resto da pintura tomará, limitando o que somos capazes de imaginar. Começar com um fichário de três argolas conduziu os participantes da experiência por um caminho que os fez sugerir produtos óbvios, como uma pasta com bolsos para currículos e cartões de visita – uma ideia nada revolucionária. Para conceber algo original, precisamos partir de um lugar menos familiar.

Em vez de um fichário de três argolas, Berg deu a alguns participantes um ponto de partida mais inovador: um par de patins in-line. Agora eles não estavam mais aprisionados aos padrões convencionais: conceberam ideias que receberam notas 37% mais altas em originalidade. Um participante observou que durante entrevistas de emprego é difícil ter noção de quanto tempo já se passou e ninguém quer parecer rude por consultar o relógio e perder o contato visual com o entrevistador. A solução proposta foi construir um relógio que informasse o tempo pelo tato, com elementos físicos semelhantes às rodas de patins, capazes de mudar de forma ou textura à medida que o tempo passasse.

Embora ajude a promover a originalidade de nossas ideias, um ponto de partida inovador não as torna necessariamente palatáveis e práticas aos olhos do público. Ainda que os patins tenham levado a uma ideia criativa para medir o tempo de forma discreta, apalpar o relógio é um comportamento esquisito. Para solucionar esse problema, Berg deu àqueles participantes o ponto de partida dos patins in-line, mas acrescentou uma novidade: depois que eles tinham desenvolvido suas ideias, mostrou-lhes uma fotografia de produtos que as pessoas costumam usar em entrevistas de emprego, e em seguida lhes pediu que gastassem mais alguns minutos refinando seus conceitos. Para a pessoa que queria inventar um modo educado de consultar as horas, isso fez toda a diferença. Depois de dar uma olhada nos tipos de produtos que são comuns em entrevistas de emprego, o mesmo inventor bolou, em vez de um relógio a ser apalpado, uma caneta que informa as horas pelo tato.

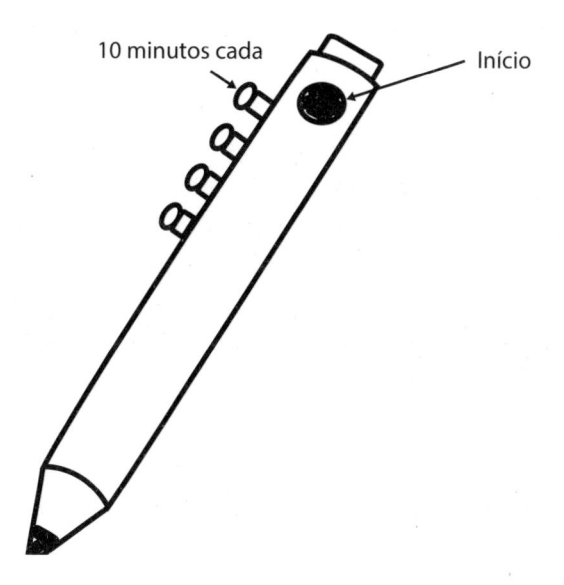

As ideias mais promissoras começam pela novidade e em seguida incorporam a familiaridade, que se aproveita do efeito de mera exposição que abordamos antes. Em média, um ponto de partida inovador seguido de uma infusão de familiaridade conduziu a ideias que foram avaliadas como 14% mais práticas, sem sacrificar nada de sua originalidade. Como Berg destaca, se você começasse a experiência com uma caneta em vez de um par de patins in-line, provavelmente acabaria com algo muito parecido com uma caneta convencional. Mas ao começar com algo inusitado no contexto das entrevistas de emprego, como patins, e em seguida incorporar a familiaridade de uma caneta, consegue-se desenvolver uma ideia que é ao mesmo tempo inovadora e útil.

No caso de *O rei leão*, foi isso que aconteceu quando Maureen Donley sugeriu que o roteiro era parecido com *Hamlet*. Aquela dose de familiaridade ajudou os executivos a conectar o roteiro inovador ambientado na savana com uma história clássica. "Isso dá a um grupo grande de pessoas um ponto de referência único", explica Minkoff. "Com a originalidade absoluta, você se arrisca a perder as pessoas. Como precisam vender aquilo, os executivos estão o tempo todo à procura de ganchos. É preciso lhes dar algo em que se agarrar." A equipe de roteiristas de *O rei leão* partiu então atrás de deixas de *Hamlet*. Percebendo que precisavam de um momento "ser ou não ser", acrescentaram ao roteiro uma cena em que o babuíno, Rafiki, dá uma lição a Simba sobre a importância de se lembrar quem é.

No movimento sufragista, as ativistas da temperança só embarcaram na causa quando uma líder emergente lhe deu uma injeção de familiaridade. A socióloga Holly McCammon, da Universidade Vanderbilt, identificou os dois argumentos principais das sufragistas em sua luta pelo direito de votar: justiça e reforma social. O argumento da justiça se baseava na equidade, enfatizando que as mulheres tinham o direito inalienável de votar.[28] O argumento da reforma social se concentrava no bem da sociedade, ressaltando que as qualidades maternais, domésticas e morais das mulheres melhorariam o país. Na época, o argumento da justiça era considerado o mais radical por violar os estereótipos de gênero tradicionais ao propor que mulheres e homens são iguais em todos os campos. O argumento da reforma social era mais moderado, pois confirmava os estereótipos de gênero ao sugerir que as qualidades exclusivamente femininas já valorizadas pelos conservadores na vida privada poderiam também contribuir para a vida pública. Em uma espécie de "maternidade pública",[29] mulheres empoderadas poderiam beneficiar a sociedade promovendo a educação, limitando a corrupção governamental e ajudando os pobres.

Quando McCammon e seus colegas estudaram os discursos, as colunas de jornal, os cartazes e os panfletos produzidos ao longo de um quarto de século pelas sufragistas, descobriram que o argumento da justiça apareceu antes e com maior frequência. No cômputo geral, as sufragistas brandiam o caso da justiça 30% do tempo, contra pouco mais de metade disso para o argumento da reforma social. No entanto, os argumentos da justiça encontravam ouvidos moucos entre as integrantes do WCTU, que se aferravam aos papéis de gênero tradicionais e rejeitavam a noção de que as mulheres fossem iguais aos homens. O argumento da reforma social também não reverberava entre as defensoras dos valores familiares: as conservadoras ativistas da temperança buscavam estabilidade, não mudança. Foi Frances Willard, então uma líder emergente do WCTU, que reformatou o discurso de forma engenhosa e o tornou amplamente aceitável.

Como a costa Oeste foi conquistada

Frances Willard não usava nem o argumento da justiça nem o da reforma social. E nem sequer apresentava a questão como relativa ao voto.

Em vez disso, ela a apresentava como um fator de "proteção doméstica".

Willard via o voto feminino como "uma arma que nos protegerá (...) da tirania da bebida". Comparando a eleição a uma "poderosa lente posta diante do sol", ela prometia usá-la para "queimar e devastar o bar, até que ele fique estorricado e, em vapores lúridos, se desfaça no ar como névoa". Proteger o ambiente doméstico era um objetivo familiar para as integrantes do WCTU. Assim, o sufragismo podia ser usado como meio para um fim desejável: se as defensoras da temperança queriam lutar contra o abuso de álcool, elas precisavam votar. Como escreve Baker:

> Era uma abordagem indireta do sufragismo, baseada no pretexto religioso de proteção do ambiente doméstico, mas conectava os dois movimentos reformistas de mulheres mais poderosos nos Estados Unidos. O sufragismo, que era um direito universal e uma exigência da própria ordem natural das coisas na visão de Anthony e Stanton, era um instrumento para Willard (...) um apelo tático às donas de casa.

Quando McCammon fez um estudo cobrindo quatro décadas de alianças entre o WCTU e as sufragistas, os dados mostraram que, depois que as sufragistas defendiam o argumento da justiça em determinado estado, não havia por lá aumento algum na probabilidade de uma aliança com o WCTU no ano seguinte – na verdade, tal aliança se tornava ligeiramente menos provável. Mas quando as sufragistas apresentavam o ponto de vista da proteção doméstica, as chances de uma união de forças com o WCTU naquele estado cresciam significativamente, bem como a probabilidade de que os legisladores estaduais acabassem por aprovar o voto feminino.* No fim das contas,

---

* O argumento da proteção doméstica usado por Willard costumava fazer diferença, mas a medida exata de seu impacto dependia da ocasião. Ela obtinha melhores resultados quando o WCTU se sentia ameaçado. Quando visitava estados após o fracasso de projetos de lei contra o consumo de álcool ou em momentos de explosão no número de bares, coalizões do WCTU com as sufragistas eram

a liderança de Willard permitiu que as mulheres conquistassem o direito de votar em vários estados e também o direito de votar em eleições de âmbito universitário em 19 estados. O argumento dela foi especialmente eficaz na costa Oeste. Antes que a Décima Nona Emenda constitucional desse às mulheres total direito de voto, 81% dos estados e territórios do Oeste tinham aprovado leis sufragistas, contra apenas dois na costa Leste e nenhum no Sul.

É altamente improvável que Frances Willard tivesse dado início ao movimento sufragista. A pesquisa de Justin Berg sugere que, se as mulheres tivessem partido da meta familiar de proteger suas casas, talvez jamais considerassem votar. Um pensamento radical costuma ser necessário para fincar uma estaca original no solo. No entanto, uma vez plantada a ideia do voto, as originais sufragistas precisavam de uma mediadora mais ponderada para atingir um público mais amplo. Frances Willard tinha credibilidade ímpar com as ativistas da temperança porque lançava mão de ideias confortavelmente familiares em seus discursos. Fazia uso pesado da retórica religiosa, citando passagens da Bíblia com regularidade.

Frances Willard era o suprassumo da radical moderada. "Com Willard, nada parecia radical", escreve Baker, mesmo "quando ela começou a se encaminhar para causas mais progressistas". As ações dela nos deixam duas lições sobre como convencer parceiros potenciais a somar forças. Em primeiro lugar, é preciso pensar de modo diferente sobre valores. Em vez de presumir que os outros compartilham desde sempre nossos princípios, ou de tentar persuadi-los a adotar esses princípios, temos de apresentar nossos valores como um meio para que eles atinjam os seus. É difícil mudar os ideais dos outros. Muito mais fácil é vincular nossas agendas aos valores familiares que as pessoas já têm.

Em segundo lugar, como vimos no caso de Meredith Perry e sua decisão de disfarçar a meta de criar energia sem fio, a transparência nem sempre é a melhor política. Por mais que desejem ser sinceros com seus parceiros potenciais, os originais às vezes precisam emoldurar suas ideias de modo diferente para que elas tenham apelo. Willard contrabandeou o voto feminino para dentro do cavalo de Troia da luta contra o abuso de álcool.

---

mais prováveis. As integrantes mais conservadoras do WCTU sentiam que sua missão corria risco e começavam a encarar o sufragismo como uma arma valiosa em sua guerra contra o abuso de álcool. "Willard ajudou as integrantes do WCTU a compreender suas derrotas políticas como resultado de fraqueza política", McCammon e um colega explicam. "Ao convencer os membros do WCTU de que o direito de voto das mulheres poderia ajudá-los a conquistar leis contra o álcool, Willard alinhou o pensamento do WCTU com o das sufragistas."[30]

Esse argumento, porém, não funcionava com todos os grupos aos quais ela se dirigia. O argumento da justiça atraía para a causa as mulheres mais radicais, favoráveis à igualdade entre os gêneros. Com as ativistas da temperança superconservadoras, o argumento mais moderado da proteção doméstica cimentava coalizões. No entanto, para converter outras aliadas e levá-las a aderir de fato ao movimento sufragista, o argumento doméstico era moderado *demais*. A pesquisa de McCammon mostrou que, para convencer mais mulheres a acreditar no sufragismo como um fim em si, e não apenas um meio, uma abordagem Cachinhos Dourados era necessária: o argumento moderado da reforma social. Para que as líderes do movimento "tivessem sucesso em atrair recrutas potenciais, elas precisavam encontrar o equilíbrio adequado entre o repertório cultural existente e o desafio ao status quo". As taxas de adesão nas organizações sufragistas estaduais permaneciam inalteradas depois que a questão era apresentada em termos de justiça ou de proteção doméstica, mas disparavam quando se enfatizava como as mulheres poderiam melhorar a sociedade – assim como os índices de aprovação de leis sufragistas. "Originalidade é o que todo mundo quer, mas existe um ponto ideal", explica Rob Minkoff. "Se não for original o bastante, é chato ou batido. Se for original demais, o público pode ter dificuldade de entender. O objetivo é esticar o elástico ao máximo sem que ele arrebente."

Ao longo de sua vida, Lucy Stone usava os argumentos da justiça e da equidade quando falava para mulheres que já estavam envolvidas no movimento sufragista. No entanto, ao discursar para um público de não convertidas, tomava o cuidado de incorporar à sua fala o argumento da reforma social e o respeito aos papéis tradicionais de gênero. Em 1853, quando uma plateia hostil interrompeu o bom andamento de uma convenção de direitos femininos, Stone subiu ao palco. Em vez de apresentar o argumento da justiça, exaltou as contribuições das mulheres na esfera doméstica: "Acredito que toda mulher que se senta no trono de sua própria casa, ministrando as virtudes do amor, da caridade e da paz, e dali envia ao mundo homens bons que podem ajudar a tornar o mundo melhor, ocupa uma posição mais elevada que qualquer cabeça coroada." Ela sugeriu então que as mulheres poderiam dar uma contribuição ainda maior, e descreveu como elas ocupavam cada vez mais espaços no mundo do trabalho, sempre tomando o cuidado de não compará-las aos homens. Quando mencionou uma mulher que se tornara ministra, a audiência bufou de desdém, e Stone aproveitou para lembrar mais uma vez seu apoio aos papéis domésticos das mulheres: "Alguns homens bufam porque não tiveram mães que os educassem."

Unidos somos fortes: criando coalizões entre partes em conflito

Depois de duas décadas de conflito, as duas organizações sufragistas enfim começaram a convergir em filosofia e tática. Elizabeth Cady Stanton e Susan B. Anthony vinham evitando alianças radicais havia mais de uma década, e agora investiam suas energias em educar o público. Stanton liderava a produção de uma história do movimento. Anthony corria o país fazendo palestras e lobby, e concordava com Lucy Stone sobre o valor de uma aliança com as ativistas da temperança e uma campanha mais moderada que tivesse como foco apenas o voto e não outras questões femininas.

Anos atrás, quando estudava o conflito entre Israel e Palestina, o psicólogo Herbert Kelman, de Harvard, observou que conflitos *entre* dois grupos frequentemente são provocados ou intensificados por conflitos *dentro* dos grupos. Embora a organização de Stone estivesse alinhada quanto aos benefícios de uma reunificação, havia uma contenda dentro da organização de Anthony e Stanton. Stanton se opunha às alianças com as ativistas da temperança e ao foco limitado no voto, e vários membros questionavam se o sufrágio deveria se dar no plano estadual ou federal e se devia ser pleno ou parcial.

Por mais eficiente que fosse na conversão de aliadas, Stone era a pessoa errada para negociar com Anthony. Quando a desconfiança se instala de forma tão profunda quanto ocorrera entre essas mulheres, as coalizões dependem de indivíduos que atuem não como líderes, mas como para-raios. Como escrevem Blake Ashforth e Peter Reingen, isso permitiria aos membros de cada organização "culpar a competição divisionista" pela postura radical de Stanton, de modo que "cada lado pudesse pôr a culpa do conflito nos incendiários do outro lado" e assim preparar o terreno para uma "cooperação com outros membros do grupo rival". A fim de construir coalizões sobre linhas de conflito, Kelman descobriu que raramente funciona mandar um linha-dura para negociar.[31] É preciso que os moderados de cada grupo se sentem, ouçam as perspectivas uns dos outros, identifiquem os objetivos e os métodos comuns e se dediquem à solução conjunta dos problemas.*

---

* Em 1990, Kelman reuniu diversos líderes influentes de Israel e da Palestina para uma série de encontros extraoficiais regulares, ao longo de três anos. Um encontro típico envolvia de três a seis representantes de cada país, bem como de dois a quatro mediadores. Os representantes falavam de suas

Stone e Anthony reconheciam o valor de retirar os radicais da conversa, decidindo cada uma designar sete membros de suas respectivas organizações para um comitê conjunto que negociaria os termos de um acordo de unificação. Mas os princípios fixados por Stone e Anthony não foram suficientes para criar a base de um consenso: o comitê da organização de Anthony enfrentou tantas discordâncias que houve a necessidade de nomear um comitê separado de oito membros para ajudar nas negociações. Quando finalmente chegou-se a um consenso, a proposta estava tão distante do que havia sido acertado no início pelas líderes que o comitê de Stone não tinha autoridade para decidir nada.

Em 1890, três anos depois do início do processo de reunificação, Stone reconheceu os desafios da solidariedade e o valor de passar o bastão: "As mais jovens querem a unificação e as mais velhas, que se lembram dos motivos da divisão, logo terão partido." Sua filha e seu genro negociaram com sucesso os termos de uma aliança com o comitê de Anthony, e as duas organizações se fundiram. De sua parte, Anthony viera a compreender tão bem o valor do radicalismo moderado que Stanton se queixou: "Lucy e Susan enxergam ambas apenas o voto. Não veem as amarras religiosas e sociais. As jovens dos dois grupos também não. Assim, é melhor mesmo que se juntem, pois pensam da mesma forma e têm o mesmo propósito."

Anthony e Stanton nunca fizeram as pazes com Stone, mas, quando esta faleceu, o poder de seu legado bastou para que as duas falassem dela em tom laudatório. "Não existe uma pessoa mais vitoriosa do que Lucy Stone", declarou Anthony. "Nunca tivemos, em todos os 50 anos deste movimento, outra mulher que pudesse falar diante de uma plateia e derreter o coração de cada um dos presentes como aquela mulher fazia. Ela era única."

Aos olhos de Stanton, "Jamais a morte de uma mulher nos Estados Unidos tinha merecido um tributo público tão geral de respeito e estima." Stone foi "a primeira que realmente mexeu com o coração da nação no que diz respeito aos problemas das mulheres", e suas divergências, muitos anos an-

---

perspectivas, evitando culpar o outro e justificando os próprios pontos de vista com foco na análise dos efeitos que sua interação tinha sobre o conflito. Depois que os participantes expressavam suas preocupações e compreendiam as que os demais apresentavam, todos embarcavam na solução conjunta de problemas. Pouco depois do fim desses encontros, em 1993, o acordo de Oslo foi assinado. Era a primeira vez que o governo israelense e a Organização pela Libertação da Palestina chegavam a um acordo bilateral. Os líderes dos dois lados ganharam o Prêmio Nobel da Paz por isso, e fontes próximas a eles deram crédito ao trabalho de Kelman como catalisador.

tes, deviam-se ao fato de que Stone "sentia os problemas dos escravos mais profundamente do que os seus próprios – minha filosofia era mais egoísta".

"Aqueles que não se lembram do passado estão condenados a repeti-lo", escreveu o filósofo George Santayana. Isso se aplica à história do movimento sufragista americano em pelo menos duas ocasiões. Em 1890, dois membros da organização de Anthony, furiosos com as manobras para criar uma organização nacional e a migração para o radicalismo moderado, romperam com ela para formar um grupo rival que se opunha às tentativas de reunificação. Anthony e Stanton sufocaram esse grupo, mas não estariam mais presentes para alertar suas sucessoras sobre os perigos do narcisismo das pequenas diferenças. Na virada do século XX, já no fim da vida, elas passaram a liderança da organização sufragista nacional para Carrie Chapman Catt, então uma ativista da temperança e membro do WCTU.

No entanto, uma mulher mais radical chamada Alice Paul, insatisfeita de lutar pelo sufrágio com táticas moderadas como palestras, artigos e lobby, era a favor de ações mais ousadas. Entrou em greve de fome e rejeitou a posição apartidária de Catt, culpando o Partido Democrata pelo fracasso da legislação sufragista. As ações de Paul eram tão radicais que ela acabou expulsa da organização nacional e em 1916 fundou o próprio grupo. Em 1918, a organização nacional contava com mais de um milhão de associadas. A de Paul tinha apenas 10 mil; como suas predecessoras, ela evitava alianças com os movimentos negros. Seu grupo fazia piquetes na Casa Branca e ridicularizava o presidente Woodrow Wilson, que poderia ajudar a causa. "Mas foi a liderança de Catt, progressista mas não radical, que finalmente fez Wilson apoiar a emenda do voto feminino", escreveu um observador.

Antes de dar seu último suspiro, em 1893, Lucy Stone sussurrou quatro palavras para a filha: "Faça do mundo um lugar melhor." Somente 27 anos mais tarde seria aprovada a Décima Nona Emenda. Mas quando as mulheres conquistaram nacionalmente o pleno direito de voto, as pegadas do radicalismo moderado de Stone eram fortes e visíveis. Como resume Kerr: "O modelo organizacional fornecido por Stone foi adotado por Carrie Chapman Catt na marcha final e vitoriosa pela emenda, em 1920."

6

Rebelde com causa

Como irmãos, pais e mentores alimentam a originalidade

Não somos os guardiães de nosso irmão... de incontáveis maneiras, grandes e pequenas, somos os criadores de nosso irmão.

– Harry e Bonaro Overstreet[1]

Há um instante ele estava calmamente de pé na terceira base, ajeitando o boné. Agora, seus pés se movem de um lado para outro, como se dançasse para o arremessador. Ele está pronto para sair em disparada em direção à última base.

Ele é um dos maiores jogadores de beisebol de todos os tempos, e já esteve nessa posição antes. Em quatro ocasiões anteriores, liderou seu time na World Series, e em todas as quatro eles perderam para os Yankees. Desta vez, ele tem esperança, será diferente. É o primeiro jogo da quinta batalha do campeonato contra os Yankees, e seu time está atrás no placar por 6-4 na oitava entrada. Depois de dois fracassos, ele enfrenta um dilema: deveria contar com um colega de equipe para chegar lá ou tentar roubar a última base?

Roubar uma base é uma das jogadas mais arriscadas do beisebol.[2] Aumenta as chances de o time marcar pontos em menos de 3%, e para executá-la com sucesso é preciso deslizar base adentro, o que pode significar uma colisão física dolorosa com o adversário. Roubar a última base é ainda mais arriscado: em vez de o arremessador ficar de costas, como acontece quando se tenta roubar a segunda ou a terceira base, ele já se encontra de frente, o que facilita o arremesso.[3] O arremessador precisa lançar a bola por apenas 18 metros, enquanto você precisa percorrer 30 metros a pé. Em suma, é preciso correr mais do que a bola. E mesmo que você acredite que consegue, a probabilidade de se contundir é quatro vezes maior na última base em comparação com as colisões que acontecem nas outras.[4]

Em toda a temporada de 2012, apenas três jogadores tentaram roubar a última base. Embora o maior assaltante de bases da história do beisebol, Rickey Henderson, tenha somado 1.400 bases roubadas em sua carreira, apenas uma delas foi a última base.[5] Em segundo lugar na história está Lou Brock, cujas 938 tentativas bem-sucedidas incluem o total de zero quando se trata da última base.

Este homem, porém, é diferente. Ele detém o recorde de assaltos bem-sucedidos à última base da era moderna: 19 vezes. Em quase um século, apenas outros dois jogadores chegaram à casa de dois dígitos.

Ele já liderou a liga duas vezes em número de bases roubadas; mas, se você acha que a decisão de roubá-las tem a ver com velocidade, pense melhor. Aos 36 anos, ele já passou do auge. Ficou fora em um terço da temporada por causa de contusões. Há seis anos, ele tomou 37 bases em uma temporada, mas nas duas últimas combinadas mal chegou à metade disso. Os cabelos estão grisalhos e ele ganhou peso: os jornalistas esportivos começaram a chamá-lo de "velhinho gordo de cabeça branca". No passado, ele rebatia na quarta posição, a mais cobiçada e decisiva. Agora, caiu para o sétimo lugar entre os rebatedores. No próximo ano vai se aposentar.

A velocidade é coisa do passado, mas o homem passou a vida inteira partindo para a ação quando os outros ficavam parados, e não seria agora que deixaria de fazer isso. Ele espera a oportunidade certa e se lança. Está deslizando base adentro quando o receptor adversário toca nele com a bola. Não há segurança sobre o que veio primeiro. Mas quando o juiz chega a uma decisão, é a favor dele.

No fim das contas, a façanha acaba sendo insuficiente e vindo tarde. A equipe perde o primeiro jogo para os Yankees. No entanto, o esforço do jogador cumpre um propósito simbólico. Nas palavras de um historiador do esporte, aquela roubada da última base dá ao time "um imenso incentivo psicológico". O próprio homem percebe isso: "Não sei se foi por causa disso ou não, mas a equipe passou a ter uma nova energia." Eles terminam por vencer a série e conquistar o cobiçado título.

Anos mais tarde, refletindo sobre o legado daquele jogador, um jornalista escreveu que seus esforços de assalto à última base "sem dúvida foram, coletivamente, a segunda coisa mais ousada que ele fez no beisebol".

A primeira foi quebrar a barreira racial.[6]

Para sermos originais, temos que estar dispostos a correr certos riscos. Quando nadamos contra a maré para desafiar tradições consagradas, nunca podemos ter certeza se vai dar certo. Como escreveu o jornalista Robert Quillen: "O progresso sempre envolve risco. Não é possível roubar a segunda base mantendo um pé na primeira."

Desde o dia em que Jackie Robinson se tornou o primeiro jogador negro de beisebol da Major League dos Estados Unidos, em 1947, ele enfrentou colegas racistas que se recusavam a jogar a seu lado ou contra ele, oponentes que deliberadamente o cortavam com as travas afiadas de suas chuteiras, cartas anônimas de ódio e ameaças de morte. Ele seguiu em frente e se tornou o primeiro vice-presidente negro de uma grande empresa americana e o primeiro locutor negro de beisebol do país. O que deu a ele a coragem de se rebelar contra as normas sociais e manter a determinação diante dos perigos emocionais, sociais e físicos?

Encontraremos algumas pistas em um lugar improvável, examinando o histórico familiar de jogadores que, como ele, tinham uma inclinação por roubar bases. Na era moderna do beisebol, desde que a temporada de 162 jogos foi introduzida, apenas 10 jogadores roubaram pelo menos 70 bases em duas temporadas diferentes. Dê uma olhada na lista a seguir.[7] Você identifica um padrão?

Jogador	Bases roubadas	Naturalidade	Ordem de nascimento	Crianças na família
Rickey Henderson	130, 108	Chicago, Illinois	4	7
Lou Brock	118, 74	El Dorado, Arkansas	7	9
Vince Coleman	110, 109	Jacksonville, Flórida	1	1
Maury Wills	104, 94	Washington, D.C.	7	13
Ron LeFlore	97, 78	Detroit, Michigan	3	4
Omar Moreno	96, 77	Puerto Armuelles, Panamá	8	10
Tim Raines	90, 78	Sanford, Flórida	5	7
Willie Wilson	83, 79	Montgomery, Alabama	1	1
Marquis Grissom	78, 76	Atlanta, Georgia	14	15
Kenny Lofton	75, 70	East Chicago, Indiana	1	1

Com o objetivo de determinar por que alguns jogadores de beisebol tomam mais bases do que outros, o historiador da ciência Frank Sulloway e o psicólogo Richard Zweigenhaft fizeram algo sagaz. Identificaram mais de 400 irmãos que jogavam beisebol profissional, o que lhes permitiu comparar indivíduos da mesma família que compartilhavam metade de seu DNA e haviam tido criações semelhantes.[8] O resultado revelou um fato impressionante: a ordem de nascimento permitia prever qual irmão tentaria roubar mais bases.

Irmãos mais novos tinham *probabilidade 10,6 vezes maior* do que os mais velhos de tentar roubar uma base.

Não que os mais novos fossem melhores jogadores de modo geral. Não tinham vantagem alguma em quesitos como média de rebatidas, por exemplo. E na comparação de irmãos que eram arremessadores, os mais velhos na verdade levavam uma pequena vantagem no controle da bola: em geral conseguiam um número maior de arremessos não rebatidos e menor de erros de arremesso. A diferença crucial era a propensão a correr riscos. Além de tentarem mais assaltos à base, os irmãos mais novos tinham 4,7 vezes mais chances de serem atingidos por um arremesso, provavelmente porque se arriscavam com maior frequência a invadir a última base. Mas eles não se limitavam a ser mais ousados: sua taxa de sucesso também era superior à dos irmãos mais velhos. Os mais novos tinham probabilidade 3,2 vezes maior de roubar uma base de forma segura.

Na verdade, o apetite pelo risco faz os irmãos mais novos terem até menos chance de jogar beisebol. Segundo 24 estudos com mais de 8 mil pessoas, os que nascem mais tarde são 1,48 vez mais inclinados a se envolverem com esportes com alto índice de contusões, como futebol americano, rúgbi, boxe, hóquei no gelo, ginástica olímpica, mergulho, esqui, salto com esqui, *bobsledding* e automobilismo. Os primeiros a nascer preferem esportes mais seguros: beisebol, golfe, tênis, corrida, ciclismo e remo.

Quando os mais novos optam por jogar beisebol profissionalmente, eles costumam arrasar as bases. Veja os três jogadores que se agigantam sobre seus colegas como os maiores ladrões de última base na era moderna: todos tiveram, no mínimo, três irmãos mais velhos. Jackie Robinson, que já foi chamado de "pai da moderna roubada de base", era o caçula de cinco irmãos.[9] O segundo maior número de roubadas da última base na era moderna pertence a Rod Carew, o quarto de cinco irmãos. Além de um sentido agudo de timing, a tarefa "também exige sangue-frio",[10] observou Carew.

Para roubar uma base, explicou, "eu não podia ter dentro de mim o menor medo de me machucar. E não me machucava, porque estava no controle". O terceiro colocado, Paul Molitor, chamava o roubo da última base de "uma jogada de coragem".[11] Ele é o quarto de oito irmãos.

Um padrão semelhante emerge do ranking apresentado anteriormente. Dos 10 jogadores que já roubaram pelo menos 70 bases em duas temporadas diferentes, metade tinha pelo menos quatro irmãos mais velhos e sete, no mínimo dois. Esses sete campeões da roubada de base são, em média, o filho número 6,9 em suas famílias, e 71% de seus irmãos são mais velhos do que eles.

Os mais novos da família não são mais inclinados a assumir riscos apenas no beisebol: a diferença também aparece na política e na ciência, com implicações sérias para o progresso social e intelectual. Em um estudo pioneiro, Sulloway analisou mais de duas dúzias de grandes revoluções e avanços científicos, da astronomia de Copérnico à evolução de Darwin, da mecânica de Newton à relatividade de Einstein.[12] Ele arregimentou mais de 100 historiadores da ciência para que avaliassem a posição de cerca de 4 mil cientistas em um espectro que ia desde a adesão extrema a pontos de vista estabelecidos até a defesa extrema de novas ideias. Em seguida, pesquisou a relação que a ordem de nascimento tinha com a probabilidade de cientistas defenderem o status quo ou abraçarem uma nova teoria revolucionária. Em todos os casos, levou em conta e compensou matematicamente o fato de que o número de primogênitos é menor que o de irmãos mais novos na população, além de ponderar classe social, tamanho da família e outros fatores que poderiam interferir nos resultados.

Em comparação com os primogênitos, os cientistas que foram irmãos mais novos tinham três vezes mais chances de apoiar as leis da gravidade e do movimento de Newton e a teoria da relatividade especial de Einstein quando essas ideias ainda eram consideradas radicais. Durante o meio século posterior à publicação do modelo de gravitação da Terra em torno do sol por Copérnico, os cientistas nascidos entre os irmãos mais novos tinham probabilidade 5,4 vezes maior do que os primogênitos de endossá-lo. Depois que Galileu inventou o telescópio e publicou suas descobertas, comprovando a teoria copernicana, a relação passou a ser de um para um. Uma vez que não se tratava mais de uma ideia radical, os primogênitos passaram a aceitá-la igualmente.

A prova mais reveladora de que os filhos mais novos podem nascer para ser rebeldes está na análise feita por Sulloway das reações à teoria da evolução. Ele levantou a forma como centenas de cientistas responderam à ideia da evolução entre 1700 e 1859, antes que Darwin publicasse suas famosas descobertas. Antes de Darwin, 56 entre 117 irmãos mais novos acreditavam na evolução, contra apenas nove entre 103 primogênitos. Nos primeiros 16 anos após Darwin divulgar seus estudos, a probabilidade de irmãos mais novos apoiarem a evolução caiu de 9,7 para 4,6 vezes maior do que a dos primogênitos. À medida que as ideias ganhavam aceitação científica, os primogênitos se sentiam mais confortáveis em defendê-las.

Em geral, imaginamos que cientistas mais jovens são mais receptivos a ideias revolucionárias do que os mais velhos, que com a idade tornam-se conservadores e apegados às suas crenças. Incrivelmente, porém, nesse caso a ordem de nascimento revelou-se mais relevante do que a idade. "Um irmão mais novo de 80 anos era tão aberto à teoria da evolução quanto um primogênito de 25", escreve Sulloway, argumentando que a teoria da evolução "só se tornou uma realidade histórica porque os irmãos mais novos são 2,6 vezes mais numerosos do que os primogênitos na população em geral".

No cômputo geral, os irmãos mais novos se revelaram duas vezes mais propensos do que os primogênitos a apoiar grandes reviravoltas científicas.[13] "A probabilidade de tal diferença se dever ao acaso é substancialmente inferior a um em 1 bilhão", observa Sulloway. "Irmãos mais novos estão meio século à frente dos primogênitos na disposição de endossar inovações radicais." Resultados similares emergiram quando ele estudou 31 revoluções políticas: irmãos mais novos tinham duas vezes mais chances do que os primogênitos de apoiar mudanças radicais.

Como um primogênito de carteirinha, a princípio fiquei desolado com esses resultados. No entanto, estudando as pesquisas sobre ordem de nascimento, logo me dei conta de que nenhum desses padrões é uma verdade absoluta. Não precisamos ceder toda a originalidade aos mais novos. Se adotarmos as práticas que são em geral aplicadas aos filhos mais novos, podemos criar qualquer criança para ser mais original.

Este capítulo examina as raízes familiares da originalidade. O que há de único na condição de ser um filho mais novo, qual é a importância do tamanho da família e quais são suas implicações para a criação dos filhos? E como explicar os casos que não se encaixam nesses padrões – aqueles três filhos únicos na lista de roubos de base, os primogênitos rebeldes e os mais novos conformistas? Usarei a ordem de nascimento como trampolim para examinar o impacto exercido por irmãos mais velhos, pais e outros modelos de comportamento em nossa tendência a assumir riscos. Para entender por que os irmãos não são tão parecidos quanto esperamos que sejam, falarei sobre criação de Jackie Robinson e das famílias dos comediantes mais originais dos Estados Unidos. Você vai descobrir quais fatores determinam que uma criança se rebele em uma direção construtiva ou destrutiva, por que é um erro dizer aos filhos que não devem trapacear, como os elogiamos de forma pouco efetiva e lemos para eles os livros errados, e ainda o que podemos aprender com os pais de pessoas que arriscaram a vida para resgatar judeus durante o Holocausto.

Nascido para se rebelar

Em 1944, mais de uma década antes do ato heroico de Rosa Parks em um ônibus de Montgomery, Jackie Robinson, então um tenente do exército, enfrentou uma corte marcial por se recusar a se sentar na parte traseira de um ônibus. O motorista "gritou que se eu não fosse para os fundos do ônibus ele me causaria muitos problemas", lembrou Robinson. "Eu respondi acaloradamente que não estava ligando a mínima se ele ia me causar problemas." Ele deu um depoimento semelhante sobre sua louca investida contra a última base no jogo de abertura do World Series. "De repente eu decidi agitar as coisas", explicou Robinson. "Não era a melhor estratégia roubar a última base com nossa equipe atrás no marcador, mas eu fui à luta. Eu realmente não me importava se ia conseguir ou não."

"Não estava ligando a mínima" e "realmente não me importava" revelam algo fundamental sobre como Jackie Robinson aprendeu a lidar com o risco. De acordo com o eminente professor James March, de Stanford, muitos de nós seguimos uma lógica de consequência ao tomar decisões: qual ação produzirá o melhor resultado?[14] Mas se você for como Robinson e desafiar constantemente o status quo, seu modo de agir é diferente, baseado em uma lógica de adequação: o que uma pessoa como eu faz em uma situação como esta? Em vez de olhar para a frente tentando prever o resultado, você se volta para dentro, em busca de sua identidade. Baseia sua decisão em quem você é – ou em quem quer ser.

Quando usamos a lógica da consequência, sempre podemos encontrar motivos para não correr riscos. A lógica da adequação nos liberta. Pensamos menos sobre o que garantiria o resultado que almejamos e agimos mais com base na percepção visceral daquilo que faria uma pessoa como nós. E essa tendência pode ser influenciada pela ordem de nascimento.

Durante anos, os especialistas alardearam as vantagens de ser um primogênito.[15] O filho mais velho de uma família é, de modo geral, aquele que é preparado para o sucesso, beneficiando-se de forma exclusiva da atenção, do tempo e da energia de pais orgulhosos. As evidências já mostraram que primogênitos têm maiores chances de ganhar o prêmio Nobel de ciência, entrar para o Congresso dos Estados Unidos e vencer eleições locais e nacionais na Holanda. Aparentemente, eles têm maiores chances também de chegar ao topo no mundo corporativo: um estudo com mais de 1.500 CEOs revelou que 43% eram primogênitos.

Em um estudo recente, os economistas Marco Bertoni e Giorgio Brunello decidiram examinar mais de perto o impacto que a ordem de nascimento exerce sobre o sucesso profissional. Acompanhando mais de 4 mil pessoas ao longo de várias décadas em uma dúzia de países europeus, a dupla descobriu que, no momento em que entram no mercado de trabalho, primogênitos gozam de um salário inicial 14% mais alto do que os filhos mais novos. Eles se beneficiam de uma formação educacional melhor, o que explica a remuneração mais elevada.

No entanto, essa vantagem inicial na carreira desaparece em torno dos 30 anos. Filhos mais novos têm um crescimento salarial mais acelerado porque se dispõem a trocar o emprego por outro melhor mais cedo e com maior frequência.[16] "Primogênitos têm maior aversão ao risco", escreveram os economistas, observando que os filhos mais novos apresentaram ainda uma propensão mais acentuada aos hábitos da bebida e do tabagismo, além de menor probabilidade de contratar planos de previdência privada e seguros de vida. O psicólogo Dean Simonton explica: "Não é uma capacidade menor que leva os irmãos mais novos a se saírem mal em testes padronizados, ter desempenho escolar mais baixo e desprezar posições profissionais de prestígio. Na verdade, os mais novos veem essas preocupações típicas de primogênito como tentativas de mau gosto de lutar pela autoridade e pelo conformismo."

Embora comece a ganhar alguma legitimidade, a ciência da ordem de nascimento possui um histórico duvidoso e permanece controversa até hoje. A ordem de nascimento não *determina* quem você é, apenas afeta a *probabilidade* de que você se desenvolva de modo específico. Há muitos outros fatores que exercem influência nisso, tanto no plano biológico quanto no da experiência de vida. A pesquisa que tenta isolar o impacto da ordem de nascimento é, por natureza, complicada: não se podem conduzir experiências randômicas e controladas, muitos estudos se contentam em comparar filhos de famílias diferentes quando a comparação mais rigorosa seria entre irmãos da mesma família e, além disso, não há consenso sobre como lidar com meios-irmãos, irmãos de criação, irmãos adotados, irmãos falecidos e primos que vivem sob o mesmo teto. Os especialistas em ordem de nascimento continuam a discordar profundamente em muitas de suas conclusões. Como cientista social, tomei como minha responsabilidade revisar as provas e compartilhar minhas observações sobre o que acreditasse ser mais provavelmente verdadeiro. Ao examinar os dados, descobri que a ordem de nascimento permite prever personalidade e comportamento de forma mais precisa do que eu esperava.[17]

Em um estudo, as pessoas avaliaram seus irmãos e a si mesmas nos quesitos desempenho escolar e rebeldia. A probabilidade de indivíduos com desempenho escolar notável serem primogênitos é 2,3 vezes maior. Os rebeldes têm duas vezes mais chances de serem irmãos mais novos. E quando os participantes eram solicitados a escrever sobre as coisas mais rebeldes ou menos convencionais que já tinham feito na vida, os irmãos caçulas produziam respostas mais longas e descreviam comportamentos menos ortodoxos. Centenas de estudos apontam a mesma conclusão: embora os primogênitos costumem ser dominantes, conscienciosos e ambiciosos, os caçulas são mais abertos ao risco e à adesão a ideias originais. Os primogênitos tendem a defender o status quo, enquanto os caçulas se inclinam por desafiá-lo.*

Há duas explicações principais para a inclinação dos filhos mais novos pelo risco. Uma tem a ver com o modo como as próprias crianças lidam com a rivalidade entre irmãos; a outra, com os pais e sua maneira diferente de criar os mais novos. Embora não seja possível controlar a ordem de nascimento, podemos ter influência no modo como ela se desenrola.

A escolha do nicho: competindo sem competir

Se você observar uma grande quantidade de irmãos, notará um fato desconcertante: as maiores diferenças de personalidade não ocorrem entre famílias distintas, mas dentro da mesma família. Quando gêmeos idênticos

---

* Sempre haverá exemplos contrários, mas meu foco está nas diferenças médias entre filhos mais velhos e filhos mais novos. Os filhos do meio são menos estudados porque a própria definição de "filho do meio" é menos precisa e mais contestada do que as de primogênito e caçula. Sulloway argumenta que, em média, os filhos do meio são mais inclinados à diplomacia. Enfrentando um primogênito dominante e impedidos de dominar os mais novos pelos pais e pelos irmãos mais velhos, eles passam a dominar a arte da negociação, da persuasão e da construção de coalizões. A ironia de relegar os filhos do meio a uma nota de rodapé não me escapou.

crescem na mesma família, eles não se tornam mais semelhantes entre si do que gêmeos idênticos que são separados no nascimento e criados por famílias diferentes.[18] "O mesmo ocorre com irmãos que não são gêmeos: eles não são mais parecidos quando são criados juntos do que quando são criados separados", resume o psicólogo Steven Pinker, de Harvard. "E irmãos adotados não são mais parecidos um com o outro do que duas pessoas catadas aleatoriamente na rua."[19] Com a originalidade também é assim. Na idade adulta, irmãos adotados não se parecem em nada um com o outro na tendência ao inconformismo e ao risco, mesmo tendo sido criados pelos mesmos pais.

A escolha de nichos pode ajudar a resolver esse mistério. O conceito tem suas raízes no trabalho do médico e psicoterapeuta Alfred Adler, que tinha a convicção de que a ênfase de Sigmund Freud no papel dos pais deixava de levar em conta a influência crítica dos irmãos no desenvolvimento da personalidade de uma pessoa. Adler argumentava que, por começarem a vida como filhos únicos, os primogênitos a princípio se identificam com os pais. Quando um irmão mais novo chega, os primogênitos correm o risco de serem destronados e frequentemente reagem a isso imitando os pais: impõem regras e exercem autoridade sobre os mais novos, o que cria as condições para que a criança mais nova se rebele.

Diante dos desafios intelectuais e físicos de competir diretamente com um irmão mais velho, o mais novo escolhe um caminho diferente para se destacar. "O nicho do responsável bem-sucedido está frequentemente vago para que o filho mais velho o ocupe", escreve Sulloway.[20] "Uma vez que esse nicho já foi ocupado, é difícil para o mais novo competir de forma efetiva por ele."* Isso depende, é claro, da diferença de idade entre os irmãos. Quando ela é de apenas um ano, o irmão mais novo pode ser esperto ou forte o bastante para se garantir. Quando é de sete anos, o nicho fica vago novamente para o mais novo, sem obrigá-lo a competir diretamente. No beisebol, irmãos com diferença etária entre 2 e 5 anos mostraram-se marcadamente mais inclinados a jogar em posições distintas do que irmãos com menos de dois ou mais de cinco anos de diferença entre si. Jackie Robinson era corredor na escola, mas não conseguia derrotar seu irmão Mack, que era cinco anos mais velho que

---

* Em um estudo antigo, a psicóloga Helen Koch pediu a professores que avaliassem mais de 300 crianças de famílias com dois filhos, agrupadas por ordem de nascimento, sexo, sexo do irmão, idade e classe social. Os primogênitos tiveram notas significativamente mais altas em assertividade e dominância, independentemente de serem homens ou mulheres. Como observa o psicólogo Frank Dumont: "As meninas primogênitas eram até *mais masculinas* do que seus irmãos mais novos. Elas tendiam a se comportar como machos alfa."

ele e que conquistaria uma medalha de prata olímpica nos 200 metros rasos. Robinson acabou por se diferenciar vencendo o campeonato de salto em distância da National Collegiate Athletic Association (NCAA), a entidade máxima do esporte universitário nos Estados Unidos – e ganhando menções honrosas da Universidade da Califórnia em Los Angeles em basquete e futebol americano, além de atletismo e beisebol.

Curioso para verificar se a escolha de nichos poderia ser observada em outras famílias, eu me voltei para o mundo da comédia. No fundo, a comédia é um ato de rebeldia. Há evidências de que, em comparação com a média da população, os comediantes tendem a ser mais originais e rebeldes – e quanto mais se destacam nesses quesitos, mais sucesso profissional obtêm.[21] Afinal, as pessoas riem quando uma piada contraria as expectativas ou viola um princípio sagrado de modo palatável, tornando aceitável o inaceitável.[22] Para desafiar expectativas e questionar valores profundos, os comediantes precisam correr riscos calculados, e para fazer isso sem que o público se ofenda e vire a cara para eles é preciso ser criativo. A própria decisão de ser comediante significa abandonar a ideia de uma carreira estável e previsível. O pai de Jim Carrey chegou a pensar em trabalhar com comédia, mas escolheu a contabilidade por se tratar de uma aposta mais segura.[23] Como brinca Jerry Seinfeld: "Eu nunca tive um emprego."[24]

Com base naquilo que sabemos sobre a escolha de nichos, eu suspeitava que irmãos mais novos teriam maiores chances de se tornarem grandes comediantes. Como as carreiras mais convencionais já estariam tomadas pelos irmãos mais velhos, os mais novos poderiam, em vez de tentar superá-los em inteligência ou força, ser mais engraçados. Ao contrário de outros talentos, a capacidade de fazer as pessoas rirem não depende da idade ou da maturidade. Quanto maior sua família, menos opções você terá para se destacar e, portanto, maior a probabilidade de que escolha o humor como seu nicho.

Será que entre os grandes comediantes há mais irmãos caçulas do que primogênitos? Para descobrir, analisei a lista dos 100 maiores comediantes de stand-up de todos os tempos, elaborada em 2004 pela Comedy Central.[25] Trata-se de um "quem é quem" de comediantes originais conhecidos pela irreverência de piadas que desafiam normas sociais e ideologias políticas e inclui artistas que vão de George Carlin a Chris Rock, de Joan Rivers a Jon Stewart.

Estatisticamente, deveria haver o mesmo número de primogênitos e caçulas. Quando examinei a ordem de nascimento desses 100 comediantes originais, porém, descobri que 47 deles eram caçulas, contra apenas 20 primogênitos.[26] Eles vinham de famílias com 3,5 filhos em média, mas quase metade deles eram os caçulas da casa. Em média, tinham nascido 48% mais tarde na sequência dos irmãos do que haveria ocorrido por acaso. Comediantes com irmãos tinham 83% mais chances de serem caçulas do que o acaso permitiria prever. A probabilidade de tantos grandes comediantes serem caçulas por mero acaso é de dois em 1 milhão.

Quando passei a analisar comediantes caçulas específicos, descobri que seus irmãos mais velhos quase sempre tinham ocupado nichos profissionais mais convencionais. Stephen Colbert é o mais novo de 11 irmãos, entre os quais há um advogado de direitos autorais, um político e um advogado do governo. Os cinco irmãos mais velhos de Chelsea Handler são um engenheiro mecânico, um chef de cozinha, um contador, um advogado e uma enfermeira – todas carreiras na quais é possível obter diplomas e salários estáveis. As três irmãs mais velhas de Louis C. K. são uma médica, uma professora e uma engenheira de software. Todos os cinco irmãos mais velhos de Jim Gaffigan são gestores: três são executivos em bancos, um administra uma loja de departamentos e o quinto é gerente de operações. Os três irmãos mais velhos de Mel Brooks eram um químico, um dono de livraria e um funcionário público.

A escolha de nichos ajuda a solucionar o mistério de por que os irmãos não são muito parecidos: os mais novos procuram ativamente se diferenciar. Mas essa história tem outros elementos além de crianças buscando se destacar. Por mais que tentem ser igualitários, os pais tratam os filhos de modo diferente com base na ordem de nascimento, o que contribui para distanciar ainda mais suas personalidades.*

A ladeira escorregadia da criação severa de filhos

O psicanalista Robert Zajonc observou que os primogênitos crescem em um mundo de adultos, enquanto os mais novos, quanto mais irmãos têm,

---

* Os efeitos da ordem de nascimento não têm a ver apenas com o ambiente: há razões para acreditar que fatores biológicos também podem contribuir. Estudos sugerem que quanto mais irmãos mais velhos um homem tem, maiores são as probabilidades de que seja homossexual.[27] Cada irmão mais velho aumentaria as chances de um homem ser homossexual em 33%, possivelmente por fazer com que o sistema imunológico materno produza mais anticorpos contra a testosterona, influenciando no desenvolvimento do feto. Esse efeito da ordem de nascimento é válido apenas para homens e envolve unicamente o número de irmãos mais velhos, não de irmãos mais novos ou irmãs de qualquer idade. Os pesquisadores estimam que pelo menos um a cada sete homens possam atribuir sua homossexualidade ao efeito dos irmãos mais velhos, e, entre homens gays com pelo menos três irmãos mais velhos, o efeito da ordem de nascimento é mais forte do que todas as demais causas.

mais tempo passam aprendendo com outras crianças. Se Jackie Robinson fosse um primogênito, teria sido criado principalmente por sua mãe. Mas, com cinco filhos para alimentar, Mallie Robinson precisava trabalhar. O resultado disso foi que a irmã mais velha de Robinson, Willa Mae, virou, como ela mesma disse, sua "mãezinha". Ela dava banho, vestia e alimentava o pequeno Robinson. Quando ela começou a frequentar o jardim de infância, convenceu sua mãe a deixá-la levar o irmãozinho com ela. Assim, um Jackie Robinson de 3 anos passava o dia brincando na caixa de areia, enquanto Willa Mae, da sala de aula, esticava o pescoço na janela de vez em quando para se certificar de que ele estava bem. Enquanto isso, o irmão mais velho de Robinson, Frank, estava sempre disposto a defendê-lo nas brigas.

Quando os irmãos mais velhos agem como substitutos dos pais e modelos de comportamento, não enfrentamos tantas regras e punições, além de gozarmos da segurança de sua proteção. No entanto, também acabamos aprendendo cedo a correr riscos: em vez de imitar as escolhas ponderadas e precavidas dos adultos, seguimos a liderança de outras crianças.

Mesmo quando não delegam seu papel para os filhos mais velhos, os pais costumam ser disciplinadores rigorosos com os primogênitos e a se tornar cada vez mais flexíveis com os mais novos.[28] À medida que ganham experiência, costumam relaxar; além disso, já não há tantas tarefas que os mais novos precisem realizar, pois os irmãos crescidos se encarregam delas. Quando Robinson entrou para uma gangue do bairro, costumava ser flagrado com frequência roubando e furtando mercadorias em lojas. Em mais de uma ocasião, em vez de puni-lo, sua mãe foi até a delegacia e disse ao oficial do dia que ele estava sendo rigoroso demais com seu filho. "Ele conseguia se safar com essas barbaridades", escreve a biógrafa Mary Kay Linge, "porque sempre tinha sido mimado. Afinal, Jackie era o bebê da família, e nunca teve as mesmas responsabilidades de seus irmãos mais velhos."*

---

* A reação dos pais ao filho mais novo também pode tomar um rumo mais sombrio. A vítima mais famosa desse rumo é Andre Agassi, o primeiro homem a conquistar os quatro torneios do Grand Slam e uma medalha de ouro olímpica no tênis individual.[29] Seu pai sonhava em criar um campeão de tênis, e, com o fracasso dos três filhos mais velhos, a pressão se concentrou no caçula, Andre. O pai era um tirano que o obrigava a treinar por horas a fio, decidia toda a sua agenda e o proibia de praticar outros esportes. Andre cresceu com a consciência esmagadora de ser "a última esperança do clã Agassi". Rebelou-se quebrando um punhado das regras tácitas do jogo: usava um topete moicano, *mullet* e brincos; jogava com bermudas jeans ou calças cor de rosa em vez do branco tradicional; e namorou a cantora Barbra Streisand, 28 anos mais velha do que ele. "Não ter escolha, não ter voz sobre o que eu faço e quem eu sou, me deixa louco", refletiu Agassi. "A rebeldia é a única coisa que eu tenho a chance de escolher todos os dias... Desafiar a autoridade... Mandar uma mensagem ao

Podemos observar essa mudança de padrão dos pais na experiência de Lizz Winstead, cocriadora do programa de TV *The Daily Show*. Trata-se do primeiro jornal televisivo a usar quadros de comédia, em um desafio ao modo de veiculação de informações estabelecido na mídia – tendo cara de noticiário e, ao mesmo tempo, fazendo uma paródia dos noticiários. "Nós decidimos rir deles nos *tornando* um deles", escreve Winstead. "Isso simplesmente nunca tinha sido feito."[30]

Crescendo em Minnesota como a caçula dos cinco filhos de pais extremamente conservadores, Winstead teve muito mais liberdade do que seus irmãos. "Eu fazia gato e sapato dos meus pais, porque eles eram velhos. Tive muito espaço de manobra. Parei de pedir permissão para fazer as coisas. Pegava ônibus sozinha. Ficava fora a noite toda. No ensino médio, eles saíam de férias e me deixavam sozinha em casa. Estavam mais cansados, só isso. Esqueceram-se de dizer: 'Você não pode fazer isso.'" Quando era criança, apesar do fato de não saber nadar, sua mãe não a alertou para o que aconteceria se ela caísse da boia de câmara de ar no meio do lago. "Eu não sabia que devia ter medo. Em resumo, é por isso que eu sempre mergulho em tudo de cabeça", explica Winstead. "Naquele tempo, como hoje, eu encarava os desafios da vida como ousadias e não como batalhas árduas, e a consequência desse escandaloso descaso parental foi que eu passei a vida inteira torturando os dois com meu destemor crônico."

Desde a mais tenra idade, Winstead tinha que se esforçar para ser notada. Como recorda seu irmão Gene, hoje prefeito, "toda a família costumava falar alto, e ela, pequenininha, tinha que gritar mais alto ainda". Aos 10 anos, Winstead perguntou a um professor católico por que os cachorros e os judeus não vão para o paraíso. Aos 12, quando um padre lhe disse que ela não podia ser um coroinha, ela o desafiou propondo tornar-se *uma* coroinha – e escreveu uma carta ao bispo defendendo a ideia, algo que seus pais não desencorajaram. Mesmo quando discordavam de suas ideias, continuavam a apoiá-la. Anos mais tarde, quando ela se pronunciou a favor do aborto, entreouviu seu pai dizer: "Pelo menos minha filha diz o que pensa e não esconde quem é."

Quanto maior a família, menos rígidas são as regras que os filhos mais novos enfrentam e mais fácil para eles é conseguir fazer aquilo que seus

---

meu pai, lutando contra a ausência de escolhas em minha vida." A história de Andre sugere que há duas formas opostas de criar rebeldes: dar aos filhos autonomia e proteção para que se arrisquem ou restringir sua liberdade a tal ponto que eles reajam e comecem a lutar contra isso.

irmãos mais velhos não conseguiam. "Sou de uma família muito grande, com nove pais", brinca o comediante Jim Gaffigan.[31] "Quando você é o caçula de uma família tão grande, ao chegar à adolescência seus pais já ficaram caducos."

Embora possamos explicar a propensão ao risco de muitos originais pelas doses pouco usuais de autonomia e proteção que receberam na infância como caçulas de suas famílias, esses comportamentos parentais podem estimular a rebeldia em crianças independentemente da ordem de nascimento – talvez apenas sejam mais comuns com o filho mais novo. Curiosamente, Sulloway descobriu que prever a personalidade é mais difícil com filhos únicos do que com quem tem irmãos. Como os primogênitos, os filhos únicos crescem em um mundo de adultos e se idenficam com eles.[32] Como os caçulas, são protegidos ferozmente, o que os deixa "mais livres para virarem radicais por si sós".

O que sabemos sobre a ordem de nascimento chama a atenção para a importância de dar às crianças a liberdade de serem originais. No entanto, um dos perigos de fazer isso é a possibilidade de que elas usem tal liberdade de modo a se colocar – e a outros – em risco. Depois que uma criança de qualquer ordem de nascimento está motivada para ser original, o que determina a direção para a qual ela vai canalizar sua originalidade? Eu queria entender por que Jackie Robinson abandonou a vida de pequenos crimes e se tornou um ativista dos direitos civis – e quais fatores determinam que as crianças usem sua liberdade para se tornarem respeitáveis ou antissociais, proativas ou passivas, criativas ou destrutivas.

Encontrar respostas para essa questão é o trabalho da vida de Samuel e Pearl Oliner, respectivamente um sociólogo e uma educadora. Eles fizeram um estudo pioneiro sobre os não judeus que arriscaram a vida para salvar judeus durante o Holocausto, comparando esses indivíduos heroicos com um grupo de vizinhos que vivia nas mesmas cidades mas não estendeu a mão para os judeus. Os salvadores tinham muito em comum com os espectadores: eram semelhantes em relação a formação educacional, empregos, casas, vizinhança, crenças políticas e religiosas. Também eram todos igualmente rebeldes na infância – os salvadores tinham tantas chances quanto os espectadores de terem sido castigados pelos pais por desobedecer, roubar, mentir, trapacear, agredir ou deixar de cumprir uma tarefa que lhes fora designada. O que diferenciava os salvadores era o modo como seus pais repreendiam o mau comportamento e elogiavam o bom.

Grandes explicações

Anos atrás, pesquisadores descobriram que entre a idade de 2 e de 10 anos as crianças ouvem dos pais que precisam mudar de comportamento uma vez a cada seis a nove minutos. Como aponta o psicólogo Martin Hoffman, especialista em desenvolvimento humano, isso "se traduz em aproximadamente 50 chamadas de atenção por dia e mais de 15 mil por ano!".[33]

Quando os salvadores do Holocausto recordaram sua infância, revelou-se que tinham recebido um único tipo de repressão dos pais. "*Explicação* é a palavra que a maioria dos salvadores prefere", descobriram os Oliners.[34]

> Era em sua predileção por argumentos, explicações, sugestões de formas de remediar o mal provocado, persuasão e aconselhamento que os pais dos salvadores mais diferiam dos outros (...). A argumentação passa uma mensagem de respeito (...). Dá a entender que, se tivessem melhor conhecimento ou compreensão das coisas, as crianças não teriam agido de forma inadequada. É uma marca de estima pelo ouvinte, um sinal de fé em sua habilidade de compreender, desenvolver-se e aprimorar-se.

Enquanto a argumentação representava apenas 6% das técnicas disciplinadoras usadas pelos pais dos espectadores, respondia por 21% de como os pais dos salvadores educavam seus filhos. Uma salvadora disse sobre sua mãe: "Ela conversava comigo quando eu fazia algo errado. Nunca me castigava ou dava bronca, apenas tentava me fazer entender o que eu tinha feito de errado."

Essa abordagem racional da disciplina também é característica dos pais de adolescentes que não se envolvem em desvios criminais e de originais que desafiam a ortodoxia de suas profissões. Em um estudo, revelou-se que pais de crianças comuns tinham em média seis regras, como horários específicos para fazer o dever de casa e ir para a cama. Pais de crianças altamente criativas[35] tinham em média menos de uma regra e tendiam a "enfatizar os valores morais em vez das regras específicas", como informa a psicóloga Teresa Amabile.[36]

Se os pais acreditam em estabelecer um grande número de regras, porém, o modo de explicá-las faz muita diferença. Novas pesquisas mostram que os adolescentes desafiam as regras quando elas são aplicadas de forma controladora, por meio de gritos ou ameaças de punição.[37] Quando a mãe tem muitas regras, mas apresenta uma explicação clara de sua importância, reduz-se a probabilidade de que os adolescentes as quebrem, porque eles as internalizam. No estudo em que Donald MacKinnon comparou os arquitetos mais criativos dos Estados Unidos com um grupo de colegas altamente qualificados, mas desprovidos de originalidade, um fator que distinguiu o grupo criativo foi o de que seus pais exerciam a disciplina por meio de explicações.[38] Eles traçavam seus padrões de conduta e explicavam a base que lhes dava sustentação, apresentando um conjunto de princípios sobre certo e errado, envolvendo valores como moralidade, integridade, respeito, curiosidade e perseverança. Mas "a ênfase estava no desenvolvimento do código ético de cada um", escreveu MacKinnon. Acima de tudo, os pais que criaram arquitetos altamente criativos deram aos filhos a liberdade de escolher seus próprios valores.

É verdade que argumentar cria um paradoxo: conduz tanto ao maior cumprimento das regras quanto a maior rebeldia. Ao explicar os princípios morais, os pais incentivam os filhos a aceitar voluntariamente aquelas regras que se alinham com valores importantes – e a questionar as demais. Boas explicações permitem às crianças desenvolver um código ético que com frequência coincide com as expectativas da sociedade. Quando há um descompasso, porém, as crianças dão preferência aos seus valores internos em detrimento do conjunto de regras do mundo lá fora.

Há um tipo especial de explicação que funciona particularmente bem na hora de impor disciplina. Quando os Oliners esmiuçaram a atuação dos pais de salvadores de vítimas do Holocausto, descobriram que eles tendiam a dar "explicações sobre por que certos comportamentos são impróprios, muitas vezes fazendo referência às consequências para os outros". Enquanto os pais dos espectadores do Holocausto enfatizavam que as regras deveriam ser observadas apenas por serem regras, os pais dos salvadores incentivavam os filhos a considerar o impacto de suas ações sobre os outros.*

---

* Segundo Martin Hoffman, a explicação do impacto de nosso comportamento sobre os outros deve variar conforme a idade da criança.[39] Quando ela é muito pequena, os pais podem começar explicando como suas ações provocam danos visíveis à vítima: "Se você empurrar o amiguinho de novo, ele vai cair no chão e chorar" ou "Se você jogar neve na porta da casa deles, eles vão ter que limpar tudo de novo". À medida que os filhos amadurecem, os pais podem começar a explicar o impacto sobre sentimentos básicos: "Você magoou muito a Mary quando pegou a boneca dela" ou "Ele fica chateado quando você não divide seus brinquedos, e você também ia ficar se ele não dividisse os dele com você". Mais tarde, os pais podem chamar a atenção dos filhos para sentimentos mais sutis: "Ela está aborrecida porque estava orgulhosa da torre dela, e você pôs tudo abaixo" ou "Tente fazer silêncio para ele poder dormir mais e se sentir melhor quando acordar".

Ressaltar as consequências para os outros dirige a atenção da criança para as aflições de uma pessoa que pode ser prejudicada por seu comportamento, alimentando a empatia. Também ajuda a criança a compreender o papel desempenhado por suas próprias ações no dano imposto ao outro, resultando em culpa. Como diz Erma Bombeck: "A culpa é daquelas coisas que só aumentam com o tempo."[40] Essas duas emoções morais, empatia e culpa, ativam o desejo de corrigir os erros do passado e ter comportamento melhor no futuro.

A ênfase sobre as consequências para os outros pode motivar adultos também. Em hospitais, a fim de encorajar médicos e enfermeiras a lavarem as mãos com maior frequência, meu colega David Hofmann e eu pusemos dois avisos diferentes junto dos recipientes de sabonete e de gel higienizante:

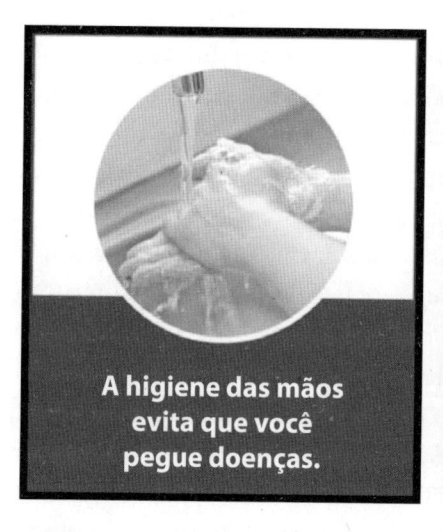

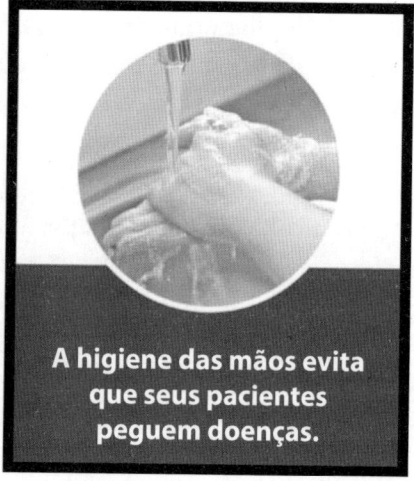

| A higiene das mãos evita que você pegue doenças. | A higiene das mãos evita que seus pacientes peguem doenças. |

Nas duas semanas seguintes, um funcionário de cada hospital contou discretamente o número de vezes que os profissionais de saúde lavaram as mãos antes e depois de ter contato com cada paciente, enquanto uma equipe independente media a quantidade de sabonete e de gel usada de cada recipiente.

O aviso da esquerda não provocou efeito algum. O da direita fez uma diferença significativa: a simples menção a *pacientes* no lugar de *você* levou os profissionais de saúde a lavarem as mãos 10% mais vezes e consumir 45% mais sabonete e gel.[41]

Pensar em si mesmo implica a lógica da consequência: vou ficar doente? Médicos e enfermeiros respondem a isso rapidamente com um "não": passam muito tempo no hospital, nem sempre lavam as mãos e raramente ficam doentes, ou seja, aquilo não os afeta. Em geral, somos excessivamente confiantes quanto à nossa própria invulnerabilidade. Mas pensar nos pacientes aciona uma lógica da adequação: o que uma pessoa no meu lugar deveria fazer em uma situação como essa? O cálculo muda de uma equação de custo-benefício para uma ponderação de valores, de certo e errado: temos a obrigação profissional e moral de cuidar dos pacientes.

Uma explicação de como seu comportamento afetava os outros representou o primeiro ponto de virada na vida de Jackie Robinson. Como líder de uma gangue no seu bairro, Robinson jogava sujeira nos carros, atirava pedras em janelas, roubava bolas de golfe e as revendia de volta aos jogadores, furtava comida e mercadorias nas lojas. Depois de uma infração, um policial o levou preso sob a mira de uma arma. Ao ver a gangue em ação, um mecânico chamado Carl Anderson puxou Robinson de lado. "Ele me fez entender que, se eu continuasse com a gangue, magoaria minha mãe", escreveu Robinson. "Ele disse que não era preciso ter fibra para seguir a manada, que a coragem e a inteligência estavam na determinação de ser diferente. Eu estava envergonhado demais para admitir ao Carl o quanto ele estava certo, mas o que ele disse me pegou." Depois de considerar como seu comportamento afetaria sua mãe, Robinson não quis desapontá-la, e terminou por abandonar a gangue.*

Persona "nome" grata ou por que substantivos são melhores que verbos

Vamos supor que os pais decidam dar aos filhos a liberdade para serem originais: o que é necessário para estimular uma consciência de certo e errado? A formação de valores não se baseia apenas em como os pais reagem

---

* Depois que terminei de redigir este capítulo, encontrei minhas filhas correndo na sala, pondo em risco o caçula, que ainda engatinhava. Eu as mandei parar de correr sete vezes, sem efeito algum. Dando-me conta de que eu estava deixando de seguir meu próprio conselho sobre explicar o impacto de nossas ações sobre os outros, mudei de estratégia. Chamei minha filha de 6 anos e fiz uma pergunta: "Por que estou lhe pedindo para não correr?" Com ar preocupado, ela respondeu de imediato: "Porque podemos machucar nosso irmão." Perguntei: "Você quer machucá-lo?" Ela sacudiu a cabeça negativamente, e a mais nova, de 4 anos, gritou: "Não!" Anunciei então uma nova regra: nada de correr na sala, porque não queremos machucar ninguém. Encarreguei as meninas de assegurar o cumprimento da regra, e elas deixaram de correr no mesmo instante. O bom comportamento se manteve. Elas passaram o resto da tarde monitorando uma a outra. No entanto, poucos dias depois, voltaram a correr. Só então eu entendi que as explicações sobre o impacto de nossas ações sobre os outros têm efeito mais duradouro quando vêm acompanhadas de uma afirmação de princípios. "Ela está chorando porque quer brincar com seus brinquedos" não tem grande efeito por si só. A frase mais significativa é: "Ela está chorando porque quer brincar com seus brinquedos, e nesta família nós sempre dividimos as coisas."

quando as crianças se comportam mal. No estudo sobre os salvadores e os espectadores do Holocausto, quando os Oliners perguntaram sobre os valores que haviam aprendido com os pais, os salvadores apresentaram três vezes mais chances de se referir a valores morais que se aplicavam a todas as pessoas do que os espectadores. Os salvadores enfatizavam que seus pais haviam lhes "ensinado a respeitar qualquer ser humano". Embora os espectadores também tivessem valores morais, eles estavam mais ligados a comportamentos específicos e a membros do mesmo grupo – prestar atenção na escola, não brigar com os colegas, ser educado com os vizinhos, ser honesto com os amigos e leal aos familiares.

Parte dos padrões morais é forjada a partir daquilo que os pais dizem quando os filhos fazem a coisa *certa*. A última vez que viu uma criança ter bom comportamento, como você reagiu? Minha aposta é que você elogiou a ação e não a criança. "Isso foi muito legal. Que coisa bacana você fez." Ao elogiar o comportamento, você o reforça para que a criança aprenda a repeti-lo, certo?

Não tão depressa, sugere uma pesquisa conduzida pela psicóloga Joan Grusec.[42] Depois que um grupo de crianças compartilhou algumas bolinhas de gude com outras, parte delas foi escolhida aleatoriamente para ouvir elogios ao seu *comportamento*: "Que bom que você deu algumas bolas de gude para aquelas crianças pobres. Sim, foi uma coisa muito bacana e bonita." As outras ganharam elogios ao seu *caráter*: "Acho que você é o tipo de pessoa que gosta de ajudar os outros sempre que pode. Sim, você é uma pessoa muito legal e prestativa."

As crianças que ganhavam elogios ao caráter mostraram-se, a partir daí, mais generosas.[43] Das que foram saudadas por serem pessoas prestativas, 45% doaram brinquedos para alegrar pacientes infantis de um hospital duas semanas depois, contra apenas 10% das que foram elogiadas por terem um comportamento prestativo. Quando nosso caráter é elogiado, internalizamos aquilo como parte de nossa identidade. Em vez de nos vermos como autores de atos morais isolados, começamos a desenvolver um autoconceito mais coeso, uma personalidade moral.

Esse tipo de afirmação de caráter parece ter mais efeito no período crítico em que a criança está começando a formular uma identidade forte. Em um estudo, por exemplo, o elogio ao caráter reforçou as ações morais de crianças de 8 anos, mas não das de 5 ou 10. Talvez aos 10 anos elas já tivessem cristalizado seus autoconceitos a tal ponto que um comentário isolado não mais as afetava, e aos 5 é possível que fossem novas demais para que um elogio tivesse impacto real. O elogio ao caráter deixa uma marca mais duradoura quando as identidades estão em formação.*

No entanto, mesmo entre crianças muito novas, um apelo ao caráter pode ter influência momentânea.[44] Em uma série de experiências engenhosas conduzidas pelo psicólogo Christopher Bryan, crianças entre 3 e 6 anos mostraram-se de 22% a 29% mais inclinadas a guardar seus brinquedos e lápis de cor quando lhes pediam que *fossem ajudantes* em vez de simplesmente *ajudar*. Embora seu caráter ainda estivesse longe de começar a se consolidar, elas queriam merecer aquela identidade.

Bryan descobriu que apelos ao caráter são eficazes com adultos também.[45] Sua equipe conseguiu cortar pela metade a trapaça com o mesmo expediente de linguagem: trocaram "Por favor, não trapaceiem" pelo "Por favor, não seja um trapaceiro". Quando lhe dizem para não trapacear, você ainda pode fazê-lo e ver uma pessoa ética no espelho. Mas quando lhe dizem para não ser um trapaceiro, o ato projeta uma sombra: a imoralidade passa a se ligar à sua personalidade, tornando o comportamento muito menos atraente. Trapacear é uma ação isolada que avaliamos pela lógica da consequência: podemos nos safar se fizermos isso? Ser um trapaceiro evoca um sentido de identidade, deflagrando uma lógica de adequação: que tipo de pessoa somos, que tipo queremos ser?

À luz dessas evidências, Bryan sugere que deveríamos empregar substantivos de forma mais consciente. "Se beber não dirija" poderia ser reescrito como "Não seja um motorista bêbado". Quando uma criança faz um desenho, em vez de dizer que seu trabalho é criativo, podemos dizer: "Você é criativo." Depois que um adolescente resiste à tentação de seguir a manada, podemos elogiá-lo por ser inconformista.

---

* Existe uma tensão interessante entre essa pesquisa sobre os benefícios do elogio ao caráter e um famoso conjunto de estudos sobre o valor do elogio ao esforço. No livro *Mindset*, a psicóloga Carol Dweck, de Stanford, descreve seus estudos pioneiros demonstrando que, quando elogiamos as crianças por sua inteligência, elas desenvolvem uma compreensão rígida sobre a própria capacidade, o que pode conduzi-las à desistência diante do fracasso.[46] Em vez de lhes dizer como são inteligentes, é sábio elogiar seu esforço, o que as encoraja a ver sua capacidade como maleável e persistir na superação de obstáculos. Como conciliar essas ideias divergentes sobre o elogio da personalidade no domínio moral e o elogio do comportamento no domínio da capacidade? Louvar seu caráter pode fazer a criança pensar: "Como sou uma pessoa boa, posso fazer uma coisa ruim" – ou, o que seria mais preocupante: "Se sou uma pessoa boa, como isso poderia ser uma coisa ruim?" É por isso que é tão importante exercitar a disciplina como descrita anteriormente: ela motiva as crianças a desenvolver padrões morais claros e emoções que desestimulam o mau comportamento. Minha aposta é que o elogio ao caráter combinado com a disciplina conduz às melhores escolhas morais.

Quando trocamos a ênfase do comportamento para o caráter, as pessoas avaliam suas escolhas de forma diferente. Em vez de se perguntarem se seu comportamento terá o resultado que desejam, elas agem porque aquela é a coisa certa a fazer. Nas palavras pungentes de um salvador do Holocausto: "É como salvar uma pessoa que está se afogando. Você não lhe pergunta em que Deus ela acredita. Você só vai lá e a salva."

Por que os pais não são os melhores modelos

Podemos conceder bastante liberdade aos filhos se lhes explicarmos as consequências de seus atos sobre os outros e enfatizarmos como as escolhas moralmente corretas demonstram um bom caráter. Isso aumenta as chances de eles desenvolverem o instinto de expressar seus impulsos originais sob a forma de ações morais ou criativas, em vez de ações desviantes. No entanto, à medida que crescem, é comum que não tenham ambições elevadas o suficiente.

Quando as psicólogas Penelope Lockwood e Ziva Kunda pediram a estudantes universitários que listassem o que esperavam conquistar ao longo da década seguinte, eles apresentaram metas perfeitamente comuns. Outro grupo de estudantes foi instruído a ler um artigo de jornal sobre um colega brilhante antes de fazer sua lista: esses se mostraram bem mais ambiciosos. Ter um modelo elevou suas aspirações.[47]

Modelos de comportamento têm impacto fundamental no modo como as crianças crescem para expressar sua originalidade. Quando centenas de mulheres graduadas no Radcliffe College e entrando na casa dos 30 anos foram requisitadas a nomear as pessoas que haviam tido mais influência em suas vidas, a grande maioria mencionou pais e mentores. Passados 17 anos, os psicólogos Bill Peterson e Abigail Stewart mensuraram o compromisso dessas mulheres com a transformação da realidade para melhor em nome das futuras gerações. Menos de 1% delas nomeou um dos pais como influência importante no sentido da mudança. Aquelas que perseguiam caminhos originais haviam sido influenciadas uma década e meia antes não por seus pais, mas por seus mentores: a menção a um mentor respondia por 14% das diferenças no desejo das mulheres de mudar o mundo.[48]

O paradoxo de estimular os filhos a desenvolverem valores fortes é que, dessa forma, os pais na verdade limitam a própria influência. Eles podem nutrir nas crianças o impulso da originalidade, mas em algum momento as pessoas precisam encontrar os próprios modelos originais na área em que escolherem. Na comédia, Lizz Winstead se inspirou em Roseanne Barr – tanto por seu talento no palco quanto por seu apoio à causa feminina fora dele. Quando Winstead tornou públicos seus pontos de vista politicamente rebeldes, seu pai brincou: "Cometi um erro. Criei você para ter uma opinião e me esqueci de lhe dizer que essa opinião devia ser a minha."

Se quisermos estimular a originalidade, o melhor passo que podemos dar é elevar as aspirações de nossos filhos apresentando-lhes diferentes tipos de modelos de comportamento. "Eu poderia ter me tornado um delinquente juvenil", reconheceu Jackie Robinson, "se não fosse a influência de dois homens." Um deles foi o mecânico que lhe explicou como os atos na gangue magoavam sua mãe. O outro foi um jovem pastor, Karl Downs. Ao notar que os adolescentes estavam sendo obrigados pelos pais a frequentar a igreja e que muitos estavam deixando de fazê-lo, ele instituiu algumas mudanças heterodoxas, organizando bailes na igreja e construindo um campo de badminton. Muitos fiéis protestaram, aferrados às tradições do passado, mas Downs persistiu. Inspirado por um homem que estava disposto a desafiar a ortodoxia para engajar as crianças, Robinson se apresentou como voluntário para ser professor dos mais novos aos domingos. Ele estava determinado a abrir as portas para os outros como Downs havia aberto para ele.

No beisebol, Robinson encontrou outro mentor original: Branch Rickey, o proprietário dos Dodgers, que quebrou a barreira racial ao contratá-lo. Robinson já tinha 26 anos quando Rickey o convocou a seu escritório. Ele andara selecionando jogadores negros que sabiam correr, arremessar e rebater, e depois de reunir um grupo de candidatos com habilidades semelhantes começou a avaliar seu caráter, chamando-os para conversar sob o pretexto de que seria criada uma nova Liga para Negros. Tendo escolhido Robinson, passou a encorajá-lo a assumir certos riscos no campo de jogo – "Corra como um louco para assustá-los" – e ao mesmo tempo o instruía a ser mais cauteloso do lado de fora. "Quero um jogador corajoso o suficiente para não reagir às provocações."

Encontrar o mentor certo nem sempre é fácil. Mas nós podemos encontrar modelos de comportamento em um lugar mais acessível: os exemplos de grandes originais ao longo da história. A ativista de direitos civis Malala Yousafzai[49] tirou inspiração da leitura de biografias de Meena, uma lutadora pela igualdade no Afeganistão, e de Martin Luther King Jr. Por sua vez, King foi inspirado por Gandhi,[50] assim como Nelson Mandela.[51]

Em alguns casos, personagens fictícios podem ser modelos ainda melhores. Quando estão crescendo, muitos originais encontram os primeiros heróis em seus romances preferidos, nos quais os protagonistas exercitam sua criatividade na busca de conquistas notáveis. Quando lhes pediram que citassem seus livros preferidos, Elon Musk[52] e Peter Thiel[53] escolheram *O senhor dos anéis*, a história épica das aventuras dos hobbits para destruir um perigoso anel mágico de poder. Sheryl Sandberg[54] e Jeff Bezos[55] apontaram *Uma dobra no tempo*, em que uma menina aprende a manipular as leis da física e viajar no tempo. Mark Zuckerberg[56] gostava de *Ender's game: o jogo do exterminador*, no qual um grupo de crianças tem que salvar o planeta de um ataque alienígena. Jack Ma[57] citou como seu livro infantil preferido *Ali Babá e os quarenta ladrões*, sobre um lenhador que toma a iniciativa de mudar seu destino.

É provável que todos eles fossem crianças altamente originais, o que explica por que, para começo de conversa, sentiram-se atraídos por essas histórias. Mas também é possível que essas narrativas tenham ajudado a elevar suas aspirações. Chamam atenção os estudos que demonstram que, quando os livros infantis enfatizam conquistas originais, a próxima geração é mais inovadora. Em uma pesquisa, psicólogos traçaram um histórico das façanhas sem paralelo nos livros infantis americanos entre 1800 e 1950. Depois de o tema "realizações originais" ter crescido 66% na literatura infantil americana, no período entre 1810 e 1850, o número de patentes naquele país explodiu sete vezes entre 1850 e 1890. Os livros infantis refletem os valores de seu tempo, mas também ajudam a nutrir esses valores. Quando as histórias enfatizam as realizações originais, o número de patentes em geral dispara entre 20 e 40 anos depois.[58] Como resume Dean Simonton: "Levou tempo para que as crianças expostas ao imaginário da realização na escola crescessem e contribuíssem para a criação de novas invenções."[59]

Diferentemente das biografias, nas histórias fictícias os personagens podem realizar feitos inéditos, fazendo o impossível parecer possível.[60] Os inventores do submarino moderno e do helicóptero haviam ficado fascinados com a imaginação de Júlio Verne em *Vinte mil léguas submarinas* e *Robur, o conquistador*. Um dos mais antigos foguetes foi construído por um cientista que se inspirou em um romance de H. G. Wells. Alguns dos primeiros telefones celulares, tablets, navegadores GPS, discos portáteis de armazenamento de dados e aparelhos multimídia foram projetados por pessoas que viram os personagens de *Jornada nas estrelas* usando engenhocas semelhantes. Depois que deparamos com tais imagens de originalidade na história e na ficção, a lógica da consequência perde força. Já não ficamos preocupados com o que acontecerá se fracassarmos.

Sem dúvida, a próxima geração de originais vai tirar inspiração da série *Harry Potter*, que transborda de referências a realizações originais: Harry é o único mago que pode derrotar Voldemort. Com seus amigos Hermione e Ron, aprende feitiços diferentes e inventa novas formas de se defender contra as artes das trevas. Vemos as crianças se empolgando quando os personagens são bem-sucedidos e se abatendo quando eles fracassam. Além de fornecer a uma geração de crianças modelos de comportamento original, J. K. Rowling embutiu mensagens morais em seus romances. Experimentos recentes demonstram que ler *Harry Potter* pode melhorar a atitude em relação a grupos marginalizados.[61] Vendo Harry e Hermione serem discriminados por não terem puro sangue de magos, os leitores desenvolvem a empatia e se tornam menos preconceituosos com minorias na vida real.

Quando as crianças sentem uma forte identificação com heróis que exemplificam a originalidade, isso pode alterar até a forma como se dá sua escolha de nicho. Entre irmãos, os mais novos costumam se tornar originais depois que os mais velhos preenchem os nichos convencionais. No entanto, onde quer que estejamos na ordem de nascimento, os modelos de comportamento original podem ampliar nossa consciência sobre nichos que nunca havíamos considerado. Em vez de chegarmos à rebeldia porque os caminhos tradicionais estão fechados, os protagonistas de nossas histórias favoritas podem nos inspirar a originalidade ao abrirem nossa cabeça para caminhos menos convencionais.

7

Repensando o pensamento de grupo

O mito das culturas fortes, as seitas e os advogados do diabo

*Na verdade, o único pecado que nunca perdoamos
uns nos outros é a diferença de opinião.*

– Ralph Waldo Emerson[1]

De pé no palco, diante de uma plateia cativa, um ícone da tecnologia puxou do bolso um novo aparelho. Era tão menor do que os produtos concorrentes que ninguém conseguia acreditar no que via. O gosto do empresário para o lançamento teatral de produtos não era a única fonte de sua fama. Ele era conhecido por sua visão criativa singular, pela paixão por misturar ciência com arte e pela obsessão com design e qualidade, além de um profundo desdém pelas pesquisas de mercado. "Damos às pessoas produtos que elas nem sabem que desejam", disse ele após apresentar um aparelho revolucionário que ajudou a popularizar a selfie.

O homem queria que as pessoas pensassem diferente. Liderou sua companhia rumo à grandeza e redefiniu diversos mercados, o que não o impediu de ser forçado sem cerimônia a abandonar o conselho diretor e ver o império que tinha criado começar a ruir diante de seus olhos.

Embora essa história pareça ser de Steve Jobs, o visionário em questão na verdade era um de seus heróis: Edwin Land, fundador da Polaroid.[2] Hoje, Land é mais lembrado como o inventor da câmera instantânea, que fez nascer toda uma geração de fotógrafos amadores – e permitiu a Ansel Adams fazer suas famosas fotografias de paisagem, a Andy Warhol criar seus retratos de celebridades e aos astronautas da Nasa capturar a imagem do sol. Mas Land foi responsável por algo maior: o filtro polarizador para luz que ainda é usado em bilhões de produtos, de óculos de sol e relógios digitais a calculadoras de bolso e óculos 3-D para o cinema. Ele também teve papel crucial ao conceber e projetar para o presidente Dwight Eisenhower o avião espião U-2, que mudou os rumos da Guerra Fria. No total, Land acumulou 535 patentes, mais do que qualquer americano antes dele, com exceção de Thomas Edison. Em 1985, poucos meses antes de ser chutado da Apple, Steve Jobs falou sobre sua admiração por Land, "um dos grandes inventores de nosso tempo... O homem é um tesouro nacional".

Land pode ter sido um grande original, mas não conseguiu inscrever tais atributos na cultura de sua empresa. Em uma reviravolta irônica, a Polaroid foi uma das empresas pioneiras na fotografia digital, mas acabou indo à falência por causa dela. Já em 1981 a companhia estava fazendo progressos enormes no campo das imagens eletrônicas. No fim da década, os sensores digitais da Polaroid conseguiam capturar uma resolução quatro vezes superior à dos concorrentes. Um protótipo de câmera digital de alta qualidade estava pronto em 1992, mas a equipe da divisão eletrônica não conseguiu convencer seus colegas a lançá-la até 1996. Apesar de ganhar prêmios pela excelência técnica, o produto da Polaroid fracassou: àquela altura, mais de 40 concorrentes já tinham colocado as próprias câmeras digitais no mercado.

A Polaroid foi à lona por causa de uma premissa errada. Dentro da empresa, havia o consenso generalizado de que os consumidores sempre iriam querer cópias físicas de suas fotos, e os principais tomadores de decisão deixaram de questionar essa certeza. Foi um caso clássico de pensamento de grupo – a tendência de buscar o consenso em vez de estimular o dissenso. O pensamento de grupo é inimigo da originalidade: as pessoas se sentem pressionadas a se adaptar às ideias dominantes e estabelecidas em vez de defender a diversidade de pensamento.

Em uma famosa análise, o psicólogo Irving Janis, de Yale, identificou o pensamento de grupo como culpado por numerosos desastres da política externa americana, incluindo a invasão da Baía dos Porcos e a Guerra do Vietnã. Segundo Janis, o pensamento de grupo ocorre quando as pessoas "estão profundamente envolvidas em um grupo fechado e coeso" no qual a "luta por unanimidade se sobrepõe à motivação de avaliar realisticamente rotas alternativas de ação".

Antes do fiasco da Baía dos Porcos, o subsecretário de Estado Chester Bowles escreveu um memorando contrário à ideia de enviar exilados cubanos para derrubar Fidel Castro, mas sua opinião foi descartada como fatalista. Na verdade, vários assessores do presidente John F. Kennedy tinham reservas em relação à invasão. Alguns foram silenciados por membros do grupo, outros preferiram não abrir a boca. Na reunião em que a decisão final foi tomada, uma única voz se ergueu contra a ideia. O presidente propôs uma votação, a maioria se manifestou a favor da proposta e a conversa logo mudou para decisões táticas sobre sua execução.

Janis argumentou que os membros da administração Kennedy estavam preocupados em não "serem duros demais" para não destruir "o clima acolhedor no grupo". Pessoas que estavam presentes naquelas discussões confidenciaram que foi a coesão que promoveu o pensamento de grupo. Como se lembra Bill Moyers, responsável pela correspondência de Kennedy com Lyndon Johnson:

> *Os homens que cuidavam de questões de segurança nacional tornaram-se muito próximos, apegados demais uns aos outros. Costumavam conduzir questões de Estado como se fossem um clube de cavalheiros (...) Se você está muito próximo, sente-se menos inclinado, do ponto de vista do debate, a pôr seu oponente contra a parede e muitas vezes permite que um ponto de vista seja expresso sem contestação alguma, exceto a mais superficial.*

Quando um grupo se torna tão coeso, desenvolve uma cultura forte:[3] as pessoas passam a compartilhar os mesmos valores e as mesmas normas, e a acreditar intensamente neles. Existe uma linha tênue entre ter uma cultura forte e funcionar como uma seita.

Por quase meio século, líderes, políticos e jornalistas aceitaram a teoria de Janis sobre o pensamento de grupo: a coesão é perigosa, culturas fortes são fatais. Para resolver problemas e tomar decisões com sabedoria, os grupos precisam de ideias originais e pontos de vista conflitantes, ou seja, é preciso cuidar para que seus membros não fiquem muito amiguinhos. Se os assessores de Kennedy não fossem tão próximos uns dos outros, teriam acolhido opiniões minoritárias, impedido o pensamento de grupo e evitado por completo o desastre da Baía dos Porcos.[4]

Há apenas um pequeno problema com a teoria da coesão: ela não é verdadeira.[5]

Quando Janis concluiu sua análise, em 1973, era cedo demais para que tivesse acesso aos documentos secretos e aos relatos memorialísticos sobre o incidente da Baía dos Porcos. Essas fontes fundamentais de informação revelam que a decisão não foi tomada por um pequeno grupo coeso. Richard Neustadt, cientista político e conselheiro presidencial, explicou que Kennedy teve "uma série de encontros *ad hoc* (ou seja, destinados a discutir exclusivamente esse tema) com um pequeno grupo de conselheiros proeminentes que se alternavam". Estudos subsequentes também demonstraram que desenvolver a coesão leva tempo: um grupo com instabilidade entre seus membros não teria a oportunidade de formar uma noção de proximidade e camaradagem. O pesquisador Glen Whyte, da Universidade de Toronto, observa que, um ano depois do episódio da Baía dos Porcos, Kennedy liderou um grupo coeso composto majoritariamente pelos mesmos assessores na resolução bem-sucedida da crise dos mísseis de Cuba. Hoje sabemos que o consenso sobre a invasão de Cuba "não foi resultado do espírito de grupo e do desejo de manter a coesão do grupo", como explica o psicólogo Roderick Kramer, de Stanford.

A coesão também não leva ao pensamento de grupo em nenhuma outra situação. Havia outra falha grave na análise de Janis: ele estudou principalmente grupos coesos que haviam feito escolhas erradas. Como podemos saber se foi mesmo a coesão – e não o fato de que todos os seus membros comiam cereais no café da manhã ou usavam sapatos com cadarço – que provocou as decisões disfuncionais? Para chegar a uma conclusão acertada sobre a coesão, precisamos comparar decisões boas *e* ruins, e então determinar se grupos coesos têm maior probabilidade de serem vitimados pelo pensamento de grupo.

Quando pesquisadores estudaram decisões estratégicas bem e malsucedidas tomadas por equipes de gestores de excelência em sete empresas da lista das 500 maiores da revista *Fortune*, descobriram que grupos coesos não tinham maior probabilidade de buscar o consenso e descartar opiniões divergentes. Na verdade, em muitos casos, grupos coesos tenderam a tomar melhores decisões de negócios. O mesmo foi verificado na política. Em uma revisão abrangente de estudos, os pesquisadores Sally Riggs Fuller e Ray Aldag escrevem: "Não há nenhuma sustentação empírica (...). A coesão, supostamente o gatilho crítico do fenômeno do pensamento de grupo, simplesmente não parece ter um papel consistente." Eles observam que "os benefícios da coesão do grupo" incluem "uma comunicação aprimorada", e que seus membros "têm maior probabilidade de se sentirem suficientemente seguros em seus papéis para desafiarem uns aos outros". Depois de analisar com cuidado os dados disponíveis, Whyte concluiu que "a coesão deve ser eliminada do modelo de pensamento de grupo".

Neste capítulo, quero examinar o que realmente provoca o pensamento de grupo e o que podemos fazer para evitá-lo. Por que alguns grupos coesos são vulneráveis a tomadas de decisão equivocadas enquanto outros se saem bem? O que é preciso para ter uma cultura forte sem que ela degenere em uma seita? Para entender como combater o pensamento de grupo e promover a expressão de opiniões originais, vou analisar os erros da Polaroid e dar um mergulho profundo em uma organização cujo fundador bilionário criou um método radical para prevenir as pressões do conformismo. Você vai aprender por que é comum que opiniões divergentes caiam em ouvidos moucos, por que a maioria dos grupos usa de forma ineficiente os advogados do diabo, por que às vezes é melhor estimular as pessoas a se queixar dos problemas em vez de resolvê-los e por que levar as pessoas a compartilhar suas preferências pode reduzir as chances de que opiniões minoritárias prevaleçam. No fim das contas, você vai descobrir o que as pessoas comuns e as organizações podem fazer para estimular um clima que nutra a originalidade desde cedo – e continue a abraçá-la o tempo todo.

Em busca do modelo ideal

Em meados dos anos 1990, um grupo de especialistas ficou curioso sobre como os fundadores moldavam o destino de suas empresas. Liderados pelo sociólogo James Baron, eles entrevistaram os fundadores de quase 200 start-ups de tecnologia de ponta no Vale do Silício, abrangendo empresas de hardware e software, telecomunicações, equipamentos médicos, biotecnologia, pesquisa e semicondutores. Baron e seus colegas lhes perguntaram sobre seus modelos originais: que modelo organizacional eles tinham em mente quando criaram suas companhias?

Em todas as áreas, revelaram-se três modelos dominantes: o profissional, o estelar e o comprometido. O modelo profissional enfatizava a contratação de candidatos com competências específicas: os fundadores procuravam engenheiros que soubessem programar em JavaScript ou C++, ou cientistas que tivessem profundos conhecimentos em sintetização de proteínas. No modelo estelar, o foco mudava das capacidades atuais para o potencial futuro, e o segredo era escolher – ou roubar da concorrência – os mais brilhantes.

Os indivíduos em questão podiam ter menos experiência em determinada área, mas tinham a capacidade mental bruta para adquiri-la.

Fundadores com um modelo comprometido encaravam de modo diferente a tarefa de contratar. Capacidade e potencial eram ótimos, porém o mais importante era certa adequação cultural. A prioridade era empregar pessoas que combinassem com os valores e normas da empresa. O modelo comprometido também envolvia uma abordagem diferente de motivação. Enquanto fundadores com modelos profissionais ou estelares davam autonomia e tarefas desafiadoras aos funcionários, aqueles com modelos comprometidos trabalhavam para criar fortes laços emocionais entre os funcionários e destes com a organização. Com frequência, usavam palavras como *família* e *amor* para descrever o pertencimento à companhia, e seus funcionários tendiam a ser intensamente apaixonados pela missão.

A equipe de Baron queria descobrir qual modelo permitia prever maior sucesso. Depois de acompanhar o desempenho das empresas durante a explosão da internet, no fim dos anos 1990, e após o estouro da bolha, em 2000, viram que um modelo se revelara muito superior aos outros: o do comprometimento.[6]

Quando os fundadores trabalhavam com um modelo comprometido, a taxa de fracasso de suas empresas era zero – nem uma única delas havia fechado as portas. O futuro não tinha sido tão favorável quando os fundadores se baseavam em outros modelos: as taxas de fracasso foram significativas para o modelo estelar e mais de três vezes piores para o profissional. O modelo comprometido também significou uma chance maior de chegar à Bolsa de Valores, com a probabilidade de uma oferta pública de ações mostrando-se três vezes maior que no modelo estelar e mais de quatro vezes superior à do modelo profissional.*

---

* Baron e seus colaboradores, Michael Hannan e Diane Burton, também determinaram a popularidade de cada modelo. O profissional era o mais comum, adotado por 31% dos fundadores. O comprometido e o estelar vinham em seguida, abraçados respectivamente por 14% e 9% dos fundadores. Havia outros dois modelos – autocrático e burocrático – com 6,6% de adoção cada. Ambos envolviam contratações baseadas na capacidade, mas o autocrático confiava principalmente no dinheiro e na supervisão direta para garantir que os funcionários tivessem bom desempenho, ao passo que o burocrático se concentrava mais em tarefas desafiadoras casadas com regras e procedimentos detalhados. De forma nada surpreendente, os modelos autocrático e burocrático revelaram-se os mais propensos ao fracasso. O terço restante dos fundadores usava uma combinação desses modelos. O autocrático teve a maior taxa de fracasso, oito vezes maior que o estelar. Modelos híbridos e burocráticos apresentaram índices de sobrevivência entre os do profissional e do estelar.

Uma vez que muitas das start-ups haviam substituído seus fundadores por novos CEOs, Baron e seus colegas também os entrevistaram sobre seus próprios modelos. Os modelos dos fundadores continuavam relevantes mesmo depois da adoção dos modelos dos novos CEO – revelaram-se pelo menos tão importantes quanto eles, quando não mais. Fundadores deixam marcas duradouras. Competências e estrelas são volúveis. O comprometimento fica.

Podemos identificar as vantagens de um modelo comprometido nos primeiros tempos da cultura da Polaroid, que girava em torno dos valores essenciais da intensidade, da originalidade e da qualidade. Quanto Edwin Land estava desenvolvendo a câmera instantânea, houve uma ocasião em que trabalhou por 18 dias consecutivos sem nem trocar de roupa. "Todos os conceitos envolvidos nela são novos", disse ele sobre o produto final, "o tipo de fotografia, o tipo de formação da imagem, o tipo de sistema fotográfico, o tipo de revelação, o jeito de fotografar".

Enquanto a Kodak contratava pessoas com capacitação científica avançada, Land procurava uma força de trabalho mais diversificada, empregando mulheres com formação artística e homens recém-saídos da Marinha. Como os fundadores do Vale do Silício que trabalhavam com modelos comprometidos, ele não se preocupava com as competências específicas nem com as qualidades estelares das pessoas que contratava: seu foco estava antes em descobrir se elas valorizariam a geração de ideias inovadoras e se teriam dedicação à missão da companhia. Cercado de gente que compartilhava as mesmas paixões e objetivos, seus funcionários tinham um forte sentimento de pertencimento e coesão. Quando você estabelece laços tão fortes com seus colegas e sua organização, é difícil se ver trabalhando em qualquer outro lugar.

Depois da câmera instantânea em si, duas das invenções-chaves que contribuíram para o sucesso inicial da Polaroid foram avanços na tecnologia dos filmes. A primeira foi o lançamento do filme sépia, uma vez que as fotografias instantâneas em preto e branco costumavam desbotar. A laboratorista-chefe que se provou indispensável na solução do problema foi uma mulher chamada Meroë Morse, uma graduada em história da arte que jamais tivera aulas de física ou química na faculdade e que, anos mais tarde, também pavimentaria o caminho para progressos revolucionários em imagens coloridas. Ela era tão dedicada que seu laboratório funcionava 24 horas por dia, com os técnicos trabalhando em três turnos. O segundo avanço foi a fotografia colorida instantânea: Howard Rogers, um mecânico de automóveis sem qualquer educação formal na área, trabalhou por 15 anos para decifrar o código das cores.

Dores do crescimento: o lado sombrio das culturas comprometidas

Por mais frutíferas que sejam nos estágios iniciais da história de uma organização, as culturas baseadas no comprometimento costumam fraquejar. Naquela pesquisa feita no Vale do Silício, embora os modelos comprometidos dos fundadores dessem às start-ups maiores chances de sobreviver e chegar à Bolsa de Valores, uma vez tendo chegado lá, suas empresas padeciam de uma valorização mais lenta das ações. Companhias com modelo comprometido aumentavam seu valor de mercado com velocidade 140% inferior à de empresas com modelo estelar e 25% mais baixa do que a de firmas baseadas no modelo profissional. Até o modelo burocrático teve desempenho melhor. Ao que parece, como diz o *coach* de executivos Marshall Godsmith, aquilo que o trouxe até aqui não vai levá-lo até lá.[7] Quando as organizações amadurecem, o que dá errado com as culturas comprometidas?

"Empresas de comprometimento têm maior dificuldade de atrair, reter e integrar uma força de trabalho diversificada", sugerem Baron e seus colegas. Há informações que sustentam a tese: o psicólogo Benjamin Schneider descobriu que as organizações se tornam mais homogêneas com o tempo.[8] Na medida em que atraem, selecionam, socializam e retêm pessoas semelhantes, acabam por excluir a diversidade de pensamentos e valores. São maiores as chances de que isso ocorra em empresas estabelecidas e com uma cultura forte de comprometimento, nas quais a adequação é a base da política de seleção e os funcionários enfrentam uma pressão intensa para se adaptar – ou ir embora.

O sociólogo Jesper Sørensen, de Stanford, descobriu que, em mercados estáveis, grandes empresas com culturas desse tipo têm desempenho financeiro mais confiável do que as concorrentes.[9] Quando são comprometidos com um conjunto compartilhado de objetivos e valores, os funcionários conseguem executar seu trabalho de forma efetiva em ambientes previsíveis. No entanto, em contextos voláteis como o das indústrias de computação, exploração espacial e aviação comercial, os benefícios de uma cultura forte desaparecem. Quando um mercado se torna dinâmico, as grandes empresas de cultura forte se tornam muito insulares, com maior dificuldade de reconhecer a necessidade de mudar e uma maior probabilidade de rejeitar as contribuições de quem pensa diferente. O resultado é que não aprendem, não se adaptam e não obtêm resultados financeiros melhores ou mais confiáveis do que seus concorrentes.

Essas descobertas se aplicam diretamente à ascensão e à queda da Polaroid. Depois que Land inventou a câmera instantânea, em 1948, a empresa decolou, com a receita saltando de um patamar abaixo de 7 milhões de dólares, em 1950, para quase 100 milhões em 1960 e 950 milhões em 1976. Ao longo desse período, o mercado fotográfico permaneceu estável: os consumidores adoravam as câmeras de qualidade que imprimiam as fotos instantaneamente. No entanto, no início da revolução digital, o mercado tornou-se volátil – e a cultura da Polaroid, que um dia fora dominante, começou a comer poeira.

Em 1980, Land foi procurado pelo fundador da Sony, Akio Morita, que lhe disse que o processamento químico dos filmes talvez não fosse a onda do futuro e expressou interesse em uma colaboração para desenvolver uma câmera eletrônica. Land via o mundo em termos de química e física, não de zeros e uns. Descartou a ideia, insistindo que os clientes sempre iriam querer suas fotos em papel e que em termos de qualidade a fotografia digital jamais chegaria perto das imagens quimicamente processadas.

À medida que a empresa começava a ter dificuldades com a ruptura do mercado, Land se tornava menos receptivo aos estímulos externos. "Ele se cercou de seguidores devotados que faziam tudo o que ele queria", observou um colega de longa data. Àquela altura, a menina dos olhos de Land era o projeto da Polavision, uma filmadora instantânea. Quando o presidente da Polaroid, William McCune, questionou o conceito, Land se queixou ao conselho diretor e ganhou total controle sobre o projeto, passando a trabalhar em um andar separado ao qual nenhum cético tinha acesso. "Ele precisa ser capaz de passar por cima de todas as objeções e razões óbvias pelas quais as coisas não vão dar certo", disse McCune. "Quando está fazendo algo louco e arriscado, toma o cuidado de se isolar de qualquer pessoa crítica."

A reação de Land foi típica. Um estudo feito pelos pesquisadores de estratégia Michael McDonald e James Westphal revelou que, quanto pior o desempenho de uma companhia, mais seus CEOs buscam o aconselhamento de amigos e colegas que compartilham seus pontos de vista.[10] Preferem o conforto do consenso ao desconforto do dissenso, o que é o exato oposto do que deviam fazer. O desempenho das empresas só melhora quando os CEOs buscam ativamente as opiniões de pessoas que não são suas amigas e que trazem para a mesa visões diferentes, desafiando-os a corrigir seus erros e perseguir inovações.*

"Pontos de vista minoritários são importantes não porque tendam a prevalecer, mas porque estimulam formas divergentes de atenção e pensamento", afirma a psicóloga Charlan Nemeth, de Berkeley, uma das maiores especialistas do mundo em decisões de grupo.[11] "O resultado é que, mesmo quando estão erradas, essas visões contribuem para a detecção de soluções inovadoras e decisões que, no balanço geral, são qualitativamente melhores."

Opiniões divergentes são úteis *mesmo quando estão erradas*.

Nemeth demonstrou isso pela primeira vez nos anos 1980, e os resultados que encontrou foram replicados muitas vezes. Em uma experiência, as pessoas deviam escolher entre três candidatos a um emprego. John era objetivamente o melhor candidato, mas os participantes não se deram conta disso e começaram a experiência com uma preferência pela pessoa errada, Ringo. Quando alguém apresentava uma defesa de outro candidato errado, George, isso quadruplicava suas chances de contratarem o certo. Quebrar o consenso com a inclusão de George na disputa induzia os membros do grupo a abraçar pensamentos divergentes. Eles reexaminavam os critérios de contratação e as qualificações de todos os candidatos, o que os levava a reconsiderar John.

Sem opiniões divergentes, a filmadora instantânea de Land foi um completo fiasco. Embora fosse tecnologicamente engenhosa, carregava apenas alguns minutos de filme, contra as muitas horas que as câmeras de vídeo já disponíveis no mercado conseguiam capturar. A tentativa torrou cerca de 600 milhões de dólares, e o conselho se livrou de Land. Ainda que ele tenha cortado os laços com a Polaroid, suas crenças continuaram firmemente ins-

---

* Há uma crença comum de que a criatividade floresce quando se suspende o senso crítico, mas ela é falsa. Tornou-se mais pronunciada na era de ouro da publicidade, nos anos 1950, quando Alex Osborn introduziu a noção de brainstorming, cuja segunda regra era "suspenda o senso crítico". A suposição era que o senso crítico desencorajaria a experimentação com ideias malucas, mas o fato é que os avanços mais originais surgem depois de mais crítica, não de menos. Em um experimento feito nos Estados Unidos e na França, as pessoas foram instruídas a fazer um brainstorming e divididas ao acaso entre as que não deviam criticar nada e as que podiam ficar "à vontade para debater, inclusive fazendo críticas". Os grupos que debatiam e criticavam não tiveram medo de compartilhar ideias, e geraram 16% mais ideias do que os que não debateram.[12] Também nos ambientes altamente criativos, o debate e a crítica melhoram a qualidade das ideias.[13] Pesquisas sugerem que nos laboratórios de microbiologia mais bem-sucedidos, quando os cientistas apresentam novas evidências, seus colegas céticos não os aplaudem: eles questionam suas interpretações e propõem alternativas. O mesmo ocorre em hospitais: as equipes com maior índice de dissenso tomam as melhores decisões, desde que seus membros sintam que os colegas têm em mente o interesse de todos.

critas no DNA da companhia. Assim, novos funcionários eram contratados e ambientados para compartilhá-las. Land havia criado a empresa para durar, mas seu modelo, sem querer, condenou-a. Ele sabia "pensar diferente", mas criou uma companhia incapaz de fazê-lo.

As evidências sugerem que não são os laços sociais que conduzem o pensamento de grupo: a culpa é do excesso de confiança e das preocupações com a reputação. Na Polaroid, fiéis ao modelo de Land, os líderes tinham confiança excessiva na ideia de que os clientes nunca abririam mão de fotos impressas, e continuaram a fabricar câmeras baratas para lucrar com a venda de filmes – como vender barbeadores baratos para ganhar dinheiro com as lâminas. Confrontados com a ideia da câmera digital, perguntavam: "Onde está o filme? Não tem filme?" Quando lhes apresentavam projeções com margem de lucro de 38%, os tomadores de decisão riam, apontando sua margem de 70% com os filmes. Era uma "luta constante", como recorda um ex-integrante da equipe de imagem eletrônica da empresa. "Nós questionávamos sem parar a ideia do modelo de negócio corrente, a atividade principal da companhia, como algo velho, antiquado e incapaz de continuar."

Mas os que discordavam eram rapidamente marginalizados. Na cabeça dos líderes, os dissidentes não compreendiam o valor de um registro fotográfico instantâneo e permanente. Quando um engenheiro chamado Carl Yankowski foi contratado como vice-presidente encarregado de produtos corporativos, ele propôs a aquisição de uma start-up de tecnologia eletrônica de imagem. O CEO, Mac Booth, rechaçou a ideia e encerrou a discussão ao anunciar que "a Polaroid não vende aquilo que não inventou", frase que reflete confiança excessiva na capacidade da empresa de prever o futuro e criar os melhores produtos. "Eu acho que o filme instantâneo será o fator dominante na era da fotografia eletrônica, e nós entendemos mais disso do que qualquer um no mundo", disse Booth em 1987. "Qualquer um que diga que a fotografia instantânea vai morrer está com a cabeça enfiada na areia."

Yankowski lembra que, quando recomendou encontrar um especialista externo em eletrônica para guiar a empresa rumo à era digital, Booth retrucou: "Não sei se lhe dou um soco na cara ou o demito!" Eis o risco da reputação. No fim das contas, Yankowski desistiu e foi trabalhar na Sony, onde lançou o PlayStation e quase dobrou a receita em quatro anos. Em seguida, ele liderou a recuperação da Reebok e tornou-se CEO da Palm, mas, apesar de seu sucesso como estimulador de inovação e salvador de empresas decadentes, lamenta "não ter conseguido jamais derrotar os paradigmas culturais prevalentes na Polaroid", com seu "pensamento estreito" e a mentalidade "endogâmica" dos principais tomadores de decisão. "Muitos de nós certamente tomou refresco com os executivos", observa Milton Dentch, que passou 27 anos na Polaroid. "A cultura gravada em diversas gerações de administradores da Polaroid sempre voltava para a estratégia de que o motor da empresa teria que ser a mídia física... A verdadeira causa foi a cultura única da Polaroid."*

A Polaroid chegou perto de ser a pioneira da fotografia digital. Poderia também, com facilidade, ter sido uma das primeiras colonizadoras desse mercado. Em vez disso, seus líderes ficaram tocando violino enquanto a empresa naufragava. Se tivessem abraçado ideias originais em vez de aderir tão rigidamente às crenças de Land na fotografia química e sua cópia física, a companhia poderia ter sobrevivido. Como construir uma cultura forte que acolha o dissenso?

A cultura do "pensar diferente"

Quando fiz uma enquete com executivos e estudantes sobre a cultura organizacional mais forte que eles já tinham encontrado, a vencedora, com folga, foi a Bridgewater Associates. Sediada em uma cidade do estado de Connecticut, a Bridgewater administra mais de 170 bilhões de dólares em investimentos para governos, fundos de pensão, universidades e instituições de caridade. Sua filosofia está delineada em um conjunto de mais de 200 princípios escritos por seu fundador. Embora a empresa lide com dinheiro, os princípios não contêm uma única palavra relativa a investimentos. São

---

* Você pode estar pensando que a estratégia mais segura é começar a empresa com uma cultura comprometida e em seguida mudar para outro modelo. Embora esta pareça uma solução natural, não é eficaz. Mudar de modelo é tão difícil quanto perigoso. No estudo feito no Vale do Silício, metade das start-ups trocaram seus modelos – e as empresas que o fizeram mais do que dobraram suas probabilidades de fracassar. Empresas que se desviaram do modelo original de seus fundadores tiveram probabilidade 2,3 vezes maior de falir do que outras similares que se mantiveram fiéis ao modelo original. Mesmo um pequeno ajuste era suficiente para provocar grandes problemas. Mais de metade das empresas que alteraram seus modelos fizeram apenas uma mudança, como passar a contratar com base no potencial em vez de na capacidade, mas mesmo assim sofreram. A adoção de um novo modelo aumentou a rotatividade de mão de obra em mais de 25%. Muitos funcionários que se sentiam parte da equipe decidiram que era hora de sair em busca de novos desafios. E no caso das companhias que trocaram de modelo e conseguiram ter sucesso suficiente para chegar à Bolsa de Valores, nos três anos seguintes o valor de suas ações cresceu quase três vezes mais devagar do que as daquelas que permaneceram fiéis ao modelo original. No cômputo geral, trocar de modelo revelou ter um impacto mais negativo do que substituir o fundador por outro líder. E aqui vai o mais surpreendente: os efeitos negativos dessa mudança foram mais pronunciados em empresas com modelo comprometido.

máximas sobre como pensar e agir em qualquer situação que se pode encontrar no trabalho ou na vida, caso queira realizar feitos relevantes e construir relações pessoais significativas.

Esses princípios já foram baixados na internet mais de 2 milhões de vezes. Vão do filosófico ("Entenda que você não tem motivo para temer a verdade") ao prático ("Reconheça que uma mudança de comportamento típica leva cerca de 18 meses de esforço constante"). Novos funcionários são contratados com base em uma avaliação de sua adequação ao modo de agir esboçado nos princípios. São treinados em um campo de exercícios intensivos de inspiração militar, no qual são levados a debater e refletir sobre os princípios, a enfrentar situações emocionalmente difíceis para praticá-los e avaliados quanto à capacidade de integrá-los ao seu comportamento. Embora sempre haja muitos debates, a Bridgewater é uma comunidade altamente coesa e unida, ao ponto de seus membros frequentemente se referirem a ela como uma família e ser comum que os funcionários permaneçam por décadas.

A Bridgewater tem uma forte cultura comprometida no volátil mercado financeiro, mas seu desempenho não diminuiu com o passar do tempo. A companhia tem dois fundos principais, ambos com resultados excelentes e consistentes ao longo de duas décadas. Foi reconhecida por proporcionar maiores ganhos a seus clientes do que qualquer fundo de cobertura (fundos hedge) da história. Em 2010, os retornos da Bridgewater ultrapassaram a soma dos lucros de Google, eBay, Yahoo e Amazon.

O segredo da Bridgewater é promover a expressão de ideias originais. A empresa tem sido constantemente elogiada por suas estratégias de investimento inovadoras, uma das quais envolveu minimizar o risco por meio de um grau de diversificação muito maior do que o dos fundos de investimento típicos. E, na primavera de 2007, a Bridgewater começou a alertar seus clientes sobre a crise financeira iminente. De acordo com a revista *Barron's*, "ninguém estava mais bem preparado para a quebra do mercado global".

No mundo dos investimentos, você só consegue ganhar dinheiro se pensar de forma diferente de todo mundo. A Bridgewater evitou o pensamento de grupo estimulando todos os funcionários da companhia a apresentar opiniões divergentes.[14] Quando os funcionários trocam pontos de vista independentes em vez de se conformarem com a maioria, há uma chance muito maior de que a Bridgewater tome decisões de investimento que nunca antes haviam sido consideradas e identifique tendências financeiras sem precedentes. Isso lhe permite estar certa quando todo o resto do mercado erra.

Meu objetivo não é analisar as brilhantes decisões de investimento da Bridgewater, mas examinar mais a fundo a cultura que dá suporte a essas decisões. Tudo começa com o bilionário que fundou a empresa, Ray Dalio. Embora já tenha sido chamado de Steve Jobs dos investimentos, os funcionários não se comunicam com ele como se falassem com alguém especial. Eis um e-mail que Jim, da área de atendimento, enviou a Dalio depois de uma reunião com um importante cliente em potencial:

Ray, você merece uma nota 3 por seu desempenho hoje (...). Você tagarelou por 50 minutos (...). Ficou óbvio para todos que não estava preparado para a reunião, porque, se estivesse, não teria se mostrado tão desorganizado quando a conversa começou. Nós dissemos que esse cliente em potencial tinha sido identificado como do tipo que não dá para perder (...). Hoje foi muito ruim... Não podemos deixar isso acontecer de novo.

Em uma empresa típica, enviar um e-mail tão crítico para o chefe seria como assinar a carta de demissão. No entanto, em vez de reagir defensivamente, Dalio respondeu perguntando aos demais presentes na reunião suas opiniões sinceras e pedindo-lhes uma nota de 10 a 0 para seu desempenho. Em seguida, em vez de esconder o erro ou atacar o autor da mensagem, o co-CEO da Bridgewater copiou a troca de emails para a empresa inteira, a fim de que todos aprendessem com a conversa.

Em muitas organizações, as pessoas só dão feedback negativo por trás de portas fechadas. Como aconselhou Jack Handey em um de seus "Pensamentos profundos" no *Saturday Night Live*, antes de criticar qualquer pessoa você deve calçar os sapatos dela e caminhar por um quilômetro.[15] Assim, quando a criticar, estará a um quilômetro de distância e de posse de seus sapatos.

Na Bridgewater, espera-se que os funcionários externem suas preocupações e críticas diretamente uns aos outros. "Não deixe a 'lealdade' atrapalhar a verdade e a sinceridade", escreveu Dalio nos princípios. "Ninguém tem o direito de ter uma opinião crítica sem torná-la pública." Em uma empresa típica, as pessoas são punidas por levantar divergências. Na Bridgewater, elas são avaliadas nesse quesito – e podem até ser demitidas se não contestarem o status quo.

Culturas fortes existem quando os funcionários são intensamente comprometidos com um conjunto compartilhado de valores e normas, mas seu efeito depende de quais são esses valores e normas. Se você quer construir uma cultura forte, é imprescindível tornar a diversidade um de seus valores fundamentais. É isso que diferencia a cultura forte da Bridgewater de uma seita: o compromisso é com a promoção da divergência. Na admissão, em vez de usar o critério da adequação para avaliar a afinidade cultural, a Bridgewater avalia a contribuição cultural.* Dalio quer pessoas capazes de pensar diferente e enriquecer a cultura da empresa. Ao encarregá-las de divergir, alterou profundamente o modo como elas tomam decisões.

Em uma seita, os valores fundamentais são dogmas. Na Bridgewater, espera-se que os funcionários questionem até os próprios princípios. Durante o treinamento, quando os aprendem, ouvem frequentemente a pergunta: você concorda? "Nós temos esses padrões que passaram pelo teste do tempo e você precisa trabalhar de acordo com eles ou então discordar e lutar por princípios melhores", explica Zack Wieder, que trabalha com Dalio na codificação dos princípios.

Em vez de caber às pessoas com mais experiência ou status, como no caso da Polaroid, as decisões na Bridgewater são baseadas na qualidade. A meta é criar uma meritocracia de ideias em que as melhores vençam. Mas, para começo de conversa, para que seja possível ter as melhores ideias postas na mesa, é necessário adotar uma transparência radical.

Mais tarde vou contestar alguns dos princípios de Dalio, mas primeiro quero falar das armas que ele usou para declarar guerra ao pensamento de grupo.

O diabo que você conhece

Depois do desastre da Baía dos Porcos, o presidente Kennedy pediu que seu irmão Robert argumentasse contra as opiniões majoritárias e ponderasse cada ideia. Quando Irving Janis analisou a doença do pensamento de grupo, um dos principais remédios que receitou foi a nomeação de um advogado do diabo. A prática remonta a 1587, quando o Papa Sisto V instituiu

---

* Se você contratar pessoas que se encaixem em sua cultura, terminará com um grupo de pessoas que reforçam, em vez de contestar, os pontos de vista umas das outras. "A adequação cultural tornou-se uma nova forma de discriminação", descobriu a socióloga Lauren Rivera, da Universidade de Northwestern.[16] Com muita frequência, ela é um "guarda-chuva usado para justificar a contratação de quem é parecido com os tomadores de decisão e a rejeição de quem não é". Na IDEO, a empresa de consultoria de design que criou o mouse para a Apple, os administradores jogaram no lixo a adequação cultural, preferindo se concentrar em como os candidatos podem aprimorar a cultura.[17]

um novo processo de avaliação dos candidatos à santidade na Igreja Católica Romana. Ele designou um *promotor fidei*, ou promotor da fé, para se opor a todas as canonizações por meio da avaliação crítica do caráter dos candidatos e a contestação dos alegados milagres que eles teriam feito.[18] O promotor da fé se opunha ao *advocatus Dei*, o advogado de Deus, e veio a ficar conhecido como advogado do diabo. Meio milênio depois, ainda é isso que a maioria dos líderes faz para estimular o dissenso: trazer para o grupo alguém que se oponha à maioria. Mas Charlan Nemeth demonstra que estamos fazendo isso do modo errado.

Em um experimento inspirado pelo trabalho de Nemeth, mais de 200 homens de negócios e administradores públicos alemães foram designados como representantes de empresas que desejavam se transferir para o exterior.[19] Eles podiam escolher entre dois países – digamos, Peru e Quênia – e, depois da leitura de alguns textos informativos iniciais, tinham que escolher um dos dois. Os que escolheram o Peru iam então formar um grupo com dois outros participantes que compartilhavam sua opção e, antes de tomar a decisão final, todos tiveram acesso a uma dúzia de artigos com informações mais detalhadas sobre cada país. Metade dos artigos recomendava o Peru e metade recomendava o Quênia, mas eles não tinham tempo para ler todos.

Os participantes escolheram ler 26% mais artigos que favoreciam o Peru. É aquilo que os psicólogos chamam de viés de confirmação: quando você já tem uma preferência, busca informações que a corroborem e tende a descartar as que possam contrariá-la.

No entanto, será que esse viés mudaria quando a um dos membros do grupo era atribuído ao acaso o papel de advogado do diabo? Sua função era contestar a preferência da maioria pelo Peru, identificando as desvantagens do país e questionando os pressupostos do grupo.

Com um advogado do diabo presente, os gestores tornaram-se mais equilibrados: leram apenas 2% mais artigos pró-Peru do que pró-Quênia. No entanto, a contribuição da voz dissonante acabou não sendo suficiente para fazê-los mudar de ideia. Eles agiram de forma a agradar ao advogado do diabo escolhendo os artigos de forma mais equilibrada, mas a confiança na preferência original caiu apenas 4%. Por causa do viés de confirmação, eles se deixaram persuadir pelos argumentos que sustentavam sua escolha e descartavam os demais. Para superar uma preferência majoritária, os grupos precisam considerar mais artigos contra ela do que a seu favor.

Se ter um advogado do diabo não funciona, o que funcionará?

Os pesquisadores formaram outros grupos em que dois gestores favoreciam o Peru, mas o terceiro membro, em vez de ser alguém designado como advogado do diabo para defender o Quênia, era alguém que realmente preferia o Quênia. Esses grupos selecionaram 14% mais artigos *contra* a preferência da maioria do que a favor. E acabaram ficando 15% menos confiantes em sua preferência original.

Embora possa ser tentador *nomear* um advogado do diabo, é muito mais eficaz *desencavar* um. Quando são designadas para divergir, as pessoas estão apenas cumprindo um papel. Isso provoca dois problemas: elas não argumentam com a necessária ênfase ou consistência a favor do ponto de vista minoritário e os outros membros do grupo têm menos chances de levá-las a sério. "Divergir por divergir não adianta. Também não adianta quando a divergência é de mentirinha – por exemplo, em uma encenação", explica Nemeth. "A divergência não adianta quando é motivada por quaisquer considerações que não sejam a procura da verdade ou das melhores soluções. Quando é autêntica, porém, estimula o pensamento, esclarece e fortifica."

O segredo do sucesso é a sinceridade, e não é fácil fingi-la. Na verdade, não é fácil fingir sinceridade. Para que os advogados do diabo tenham eficiência máxima, precisam acreditar realmente naquilo que defendem – e o grupo também precisa acreditar que eles acreditam. Em um estudo feito por Nemeth, grupos com uma voz dissidente autêntica geraram 48% mais soluções para problemas do que grupos que tinham um advogado do diabo apenas nomeado para representar esse papel, e as soluções dos primeiros tenderam a ser de qualidade superior. Isso se deu tanto nos casos em que o grupo sabia que o advogado do diabo na verdade pensava como a maioria quanto naqueles em que a opinião real dele era desconhecida. E ainda que o advogado do diabo acreditasse de fato no ponto de vista minoritário, informar aos outros membros que havia sido designado para desempenhar essa função bastava para minar seu poder de persuasão.* Se as pessoas duvidam

---

* À luz das evidências de que a discordância autêntica funciona melhor, perguntei a Nemeth o que ela achava do papel de advogado do diabo dado a Robert Kennedy na crise dos mísseis de Cuba. "Eu acho que o papel de Bobby Kennedy ali era o de garantir um processo em que cada possibilidade fosse questionada", respondeu ela. "O que ele fez foi pelo menos levar os outros a fingirem que reconsideravam suas posições – no mínimo, tendo que defendê-las. Eu ainda não acho que isso tenha o mesmo efeito de uma discordância autêntica, mas com certeza era melhor do que um julgamento precipitado." Aparentemente, Robert Kennedy foi menos um típico advogado do diabo do que aquilo que o cientista político Roger Porter, de Harvard, chama de "corretor honesto": alguém que guiava o grupo nos meandros de um processo decisório e que trazia para a mesa diferentes argumentos, ajudando-os a avaliar sua qualidade.

de vozes divergentes escaladas para o papel, quem discorda de forma genuína acaba se colocando nessa mesma posição.

Embora a posição designada seja menos eficaz, trata-se de uma opção atraente porque parece nos proporcionar um álibi. É arriscado contestar de verdade o status quo estando em minoria e, quando se pode argumentar que estamos apenas bancando o advogado do diabo, nós nos sentimos protegidos de críticas e da hostilidade do grupo. Só que não foi isso que Nemeth descobriu. Em comparação com os designados, os dissidentes autênticos não irritam muito mais os membros do grupo – na verdade, chegam a ser um pouco mais apreciados por eles (pelo menos, têm princípios).

Em vez de designar advogados do diabo, a Bridgewater os descobre. Em 2012, Ray Dalio arregimentou dissidentes autênticos ao enviar para todos da companhia uma enquete em que conclamava os funcionários a responsabilizar quem não estivesse expondo suas ideias de forma sincera.

> *Das pessoas com quem você trabalha regularmente, qual o percentual que, em sua opinião, sempre vai dizer o que pensa e lutar para dar sentido às coisas mesmo em meio às maiores dificuldades?*
>
> *Você é uma dessas pessoas?*
>
> *Vamos testar sua sinceridade. Das pessoas com quem você trabalha, quais não estão fazendo sua parte na luta pela verdade? (Cite três nomes.)*
>
> *Você já disse isso a elas? Em caso negativo, por que não?*

Dalio incluiu um convite aberto para que os funcionários manifestassem outras opiniões. À medida que as respostas iam chegando, ficou claro que o exercício era excepcionalmente polarizador em uma empresa com forte consenso sobre princípios. Alguns funcionários se opuseram à ideia de citar nomes. Outros queixaram-se do formato. Uma pessoa disse que aquilo estava "muito mais para Alemanha nazista do que para meritocracia de ideias". Outra comentou que "a enquete de hoje é ultrajante... Está me pedindo que nomeie três pessoas para um feedback que é específico demais e muito tendencioso, e o faz em um formato que, além de altamente impessoal, está no limite da canalhice".

Outros funcionários, porém, tiveram a reação oposta: sentiram que a Bridgewater estava pondo em prática os princípios que defendia. Se havia pessoas que agiam sem sinceridade, elas estavam prejudicando o núcleo da cultura da empresa. Um escreveu que a enquete o "fez refletir" e "provocou conversas – alguém me mandou um e-mail dizendo que listara meu nome entre os que não lutam pela verdade – e nos pôs em sintonia". Outro admitiu que "este é provavelmente o mais difícil e mais valioso dever de casa que eu fiz nos últimos dois anos".

Dalio adorou a cacofonia, que propiciou aos dois lados do debate uma oportunidade de aprendizado. Em vez de designar um advogado do diabo, ele estava revelando áreas reais de discordância. "A maior tragédia da humanidade", diz Dalio, "deriva da incapacidade que as pessoas têm de discordar de forma consciente para descobrir a verdade." Por meio do debate aberto, ele espera que os funcionários reconciliem suas diferenças. Em vez de chegar ao consenso porque algumas pessoas possuem excesso de confiança e outras têm medo de abrir a boca, a equipe entra em sintonia quebrando o pau. Nas palavras do futurista Paul Saffo, a regra é "ter opiniões fortes e sustentá-las de forma branda".[20]

Para pôr as pessoas em sintonia sobre suas visões conflitantes em relação à enquete, Dalio promoveu um debate. Tentando estabelecer um diálogo equilibrado, selecionou três pessoas com pontos de vista extremamente negativos e três que eram grandes entusiastas da ideia. Dalio se dirigiu a um dos críticos e perguntou sua opinião. O funcionário falou de sua preocupação com a "criação de uma cultura acusatória, algo que poderia soar macarthista". Outro funcionário concordou, argumentando que "citar nomes é uma coisa bastante sem noção".

Um gerente contra-atacou: "Eu acho que sem noção é *não* compartilhar essa informação." A enquete revelara que 40% das pessoas que tinham pensamentos críticos sobre os outros não os haviam externado, ao passo que todos os funcionários preferiam saber sobre as críticas que os outros tivessem. Com umas poucas dezenas de pessoas na sala, o debate pegou fogo por mais de uma hora.

Como fundador de uma empresa que lida com investimentos, por que Dalio gastaria tanto tempo em uma conversa sobre dar nomes aos bois? Porque, se os funcionários forem capazes de chegar a um acordo sobre a garantia de que todos vão expor suas ideias, não haverá muito a temer quanto ao pensamento de grupo. Dalio poderá ter certeza de que os integrantes de sua equipe não se sentirão pressionados a concordar e sorrir sempre que ele externar uma opinião: todos serão radicalmente transparentes ao contestar seus pressupostos sobre os mercados, e farão o mesmo uns com os outros.* As decisões serão tomadas com base na meritocracia de ideias, não em uma hierarquia ou democracia de status.

No fim das contas, revelou-se que 97% dos funcionários da Bridgewater estavam mais preocupados com os riscos da sinceridade deficiente do que com os perigos da sinceridade excessiva. Ao dedicar mais de uma hora a um debate sobre a questão, os funcionários chegaram à conclusão consensual de que precisavam estimular uns aos outros a compartilhar ideias originais. Essa transparência os blindaria contra o pensamento de grupo, permitindo-os evitar incontáveis decisões ruins ao longo do tempo. Construindo uma cultura em que as pessoas estão o tempo todo se incentivando a discordar, Dalio criou uma fórmula poderosa para combater o conformismo. No entanto, o tipo de discordância que ele busca é o exato oposto daquilo que a maioria dos líderes quer receber.

Encontrando o canário na mina de carvão

Se você é um líder conversando com seus funcionários, como preencheria os espaços em branco na frase abaixo?

Não me traga_____,
traga-me_____.

Aprendi sobre essa pergunta com o psicólogo organizacional David Hofmann, que a apresentou quando atuava como membro do comitê de investigação da explosão e do vazamento de petróleo na plataforma Deepwater Horizon, da British Petroleum. Desde então eu a apresentei a milhares de líderes em grupos de trabalho, pedindo-lhes que falassem a frase completa em voz alta. Nunca falha: diversas pessoas gritam em uníssono, como se tivessem ensaiado o coro muitas vezes: "Não me traga problemas, traga-me soluções."

---

* Valorizar a transparência não significa dizer que os funcionários devam emitir opiniões críticas sobre tudo. "É preciso que seja relevante para um objetivo", explica um funcionário. "Você pode dizer a alguém que não gosta de suas roupas, mas vai ser criticado. Que importância tem isso?" Para dar aos funcionários a responsabilidade de serem transparentes, praticamente todas as reuniões e conferências na Bridgewater são gravadas em vídeo. Se você vai criticar uma pessoa, ela merece a oportunidade de aprender com seu ponto de vista. Quando tudo o que você diz é gravado, por que não falar abertamente já que a pessoa vai saber do mesmo jeito? Como funcionário da Bridgewater, se você falar mal de alguém pelas costas, a pessoa vai saber e dizer na sua cara que você é um covarde. Reincida no erro e você pode acabar no olho da rua.

Parece um princípio filosófico sábio para líderes. Não queremos que as pessoas se limitem a reclamar: quando veem algo errado, devem ter a iniciativa de resolver a questão. Como aconselha o pesquisador da área de gestão Jeff Edwards, se você vai dizer ao imperador que ele está nu, é melhor ser um bom alfaiate. Pesquisas abrangentes mostram que os líderes reagem de forma muito mais positiva quando seus funcionários lhes trazem soluções em vez de problemas.[21]

No entanto, quando se trata do pensamento de grupo, há um lado obscuro em incentivar as soluções. Hofmann é uma das maiores autoridades mundiais na criação de culturas organizacionais que detectam, corrigem e evitam erros. Depois que o ônibus espacial *Columbia* explodiu ao reentrar na atmosfera, em 2003, a pesquisa de Hofmann foi fundamental para a análise e a documentação dos avanços na cultura de segurança da Nasa. O questionário de avaliação cultural que ele ajudou a criar foi respondido por todos os funcionários da organização e, desde então, chegou a mais de 200 mil funcionários em mais de mil empresas. Hofmann descobriu que uma cultura excessivamente focada em soluções torna-se uma cultura justificatória, cujo espírito questionador é abafado.[22] Quando se espera que você tenha sempre uma resposta na ponta da língua, você já chega às reuniões com o diagnóstico pronto, perdendo a chance de aprender com um leque amplo de perspectivas. Um dia após a decolagem do *Columbia*, um "objeto misterioso" foi visto flutuando em órbita. Se uma investigação tivesse sido feita, a equipe talvez descobrisse que aquele objeto provocara uma perfuração na asa esquerda e quem sabe resolvesse o problema antes que gases quentes penetrassem na nave.

O discurso advocatício é ótimo se você está sentado no júri de um tribunal. Uma vez que todos os 12 membros tomam conhecimento do processo inteiro, eles podem, chegada a hora de deliberar, começar a debater se o réu é inocente ou culpado. Mas a vida corporativa não funciona como um tribunal, adverte Hofmann. Está mais para um julgamento de 12 horas de duração no qual cada jurado só ouve uma hora de testemunhos – e nenhum deles ouve os mesmos depoimentos. Quando todos os membros de um grupo dispõem de informações diferentes, a investigação precisa vir antes da defesa, ou seja, é preciso levantar os problemas antes de começar a perseguir as soluções. A fim de garantir que os problemas sejam levantados, os líderes precisam de mecanismos para desencavar os dissidentes.

Em 2007, o vice-presidente de operações de equipes do Google, Laszlo Bock, decidiu deslocar as avaliações de desempenho anual de dezembro para março, a fim de evitar o período crítico dos feriados de fim de ano. Sua equipe consultou dezenas de pessoas e decidiu anunciar a mudança para toda a empresa em uma sexta-feira. No fim da tarde de quinta, quando enviou um e-mail aos gerentes para notificá-los, Bock se viu diante de uma avalanche de objeções enfáticas. Depois de responder a centenas de e-mails e 40 telefonemas entre seis da tarde e meia-noite, Bock foi convencido a deslocar as avaliações para outubro. Antes desse feedback, sua equipe havia sido vítima do pensamento de grupo, tendo ouvido apenas opiniões favoráveis de pessoas que pensavam de forma semelhante. "A experiência enfatizou não apenas a importância de ouvir o que os outros têm a dizer, mas também a necessidade de ter um canal confiável para receber essas opiniões antes que as decisões sejam tomadas", escreve Bock no livro *Um novo jeito de trabalhar*.

Para se certificar de que dissidentes autênticos manifestariam suas opiniões com antecedência, a equipe de Bock criou os "Canários", um grupo de engenheiros de confiança, espalhados por diversos setores da empresa, que representam pontos de vista divergentes e têm a reputação de ser, ao mesmo tempo, sensíveis a problemas e sinceros ao expor suas ideias.[23] O grupo ganhou esse nome por causa de uma prática do século XIX de utilizar canários para detectar a presença de gases letais em minas de carvão. Antes de apresentar qualquer mudança significativa nas políticas da casa, a equipe de gestão de pessoas do Google passou a submetê-la à avaliação crítica dos Canários. Eles são metade conselho consultivo, metade grupo de pesquisa qualitativa e tornaram-se uma valiosa garantia de que os funcionários do Google terão suas vozes ouvidas. Ao consultá-los previamente, explica um membro da equipe de Bock, "nossos maiores críticos se tornam nossos melhores advogados".

A Polaroid nunca usou canários de forma sistemática para descobrir problemas. Já a Bridgewater foi projetada para ser uma companhia inteira de canários. Em minha primeira conversa sobre a empresa com uma funcionária que começara em um cargo júnior, ela me disse que era conhecida informalmente como o canário na mina de carvão. Eu esperava que essa condição tivesse sido um entrave para sua carreira, mas, ao contrário, o fato foi destacado como um grande ponto forte em suas avaliações de desempenho e lhe deu credibilidade perante os administradores experientes, que a viam como uma paladina da cultura da casa.

Ray Dalio não quer que os funcionários lhes tragam soluções: espera que lhes tragam problemas. Uma de suas primeiras invenções foi o diário da encrenca, uma base de dados de acesso geral para que os funcionários sinalizassem quaisquer problemas e os classificassem de acordo com a gravidade. Fazer os problemas serem notados é meio caminho andado na batalha contra o pensamento de grupo. A outra metade é ouvir as opiniões corretas sobre como solucioná-los. O que a Bridgewater faz para conseguir essa segunda parte é reunir um grupo de pessoas com credibilidade para diagnosticar os problemas e trocar ideias sobre eles, investigando suas causas e possíveis soluções.

Embora as opiniões de todos sejam bem-vindas, nem todas têm o mesmo peso. A Bridgewater não é uma democracia. A votação privilegia a maioria, ainda que a melhor opinião possa estar com a minoria. "Tomadas de decisão democráticas – cada pessoa, um voto – são burras", explica Dalio, "porque nem todo mundo merece o mesmo crédito."*

Na Bridgewater, cada funcionário tem um índice de credibilidade baseado em diversos fatores. No esporte, as estatísticas sobre o desempenho histórico de cada jogador são públicas. No beisebol, antes de contratar um atleta, você pode consultar sua média de rebatidas, *home runs* e roubadas de base, avaliar seus pontos fracos e fortes – e proceder de acordo com essas informações. Dalio queria que a Bridgewater funcionasse do mesmo jeito, então criou "cartões de beisebol" contendo os dados de desempenho de cada funcionário, disponíveis para qualquer pessoa da empresa. Se você estiver prestes a ter contato com um grupo de colegas da Bridgewater pela primeira vez, pode acessar as estatísticas deles em 77 quesitos relativos a valores, habilidades e competências em áreas como pensamento abstrato, pensamento

---

* A futilidade da votação democrática como processo de tomada de decisão está clara desde o fiasco da Baía dos Porcos, quando o presidente Kennedy silenciou a oposição propondo que todos os presentes votassem. Tendo aprendido com aquela experiência, Kennedy procurou, durante a crise dos mísseis de Cuba, trazer mais opiniões divergentes para a mesa. A fim de evitar que, por razões políticas, o comitê se inclinasse pela opção que mais agradasse a ele mesmo, Kennedy limitou seu próprio papel no processo de tomada de decisão, o que obrigou o grupo a fazer uma avaliação mais equilibrada, levando em conta um leque maior de possibilidades. Como dizem os psicólogos Andreas Mojzisch e Stefan Schulz-Hardt, "conhecer a preferência dos outros degrada a qualidade das decisões em grupo".[24] Em seguida, em vez de discutir uma alternativa de cada vez, eles compararam e contrastaram umas com as outras. As evidências mostram que quando os grupos consideram uma opção de cada vez, uma preferência majoritária pode aparecer cedo demais. É melhor fazer um ranking das opções, pois uma comparação entre, digamos, a terceira e a quarta pode trazer à tona uma informação que altere a decisão por completo. A psicóloga Andrea Hollingshead descobriu que, quando são instruídos a elaborar um ranking das alternativas, em vez de simplesmente escolher uma preferida, os grupos têm maiores chances de considerar cada opção, trocar informações sobre as menos populares e tomar uma boa decisão.[25]

prático, manutenção de padrões elevados, determinação, abertura mental conjugada com assertividade, organização e confiabilidade.

Durante os ciclos regulares de avaliação, os funcionários dão notas uns aos outros em quesitos como integridade, coragem, sinceridade, capacidade de pegar o touro à unha, intolerância aos problemas, disposição para tocar em pontos sensíveis, esforço em prol da sintonia coletiva e responsabilização dos colegas por seus atos. Entre um ciclo e outro, os funcionários podem dar um feedback público e em tempo real para qualquer um da companhia. A qualquer momento, podem submeter uma pontuação ou observação, avaliando colegas, chefes ou subordinados de acordo com a métrica da casa e dando breves explicações sobre o que observaram. Os cartões de beisebol criam uma "imagem pontilhista" dos membros da equipe, na qual se juntam os ciclos de avaliação e as pontuações avulsas, além de outras revisões variadas às quais os funcionários se submetem. Os cartões mudam ao longo do tempo, revelando quem está mais bem preparado para jogar em cada posição e atribuindo a setores da empresa sinais de "pode confiar" e "cuidado", com luzes verdes e vermelhas.

Quando você expressa sua opinião, o peso dela é definido de acordo com a credibilidade que você estabeleceu no quesito em questão. Sua credibilidade indica sua probabilidade de estar certo no presente e se baseia em sua capacidade de julgamento, sua ponderação e seu comportamento no passado. Ao apresentar seus pontos de vista, espera-se que você leve em conta a própria credibilidade e diga aos ouvintes quão confiante se sente. Se tem dúvidas e não é conhecido por ter muito crédito naquela área específica, nem deveria dar uma opinião: é melhor que faça perguntas a fim de aprender. Se estiver expressando uma convicção firme, deve fazê-lo de forma direta e franca – mas saiba que seus colegas vão querer testar a qualidade de seus argumentos. Mesmo nesse caso, espera-se que você seja assertivo e aberto ao mesmo tempo. Como aconselha o estudioso da área de gestão Karl Weick: "Argumente como se estivesse certo e ouça como se estivesse errado."[26]

Quando os princípios colidem

O que acontece, porém, quando pessoas de credibilidade discordam? No verão de 2014, a Bridgewater fez uma pesquisa anônima a fim de descobrir pontos de divergência que não tinham vindo à tona. Quando o co-CEO Greg Jensen comandou um encontro geral para discutir os resultados, uma funcionária, "Ashley", comentou que algumas pessoas estavam interpretando mal os princípios da Bridgewater. Greg lhe perguntou se ela estava corrigindo essas pessoas quando o faziam, e Ashley mencionou ter chamado recentemente a atenção de alguém.

Ao falar publicamente sobre um problema, Ashley estava exemplificando um dos princípios da Bridgewater. No entanto, em vez de reagir à essência de seu comentário, Greg a repreendeu por violar outro princípio da Bridgewater: o que enfatiza a importância de compreender a diferença entre a visão da floresta e a visão das árvores, e do momento certo de privilegiar cada uma. Ele queria uma síntese de como ela lidara com aquelas situações em geral, não um relato sobre uma ocasião específica.

Uma gerente sênior, Trina Soske, achou que Greg tomara uma decisão ruim do ponto de vista da liderança. Embora ele estivesse tentando seguir um princípio da Bridgewater, ela temia que Ashley e outros funcionários se sentissem desestimulados a falar no futuro. Na maioria das organizações, sendo Greg um superior hierárquico, uma gerente na posição de Trina ficaria calada e iria para casa pensando que seu chefe era um cretino. Mas Trina escreveu um feedback honesto para toda a empresa ler. Elogiou Ashley por ter a coragem e a integridade de se pronunciar e advertiu Greg de que a resposta dele "sinalizava o exato oposto daquilo que você, como CEO, deveria construir".

Em uma empresa típica, a opinião de um líder sênior como Greg prevaleceria sobre a de Trina, que veria sua carreira ameaçada por tê-lo criticado. Mas na Bridgewater ela não foi punida, e a resolução do caso não se baseou em critérios como autoridade, tempo de casa, idade – ou quem falava mais alto. Começou com um debate via e-mail: Greg discordou do ponto de vista de Trina, pois sentia ter sido aberto e direto. Afinal, o princípio número 3 diz que ninguém tem o direito de ter uma opinião crítica sem exteriorizá-la. Mas Trina tinha ouvido duas outras pessoas criticarem o comportamento de Greg em conversas informais. "O impacto de abafamento das vozes tem mais a ver com aquilo que você não vê e não ouve", escreveu ela. Trina temia que o comportamento de Greg estimulasse o pensamento de grupo, levando as pessoas a ficarem caladas em vez de desafiarem os líderes. Greg fincou pé: ao permitir que as pessoas falassem dele pelas costas, Trina estava deixando de responsabilizar os colegas por não o confrontarem com suas críticas. Ela lhes permitira violar um dos princípios da Bridgewater, agindo como "covardes".

É extremamente raro ver um líder sênior aberto a esse tipo de debate ponderado, mas menos comum ainda é o que Greg fez em seguida. "Duvido que a gente consiga resolver isso sozinhos", escreveu a Trina, copiando todo o grupo de gerentes, um time de pessoas que haviam estabelecido sua credibilidade como líderes. "É como recorrer a um juiz ou mediador", explica Dalio. Ao submeter a discordância a eles, Greg permitia que a meritocracia de ideias decidisse quem estava certo.

Em vez de deixar a solução do problema com o grupo de gerentes, porém, Dalio pediu a Greg e Trina que colaborassem para tornar o conflito um caso para toda a Bridgewater decidir. Além de tornar o debate deles transparente, isso os forçou a compreender melhor o ponto de vista um do outro, em vez de simplesmente defender as próprias posições. Quando o caso estava pronto, Greg e Trina bolaram questões a serem submetidas a toda a companhia, a fim de prolongar o processo de investigação.

Muitos meses depois de o fato ter acontecido, a questão ainda era discutida, e a equipe de dados se preparava para compartilhar as informações sobre as reações dos funcionários. No entanto, "resolver a questão propriamente dita é, sob certos aspectos, menos importante do que compreender o caminho para resolver coisas desse tipo no futuro, e chegar a um acordo sobre ele", explica Zack Wieder. "Ninguém (inclusive nosso CEO) tem o monopólio da verdade."

Não posso deixar de imaginar: se os líderes da Polaroid tivessem chamado de "covardes" os funcionários que falavam dos problemas da filmadora instantânea pelas costas de Edwin Land, será que hoje a empresa estaria prosperando? Se a cultura da Nasa permitisse tal tipo de discordância, será que os sete astronautas do ônibus espacial *Columbia* ainda estariam vivos?

Mesmo que sua organização não seja adepta do feedback crítico de baixo para cima, abrir uma temporada de críticas aos líderes pode ser uma forma eficaz de começar a mudar essa cultura. Na empresa de software Index Group, o CEO Tom Gerrity pediu a um consultor que lhe apontasse tudo o que ele fazia de errado na frente de toda a equipe de cerca de 100 pessoas.[27] Com aquele modelo de receptividade ao feedback, funcionários de todos os setores da empresa tornaram-se mais dispostos a contestá-lo – e uns aos outros. Aprendi a fazer algo semelhante na sala de aula. Recolho as impressões anônimas dos estudantes após um mês de aulas, com foco nas críticas construtivas e na sugestão de melhorias e, em seguida, envio por e-mail o conjunto inteiro, palavra por palavra, para toda a turma. Na aula seguinte, resumo o que acredito serem os pontos-chaves, peço feedback sobre minhas interpretações e proponho medidas para resolver os problemas. Os estudantes costumam afirmar que esse diálogo os deixa mais confortáveis para se tornarem participantes ativos no aprimoramento das aulas.

Não é apenas a abertura de Dalio que deixa as pessoas à vontade para questionar os líderes mais seniores. É também o fato de que, no início de seu treinamento, os funcionários são incentivados a questionar os princípios. Em vez de esperar até que tenham experiência, a Bridgewater se revela disposta a vê-los lutando pela originalidade desde o primeiro dia. Na maior parte das organizações, a socialização é um período passivo: ficamos ocupados aprendendo os procedimentos e nos familiarizando com a cultura da casa. E quando nos aquecemos e nos consideramos prontos para acelerar, já estamos cheios de trabalho e começando a ver o mundo a partir do ponto de vista da companhia. O período inicial é o momento perfeito para os funcionários prestarem atenção às oportunidades de melhorar a cultura.

Alguns anos atrás, fui contratado pela Goldman Sachs para identificar os passos necessários para atrair e reter analistas financeiros talentosos e outros parceiros por meio da permissão para que aprimorassem o ambiente de trabalho. Uma das iniciativas que introduzimos foi uma entrevista de admissão. Em vez de esperar para pedir sugestões aos funcionários no momento em que eles deixam a empresa, os gerentes passaram a ter reuniões para perguntar aos novos contratados quais eram suas ideias no instante em que eles chegavam. É mais fácil começar uma relação com a porta já aberta do que forçar sua abertura depois que ela já foi batida na nossa cara.

A hora da verdade

Eu estava ansioso para descobrir por mim mesmo se Ray Dalio tinha semelhanças com Edwin Land. Seria ele muito apegado ao seu modelo organizacional original? Como ele lidava com as contestações aos seus princípios? Eu tinha estudado o caso da Bridgewater o suficiente para desenvolver minhas opiniões críticas. Ao descobrir advogados do diabo genuínos e garantir que o espírito questionador viesse antes da defesa de ideias, a empresa era excepcionalmente boa na prevenção do pensamento de grupo. Mas isso não significava que fosse perfeita.

Não demorei a me ver sentado com Dalio à mesa da cozinha de seu apartamento. No passado, eu teria relutado em expor minhas opiniões. Nunca gostei de conflito, mas o tempo que passara estudando a Bridgewater tinha começado a mudar meu jeito: eu estava me tornando mais direto ao dar feedback crítico, e quem melhor para desafiar do que o patriarca da transparência radical? Eu me convencera de que ninguém tem o direito de ter uma opinião crítica sem externá-la, expliquei a Dalio, e, uma vez que isso era tão valorizado em sua cultura, não economizaria nos golpes. "Sou inofendível", ele respondeu, dando-me sinal verde para ir em frente.

Se eu estivesse no comando, comecei, os princípios da Bridgewater estariam listados de forma hierárquica, do mais importante para o menos relevante. O desentendimento entre Greg e Trina estava centrado em dois princípios diferentes: ser franco em suas críticas e incentivar os outros a serem francos nas deles. Ambos os princípios aparecem na lista, sem nenhuma informação sobre qual deles importa mais. Depois de estudar valores por mais de 40 anos, o psicólogo Shalom Schwartz descobriu que seu objetivo principal é nos ajudar a escolher entre opções conflitantes. "A importância relativa dos diversos valores guia a ação", explica Schwartz.

Apontei a Dalio que, quando as organizações deixam de priorizar os princípios, o desempenho sofre. Em um estudo sobre mais de 100 teatros profissionais, feito pelos pesquisadores Zannie Voss, Dan Cable e Glenn Voss, os líderes atribuíram graus de importância a cinco valores: expressão artística (peças inovadoras), entretenimento (satisfação do público), doação comunitária (políticas de acesso, inclusão e educação), realização (ganhar reconhecimento pela excelência) e desempenho financeiro (viabilidade econômica).[28] Quanto maior era a discordância dos líderes sobre a importância relativa desses valores, menor a receita de bilheteria e o lucro líquido. Não importavam quais eram seus princípios preferidos, desde que estivessem de acordo sobre a importância deles.

Acrescentei que estabelecer a importância relativa é ainda mais essencial quando as organizações têm um grande número de princípios. Em um estudo sobre mais de 150 hospitais, conduzido pelo professor Drew Carton, de Wharton, uma visão sedutora revelou-se necessária, mas não suficiente, para garantir um bom desempenho em saúde e finanças. Quanto mais princípios centrais um hospital enfatizava, menos o fato de existir uma visão forte contribuía. Quando os hospitais tinham mais de quatro valores fundamentais, uma missão clara já não oferecia vantagem alguma na redução das readmissões em casos de ataque cardíaco ou no aumento de retorno sobre os investimentos. Quanto mais princípios você tem, maiores as chances de que seus funcionários prestem atenção em valores diferentes ou interpretem os mesmos valores de forma diversa.[29] Se já estava provado que isso era um problema com 5 ou 10 princípios, não seria um problema ainda maior com 200 ou mais?

"Concordo com você", disse Dalio. "Percebo que posso não ter sido suficientemente claro sobre a hierarquia, que existe, porque esses 200 não são todos iguais. Um princípio é apenas um tipo de evento que se repete e se repete, e como lidar com ele. A vida consiste em bilhões desses eventos, e se você conseguir ir desses bilhões aos 250, pode estabelecer uma conexão do tipo: 'Ah, isso é uma daquelas coisas'."

Uma lâmpada se acendeu em minha cabeça: temos muitas categorias para descrever as personalidades humanas, mas poucas para descrever a personalidade das situações. Agora eu compreendia o valor de ter um grande número de princípios, mas ainda queria saber quais eram os mais importantes.

Alguns anos antes, alguém havia perguntado a Dalio se ele tinha o sonho de que todo mundo vivesse de acordo com seus princípios. "Não. Não, não, não, não, não, não, não. Nããão. Nããão. Absolutamente não. Não. Por favor. Não", foi sua resposta enfática. "Não é este o meu sonho... O princípio número um é que você deve pensar com sua própria cabeça."

Buscar a verdade de forma independente estava no topo da hierarquia de princípios, mas eu queria ver Dalio ir além e fazer um ranking dos demais. O que era mais importante para os líderes: expor abertamente suas opiniões críticas ou se censurar caso houvesse o risco de desencorajar os funcionários menos experientes? "Preciso ser mais claro sobre isso", reconheceu Dalio. Temi que eu o tivesse ofendido, mas ele abriu um sorriso. "Isso é tudo o que você tem?", perguntou. "É o melhor que pode fazer?"

A segunda parte do meu feedback era mais difícil de verbalizar, porque tocava no próprio cerne da meritocracia de ideias, que sustenta que as pessoas lutam pelo que é certo e buscam a verdade. No entanto, os métodos da Bridgewater para decidir qual ideia é a vencedora ficam aquém dos meus padrões de rigor. A abordagem padrão de Dalio para resolver problemas como o desentendimento entre Greg e Trina é encontrar três pessoas com credibilidade e opiniões fortes de cada lado, colocá-las para discutir e debater até chegarem a um acordo. No entanto, isso deixa as decisões dependentes de opiniões subjetivas, que são notoriamente falhas quando usadas como evidências. A credibilidade leva em conta o resultado de testes, avaliações de desempenho e outros julgamentos, mas o componente principal é a opinião de terceiros. Como um funcionário da Bridgewater me disse: "Você conquista credibilidade quando outras pessoas com credibilidade dizem que você tem credibilidade."

Nos séculos desde que a Igreja Católica Romana designou o *promotor fidei* para debater com o *advocatus Dei*, a humanidade desenvolveu uma ferramenta mais poderosa do que o debate para resolver desavenças. Chama-se ciência. No campo da medicina, eu disse a Dalio, há um consenso generalizado entre os especialistas de que a qualidade de uma evidência pode ser classificada em uma escala de um a seis. O padrão-ouro é uma série de experiências randômicas e controladas com resultados objetivos. A evidência menos rigorosa é "a opinião de autoridades respeitadas e comitês de especialistas". Os mesmos padrões são parte de um campo de estudos em expansão, o do gerenciamento baseado em provas e mensuração social, no qual os líderes são incentivados a bolar pesquisas e estudos para coletar informação em vez de confiarem apenas na lógica, na experiência, na intuição e no diálogo.[30]

Se eu estivesse no comando da Bridgewater, teria resolvido o debate entre Greg e Trina fazendo alguns experimentos simples. Em várias reuniões, algumas pessoas seriam escolhidas ao acaso para externar suas críticas. Em certos casos, os líderes criticariam seu discurso, como Greg fizera com Ashley. Em outros, louvariam sua coragem, como Trina queria que Greg tivesse feito. No restante do tempo, fariam as duas coisas ou nenhuma delas. Em seguida, eu mediria com que frequência e destemor os participantes de reuniões futuras verbalizaram suas preocupações. Talvez fosse difícil de executar, mas no mínimo conseguiria mensurar se as pessoas que tinham visto Greg criticar Ashley – ou que reagiram negativamente a isso – estavam se expressando com menos franqueza.

Desta vez Dalio discordou. "Posso estar errado", ressalvou, mas explicou que era a favor do debate entre pessoas com credibilidade por se tratar do modo mais rápido de chegar a uma resposta correta, além de dar a eles mesmos uma oportunidade de aprender com os argumentos um do outro. Dalio testara diversas práticas culturais na Bridgewater ao longo dos anos e, mesmo não se tratando de experimentos controlados, acreditava ter visto o suficiente para ter uma boa ideia do que funciona. Ele acredita que a discordância ponderada e honesta entre especialistas cria um ambiente eficiente para as ideias, permitindo que as melhores vençam com o tempo. Neste ponto, concordamos em discordar. Dalio confia mais do que eu nas opiniões triangulares dos especialistas. Para mim, uma forma de tirar a prova seria atribuir a alguns setores da empresa uma condução baseada no debate entre pessoas com credibilidade e a outros uma política de experimentos sociais – e, em seguida, verificar quais deles tomavam as melhores decisões. Depois, cada setor tentaria o método oposto e os resultados seriam analisados novamente. Como cientista social, minha aposta é de que, na média, os grupos que tomam decisões com base em experimentos têm melhor desempenho do que os que se guiam pelo debate entre especialistas. Mas só as informações poderão dizer.

Deflagradores e modeladores

Reconheça-se que Dalio vem conduzindo a própria investigação. Fascinado por compreender as pessoas que modelam o mundo e ansioso por discernir o que elas têm em comum, ele tem entrevistado vários dos mais influentes originais de nosso tempo, além de estudar personagens históricos como Benjamin Franklin, Albert Einstein e Steve Jobs. Naturalmente, todos eles eram motivados e cheios de imaginação, mas o que me intrigou foram três outras características na lista de Dalio. Os "modeladores" são pensadores independentes: curiosos, inconformistas e rebeldes. Cultivam uma honestidade brutal e não hierárquica. E são capazes de agir diante do perigo porque seu medo de não acertar é maior do que seu medo de errar.

O próprio Dalio se encaixa na descrição e o obstáculo que enfrentará agora é o de encontrar outro modelador para o seu lugar. Se não conseguir, a Bridgewater poderá desaparecer como as fotografias instantâneas da Polaroid. Mas Dalio sabe que evitar o pensamento de grupo envolve mais do que a visão de um único líder. Os maiores modeladores não se limitam a introduzir a originalidade no mundo. Eles criam culturas que deflagram a originalidade nos outros.

8

Balançar o barco e mantê-lo estável

Como controlar a ansiedade, a apatia, a hesitação e a raiva

> *Aprendi que a coragem não era a ausência do medo, mas a vitória sobre ele... O homem corajoso não é aquele que não sente medo, mas aquele que consegue superá-lo.*
>
> – Nelson Mandela[1]

Em 2007, um advogado chamado Lewis Pugh mergulhou no mar Ártico vestindo apenas sunga, touca e óculos de natação. O gelo havia derretido apenas a ponto de não ser mais sólido, e o plano de Pugh era se tornar a primeira pessoa da história a sobreviver a um longo percurso a nado através do polo norte. Vindo da Inglaterra e da África do Sul, Pugh tinha servido no Serviço Aéreo Especial britânico e trabalhado como advogado de direito marítimo antes de se tornar o melhor nadador de águas frias do planeta. Dois anos antes, havia quebrado o recorde mundial de nado de longa distância em mar gelado na maior latitude norte. Mais tarde, no mesmo ano, quebrou o recorde na maior latitude sul ao saltar de um iceberg e nadar por um quilômetro na Antártida.

Pugh, que já foi chamado de urso-polar humano, é capaz de algo que nunca havia sido registrado em outro ser humano: antes de nadar, a temperatura do corpo dele sobe de 37°C para 38,3°C. Seu cientista esportivo cunhou um termo para isso, "termogênese antecipatória", que parece ser fruto de décadas de condicionamento pavloviano: quando se aproxima a hora de mergulhar na água gelada, o corpo de Pugh se prepara automaticamente. O nadador chama isso de arte do autoaquecimento. No entanto, ao contrário de muitos atletas do primeiro time mundial, ele não considera que sua missão seja apenas ser o melhor do planeta e redefinir o que é possível realizar. Pugh é um defensor dos oceanos, um ambientalista que nada para ampliar a consciência das pessoas sobre a mudança climática.

Os passageiros do *Titanic* morreram em água com temperatura de 5°C. No nado de Pugh na Antártida, a temperatura da água era de 0°C, aquela em que a água doce congela. No polo norte ele enfrentou algo ainda mais letal: -1,6°C. Depois de cair naquele mar, um explorador britânico havia perdido alguns dedos por causa de geladuras em apenas três minutos. A equipe de Pugh estimava que ele precisaria nadar por pelo menos 20 minutos para cobrir o percurso. Dois dias antes de tentar a grande façanha, Pugh deu um mergulho de 5 minutos em uma piscina, como treinamento, e perdeu a sensibilidade em toda a mão esquerda e nos dedos da mão direita – condição que se manteria pelos quatro meses seguintes. As células em seus dedos arrebentaram. Além disso, ele estava hiperventilando.

Em vez de visualizar o sucesso, Pugh começou a imaginar o fracasso.[2] *Grandes profundidades não costumam me causar nenhum medo, mas isto é diferente*, pensou. Se fracassasse, morreria, e seu corpo afundaria por mais de 4 quilômetros até tocar o fundo do Ártico. Paralisado de medo, ele começou a questionar se sobreviveria. Será que teria feito melhor em visualizar o cenário mais positivo possível?

Este capítulo examina o drama emocional envolvido na tarefa de nadar contra a maré. Em minha própria pesquisa em uma empresa de seguros de saúde, investiguei quanto os funcionários sabiam sobre estratégias efetivas de controle das emoções, comparando suas respostas com os conselhos de especialistas sobre a melhor forma de lidar com situações emocionalmente desafiadoras como ser rebaixado no emprego, ficar nervoso antes de uma apresentação importante, levar a culpa por um erro ou estar em uma equipe em que os colegas trabalham mal.[3] Aqueles que tiraram as melhores notas no teste emocional eram os mesmos que defendiam com maior frequência ideias e sugestões desafiadoras do status quo – e que por isso eram avaliados como mais eficientes por seus superiores. Eles exibiam coragem para balançar o barco ao mesmo tempo que dominavam as técnicas para mantê-lo estável.

Para compreender essas habilidades, avaliarei como Pugh se aquecia para desafiar a água gelada e como Martin Luther King Jr. treinava os ativistas pelos direitos civis para manter a cabeça fria. Também vou explorar o modo como um grupo de ativistas derrubou um ditador e o que fez um líder da área tecnológica para convencer seus engenheiros a fazerem uma mudança radical em seu produto. Ao estudar estratégias efetivas para controlar as emoções, você descobrirá quando é melhor planejar como um otimista ou como um pessimista, se manter a calma é uma forma de combater o medo, se explodir de raiva pode aplacar a fúria e também o que fazer para manter a determinação quando a sorte está contra você.

O poder positivo do pensamento negativo

Ainda que, vistos de fora, muitos originais pareçam modelos de convicção e confiança, sua experiência íntima é temperada por hesitações e insegurança. Ao descrever as decisões mais difíceis que tinham tomado no cargo, grandes líderes governamentais americanos recordaram dificuldades não com problemas complexos, mas com escolhas que requeriam coragem.[4] E uma nova pesquisa conduzida pelo professor Scott Sonenshein, da Universidade de Rice, indica que mesmo os mais dedicados ambientalistas lutam com uma incerteza constante sobre se conseguirão ter sucesso em suas missões.[5] Escolher desafiar o status quo significa encarar uma batalha difícil, e é provável que haja derrapadas, obstáculos e retrocessos ao longo do caminho.

A psicóloga Julie Norem estuda duas estratégias diferentes para lidar com esses desafios: o otimismo estratégico e o pessimismo defensivo.[6] Os otimistas estratégicos preveem o melhor, mantêm-se calmos e com expectativas elevadas. Os pessimistas defensivos esperam o pior, sentem-se ansiosos e imaginam tudo o que pode dar errado. Se você é um pessimista defensivo, cerca de uma semana antes de fazer aquele grande discurso você se convence de que está fadado ao fracasso. E não só um fracasso comum: você vai tropeçar no palco e esquecer tudo o que tem a dizer.

A maioria das pessoas imagina que é melhor ser um otimista estratégico do que um pessimista defensivo. No entanto, Norem descobriu que, embora os pessimistas defensivos sejam mais ansiosos e menos autoconfiantes em tarefas analíticas, verbais ou criativas, seu desempenho é tão bom quanto o dos otimistas estratégicos. "A princípio, eu me perguntava como aquelas pessoas conseguiam se sair tão bem *apesar* de seu pessimismo", escreve Norem. "Não demorei a me dar conta de que elas estavam se saindo bem *por causa* de seu pessimismo."

Em uma experiência, Norem e um colega pediram às pessoas que atirassem dardos depois de serem instruídas aleatoriamente a imaginar um desempenho perfeito na tarefa, um desempenho ruim ou a apenas relaxar. Os pessimistas defensivos se saíam 30% melhor no lançamento dos dardos quando visualizavam cenários negativos do que quando imaginavam resultados positivos ou relaxavam. Em outra experiência, envolvendo uma tarefa que exigia concentração e precisão, os pessimistas defensivos foram 29% mais precisos quando não eram encorajados do que quando lhes diziam que iriam se sair muito bem. (As mesmas palavras de incentivo melhoraram o desempenho dos otimistas estratégicos em 14%.) E, ao se submeterem a um teste de matemática mental no qual precisavam fazer somas e subtrações de cabeça (contas como 23 - 68 + 51), os pessimistas defensivos tiraram notas 25% mais altas quando tinham feito uma lista com as piores coisas que poderiam ocorrer durante o teste – e como se sentiriam por causa delas – do que quando apenas se distraíam.

"O pessimismo defensivo é uma estratégia usada em situações específicas para controlar a ansiedade, o medo e a preocupação", explica Norem. Quando a insegurança bate, os pessimistas defensivos não se deixam dominar pelo medo. Imaginam de modo deliberado um cenário desastroso, a fim de intensificar sua ansiedade e convertê-la em motivação. Ao considerarem o pior, sentem-se motivados a evitá-lo, levando em conta cada detalhe relevante para se assegurarem de que não vão se estrepar, e isso lhes dá uma sensação de controle. A ansiedade atinge o ápice antes do evento, de modo que, quando o momento crucial chega, estão prontos para se sair bem. A confiança dos pessimistas defensivos vem não de ignorar ou se iludir sobre as dificuldades que têm diante de si, mas de uma avaliação realista da situação e de um planejamento exaustivo. Quando não ficam ansiosos, tornam-se autocomplacentes. Quando são incentivados, perdem o estímulo para planejar. Se você quiser sabotar o desempenho de um pessimista defensivo crônico, basta deixá-lo feliz.

Em geral, Lewis Pugh era um otimista: enxergava possibilidades onde ninguém mais via e perseverava quando os outros desistiam. No entanto, nas semanas anteriores a seus grandes feitos, costumava agir como um pessimista defensivo. Muito da inspiração dele vinha não das expectativas elevadas de sua própria equipe, mas do desestímulo dos céticos. Dois anos antes, quando se preparava para quebrar o recorde no polo norte, sua motivação havia se alimentado do fato de um homem lhe dizer que aquilo era impossível e que ele morreria. Antes de outra prova importante, lembrou-se dos céticos e imaginou-os comemorando seu fracasso com os amigos. "Ser o primeiro a cumprir um percurso a nado é exponencialmente mais difícil do que ser o segundo. Você não sabe o que vai acontecer. O medo pode ser incapacitante", escreve ele.

Tremendo de frio no polo norte, os instintos de Pugh o alertavam da "calamidade que estava prestes a se desenrolar". Mas, em vez de tentar se animar, ele achava que aquele pensamento negativo tinha a vantagem de "mostrar onde as coisas podem dar errado, além de livrá-lo da autocomplacência". Projetar o pior cenário possível o impelia a se preparar meticulosamente e reduzir ao mínimo cada um dos riscos possíveis.* Ele começou a fazer planos de ficar menos tempo no gelo antes de nadar e de voltar para o barco imediatamente depois. "O segredo é transformar o medo em aliado", observa. "O medo o obriga a se preparar de modo mais rigoroso e perceber os possíveis problemas mais rapidamente." Esses eram passos importantes, mas não seriam suficientes para mantê-lo em ação. Como você verá, o pessimismo defensivo é um recurso valioso quando o compromisso com a tarefa é sólido. Quando o compromisso vacila, a ansiedade e a dúvida podem ser tiros pela culatra.

Não deixe de acreditar

Quando pessoas comuns enumeram seus medos, existe um que costuma ser mais citado do que a morte: falar em público.[7] Como brinca Jerry Seinfeld: "Se você tem que comparecer a um funeral, é melhor estar no caixão do que fazendo o elogio fúnebre."

Se quisermos entender como lidar com o medo, não precisamos ameaçar a vida das pessoas: basta ameaçá-las com a perspectiva de subir ao palco. Alison Wood Brooks, professora da Harvard Business School, pediu a seus estudantes de graduação que fizessem um discurso persuasivo sobre por que seriam funcionários colaborativos no trabalho. Um avaliador crítico estaria na plateia e todos os discursos seriam filmados. Uma comissão de colegas

---

* Pesquisas demonstram que, quando o discurso de posse dos presidentes americanos destacam pontos positivos sobre o futuro, as taxas de emprego e de crescimento do PIB decaem durante seus mandatos. Quando os presidentes são otimistas demais, a economia piora.[8] Pensamentos negativos podem dirigir nossa atenção para os problemas potenciais, mas sua ausência está associada ao fracasso em tomar medidas preventivas e corretivas.

seria designada mais tarde para avaliar o poder de persuasão e a confiança de cada um. Com apenas dois minutos para se preparar, muitos dos estudantes estavam visivelmente trêmulos.

Se você estivesse nessa situação, como administraria seu medo? Quando Brooks pediu conselhos sobre isso a 300 trabalhadores americanos, a recomendação mais comum foi: "Tente relaxar e ficar calmo." Essa é a sugestão mais óbvia, defendida por mais de 90% dos profissionais. Ainda assim, não é a melhor.

Antes que os estudantes fizessem seus discursos, Brooks lhes pediu que dissessem duas palavras em voz alta. Separados ao acaso, alguns tinham que dizer "Estou calmo", e outros, "Estou animado".

Essa única palavra – *calmo* ou *animado*[9] – foi suficiente para alterar significativamente a qualidade dos discursos. Quando os estudantes rotulavam suas emoções como animação, seus discursos foram considerados 17% mais persuasivos e 15% mais confiantes do que os dos estudantes que se disseram calmos. Interpretar o medo como animação também os motivou, aumentando a duração média de seus discursos em 29%: eles tiveram a coragem de passar 37 segundos a mais no palco. Em outro experimento, no qual estudantes se mostravam nervosos antes de fazer um teste difícil de matemática, o desempenho foi 22% melhor quando lhes diziam "Tente ficar animado" do que quando lhes diziam "Tente ficar calmo".

Mas será que redefinir o medo como animação é a melhor forma de lidar com o nervosismo? Para descobrir se não seria melhor simplesmente admitir a ansiedade, Brooks deu aos estudantes outra tarefa assustadora: mandou-os cantar rock dos anos 1980 em público.

De pé diante de um grupo de colegas, os estudantes soltavam a voz no microfone cantando a música "Don't Stop Believin'", da banda Journey. Um programa de reconhecimento de voz do Nintendo Wii automaticamente avaliava as performances em uma escala de precisão de 0 a 100, levando em conta volume, afinação e duração das notas. Notas altas valiam um bônus. Antes que começassem a cantar, Brooks separou-os aleatoriamente entre os que deviam dizer "Estou ansioso" e "Estou animado".

Um grupo de controle que não disse nada antes de cantar teve uma nota média de 69. Rotular a emoção de ansiedade reduziu-a para 53: em vez de ajudar os estudantes a aceitar o medo, aquilo havia reforçado a sensação de estarem temerosos. Chamar o que sentiam de animação foi suficiente para elevar a nota para 80.

Por que ficar animado funciona melhor na superação do medo do que tentar manter a calma? O medo é uma emoção intensa: você sente o coração batendo forte e o sangue pulsando nas veias. Nesse estado, tentar relaxar é como frear bruscamente um carro que está a mais de 120 quilômetros por hora: o veículo continuará a se deslocar. Em vez de tentar suprimir uma emoção forte, é mais fácil convertê-la em uma emoção diferente – uma que seja tão intensa quanto, mas que nos leve a pisar no acelerador.

Fisiologicamente, temos um sistema de freio e um sistema de aceleração.[10] "Seu sistema de freio o desacelera e o torna cauteloso e vigilante", explica Susan Cain, autora de O poder dos quietos.[11] "Seu sistema de aceleração o deixa ligado e animado." Em vez de pisar no freio, podemos nos motivar diante do medo pisando no acelerador. O medo é caracterizado pela incerteza em relação ao futuro: tememos que alguma coisa ruim aconteça. Mas como ela ainda não ocorreu, há também uma possibilidade, mesmo pequena, de que o resultado seja positivo. Podemos pisar no acelerador se nos concentrarmos nas razões que nos impelem a ir adiante – aquele fragmento de entusiasmo que sentimos quando nos libertamos das amarras sociais e cantamos nossa música.

Quando ainda não nos comprometemos com determinada ação, pensar como um pessimista defensivo pode ser arriscado. Uma vez que ainda não pusemos o coração na tarefa de seguir em frente, visualizar um fracasso deprimente só ativará nossa ansiedade, deflagrando o sistema de freio e nos levando a parar. Nesse caso, se olharmos para o lado positivo, ativaremos o entusiasmo e o sistema de aceleração.

Entretanto, uma vez que já estabelecemos um curso de ação e a ansiedade nos assalta, é melhor pensar como um pessimista defensivo e confrontá-la diretamente. Nesse caso, em vez de tentar transformar preocupações e dúvidas em emoções positivas, podemos acelerar ainda mais se abraçarmos o medo. Se estamos decididos a seguir adiante, imaginar o pior cenário possível nos permite dominar a ansiedade como fonte de motivação, algo que nos prepara para o sucesso. Pesquisas neurocientíficas sugerem que, quando estamos ansiosos, o desconhecido é mais aterrorizante do que o negativo.[12] Como descreve Julie Norem, depois de imaginarem o pior "as pessoas se sentem mais no controle da situação. De algum modo, chegaram ao máximo da ansiedade antes do desafio real. E quando chega a hora de irem para o evento em si, já cuidaram de quase tudo".[13]

Em todas as suas provas prévias na água gelada, Lewis Pugh tivera a convicção inabalável de que teria sucesso. Logo, a estratégia do pessimismo estratégico era eficaz: analisar os perigos potenciais o deixava tão preparado quanto era possível. No polo norte, a abordagem funcionou a princípio, mas, depois daquela desastrosa sessão de treino, "meu sistema de crenças se fez em pedaços... Se 5 minutos naquela água tinham me causado tanta dor e estrago às mãos, o que fariam 20 minutos?". Ele não conseguia se livrar do medo de que a sessão poderia ser fatal: "O que eu senti naquele treino estúpido não se parecia com nada que eu tivesse sentido antes. Não acreditei que eu fosse capaz."

Com a determinação fraquejando, era hora de desligar o pessimismo defensivo e ativar o sistema de aceleração, focando nas razões para nadar. Um amigo lhe deu três ideias estimulantes. Primeiro, eles teriam bandeiras nacionais como marcadores de distância ao longo do percurso, como forma de lembrar a Pugh que 29 pessoas de 10 países haviam contribuído para tornar possível aquela prova. Em ocasiões anteriores, Pugh havia extraído motivação das pessoas que duvidavam dele, mas agora, o amigo disse a ele, deveria "se concentrar nas pessoas que acreditam em você, que inspiraram você". Em segundo lugar, ele deveria olhar para trás e se lembrar de como seus pais o haviam inspirado a cuidar do meio ambiente. Por último, deveria olhar para a frente e pensar no legado que poderia deixar para a luta contra a mudança climática. "Depois de ouvi-lo, a ideia de desistir da prova desapareceu", reflete Pugh. Mergulhou na água gelada e começou a nadar contra a corrente. Exatos 18 minutos e 50 segundos mais tarde, Pugh terminou a prova com sucesso – e não teve nenhuma lesão. Três anos depois, atravessou a nado o mais alto lago do Everest.

O grande desafio de Pugh era controlar o próprio medo, mas muitos originais precisam lidar com as emoções alheias. Quando é o outro que tem receio de agir, como podemos ativar seus sistemas de aceleração?

No verão de 2009, 15 jovens turistas fizeram uma peregrinação a Belgrado, capital da Sérvia. Depois de um passeio pela praça principal da cidade, o guia, um sérvio alto e desajeitado de 30 e poucos anos, os brindou com casos sobre a história recente do país, misturando o preço inflacionado da batata, shows de rock gratuitos e guerras contra os países vizinhos. Mas, à medida que ele ia salpicando seus comentários sobre a Sérvia de referências ao humor do Monty Python e às histórias fantásticas de Tolkien, os turistas foram ficando cada vez mais impacientes. Eles tinham ido a Belgrado para aprender como derrubar o ditador de seu próprio país.

À procura de um método de lutar contra um tirano, perguntaram então ao guia como seus conterrâneos haviam derrotado o ditador sérvio Slobodan Milosevic. Não é preciso correr grandes riscos, disse-lhes o homem. É possível demonstrar sua resistência por meio de pequenos atos – dirigir mais devagar do que o habitual, atirar bolas de pingue-pongue nas ruas ou jogar corante culinário nas fontes para dar à água uma aparência diferente. Os estrangeiros desdenharam de seus conselhos: ações tão triviais nem chegariam a arranhar o poder. Nunca daria certo em nosso país, um dos turistas insistiu. Se desafiassem seu ditador, disse uma mulher, ele simplesmente faria todos desaparecerem. Como poderiam ao menos planejar uma revolução, se o homem decretara que era ilegal as pessoas se reunirem em grupos de mais de três?

Eles não sabiam, mas o guia já ouvira todas essas objeções antes. Ele as ouvira em 2003 de ativistas da Geórgia, em 2004 de ativistas da Ucrânia, em 2005 de ativistas do Líbano e em 2008 de ativistas da República das Maldivas. Em todos os casos, eles haviam conseguido superar o medo e a apatia e derrubar seus respectivos ditadores.

O guia turístico, Srdja Popovic, treinara todos eles.

Popovic era um dos cérebros por trás do Otpor!, o grupo jovem de não violência que deu início ao movimento que derrotou Milosevic. Uma década antes, ele havia passado pelos sofrimentos da limpeza étnica e da lei marcial, vendo com horror o prédio em que a mãe morava ser bombardeado. Foi preso, encarcerado e surrado. Sua vida inteira passou diante de seus olhos quando um agente da lei enfiou o cano de uma pistola em sua boca.

Quando o psicólogo Dan McAdams e seus colegas pediram a adultos que contassem a história de suas vidas e traçassem suas trajetórias emocionais ao longo do tempo, descobriram dois padrões desejáveis distintos. Algumas pessoas tinham experiências constantemente agradáveis: na maior parte do tempo, estavam contentes. Mas as pessoas que eram reconhecidas por terem feito algum tipo de contribuição original para a comunidade compartilhavam mais histórias que começavam de forma negativa e depois melhoravam: lutavam com dificuldade no início e só triunfavam no final. Embora tivessem enfrentado um maior número de eventos negativos, essas pessoas relatavam maior satisfação com suas vidas e um sentido mais forte de propósito. Em vez de apenas aproveitarem a boa sorte do princípio ao fim, haviam encarado a batalha de transformar o que era ruim em algo bom – e consideravam isso um caminho mais recompensador para uma vida bem vivida. A originalidade pode ser uma estrada mais acidentada, mas nos deixa mais felizes e com uma noção mais forte de sentido para a vida. "As verdadeiras revoluções não são explosões cataclísmicas", observa Popovic. "São queimadas controladas e demoradas."

Depois de trabalhar com seus amigos para liderar o movimento que derrubou Milosevic e trouxe a democracia à Sérvia, Popovic dedicou a vida a treinar ativistas para liderar revoluções não violentas. Em 2010, os 15 estrangeiros que ele treinara um ano antes usaram seus métodos para derrubar o ditador egípcio. Nem todos os grupos tiveram sucesso, mas podemos aprender muito com as abordagens de Popovic sobre o controle do medo, a superação da apatia e a canalização da raiva.[14] O primeiro passo do método dele lembra o modo como um empresário de tecnologia lidou com o medo de seus funcionários.

Terceirizando a inspiração

Quando Josh Silverman assumiu as rédeas do Skype em fevereiro de 2008, a empresa enfrentava desafios sérios. O moral dos funcionários estava despencando diante da incapacidade da empresa de sustentar o crescimento explosivo que havia experimentado depois de se lançar como pioneira no mercado de chamadas de computador para computador e ligações baratas de longa distância entre telefones e computadores. Silverman decidiu apostar alto em um recurso original: chamadas de vídeo em tela cheia. Em abril, anunciou uma meta desvairadamente ambiciosa: lançar o Skype 4.0 com o novo recurso de vídeo até o fim daquele ano. "A emoção entre muitos funcionários era flagrantemente negativa. Muita gente achou que a mudança era grande demais, que nós íamos afundar a companhia", recorda Silverman. Os funcionários críticos temiam que o prazo fosse apertado demais, que a qualidade da imagem ficasse ruim e que os clientes odiassem o formato de tela cheia.

Em vez de tentar acalmá-los, Silverman decidiu prepará-los, desenvolvendo para o Skype uma visão que os inspirasse para abraçar o vídeo.[15] Em uma série de encontros com toda a equipe, enfatizou o impacto de seu produto na vida das pessoas, articulando uma visão que foi formalizada depois, em uma conversa com o ator e investidor tecnológico Ashton Kutcher. "Não se trata de fazer ligações telefônicas baratas. Trata-se de estar junto das pessoas mesmo que você não esteja com elas na mesma sala."

Quando os originais criam uma visão capaz de transformar ansiedade em animação, é comum que assumam eles mesmos a tarefa de comunicá-la. Mas o fato de a ideia ser sua não significa que você é a pessoa mais indicada para ativar o sistema de aceleração dos outros. Em uma série de experimentos, Dave Hofmann e eu descobrimos que o modo mais inspirador de comunicar uma visão é terceirizar a tarefa para as pessoas que de fato serão afetadas por ela.[16] Veja o caso dos arrecadadores de fundos para universidades, que em geral ficam muito nervosos quando ao abordar ex-alunos, interromper seus jantares e lhes pedir que doem dinheiro. Quando dois líderes discorreram apaixonadamente para eles sobre como faria diferença o dinheiro que estavam solicitando, a eficiência dos arrecadadores não melhorou em nada.

O total médio arrecadado pelos arrecadadores mais do que triplicou, porém, quando os líderes terceirizaram a tarefa de inspirá-los para um bolsista, que descreveu como os esforços dos arrecadadores haviam lhe permitido bancar os custos da universidade e estudar fora, na China. Em média, os arrecadadores, que haviam levantado menos de 2.500 dólares nas duas semanas antes do discurso do bolsista, conseguiram doações de 9.700 nas duas semanas seguintes.* Os arrecadadores desconfiavam dos líderes, que claramente tinham suas razões para tentar convencê-los a trabalhar mais. Entretanto, quando a mesma mensagem vinha de um bolsista, eles a viam como mais autêntica, honesta e confiável. Tinham empatia com o estudante. Em vez de se sentirem ansiosos ao pedir dinheiro, ficavam animados de poder conseguir doações para ajudar outros como ele.

---

* Queríamos provar que, mesmo quando a mensagem era exatamente a mesma, ainda assim seria mais efetiva na boca de um beneficiário do que na de um líder. Então, em nosso experimento seguinte, pedimos às pessoas que revisassem a dissertação de um estudante internacional de graduação que continha vários pequenos erros gramaticais. Explicamos que aquilo era parte de um programa destinado a ajudar esses estudantes a aprimorar suas dissertações para que conseguissem empregos. Para dar um exemplo de como poderia haver diferenças nas revisões, separamos os participantes ao acaso para assistir a uma das duas versões de um videoclipe da mesma mulher falando sobre um estudante que recebera três ofertas de emprego como resultado direto da ajuda oferecida pelo programa de revisão. Ela se apresentou como Priya Patel, diretora encarregada do programa em um dos vídeos, e a própria estudante beneficiada pelo programa no outro. Ver a líder falando sobre o programa não teve impacto algum: em média, o grupo encontrou menos de 25 erros no texto, a mesma marca de um grupo de controle que não assistiu a nenhum dos vídeos. No entanto, quando ela se apresentava como estudante beneficiada pelo programa, os participantes encontraram em média 33 erros – um aumento de 34%. Também demos a todos a oportunidade de escrever comentários livres para o autor do texto e os submetemos a um júri independente para que avaliasse quão construtivas e úteis eram as observações. Os comentários dos participantes que tinham visto a versão "estudante" foram 21% melhores do que os daqueles que haviam assistido à versão "líder".

Isso não quer dizer, porém, que os líderes devam sair completamente de cena. Em estudos posteriores, descobri que as pessoas se inspiram para atingir o máximo de desempenho quando os líderes descrevem sua visão e em seguida ela ganha vida por meio da história pessoal de um consumidor.[17] A mensagem do líder oferece uma visão abrangente para dar a partida no motor do carro, e a experiência do usuário traz o apelo emocional necessário para que se pise no acelerador.

No Skype, Josh Silverman sabia que a melhor forma de ativar o sistema de aceleração não estava apenas em suas palavras. Depois de discorrer sobre como o Skype permitia a seus próprios filhos ter uma relação pessoal profunda com os avós apesar de haver entre eles uma distância de milhares de quilômetros, ele insuflava vida em sua visão cedendo o palco a usuários do Skype em todas as reuniões com a equipe. Um casal contou como seu noivado havia sobrevivido a uma separação de um ano "graças a conversas diárias no Skype". Um militar falou sobre como conseguira manter um relacionamento próximo com os filhos enquanto servia no Iraque: até presentes de Natal eles tinham aberto juntos. "Trazer o consumidor para dentro da empresa os conectou com a missão, tocou seus corações e mentes", diz Silverman. "Ajudou os funcionários a compreenderem a diferença que poderíamos fazer no mundo."

Ao entender que o Skype se baseava em conectar pessoas, a ansiedade da equipe deu lugar à animação. Inspirados a construir um recurso de vídeo que permitisse melhorar a experiência das conversas, entregaram o Skype 4.0 dentro do prazo, com resolução aprimorada e tela cheia nas chamadas de vídeo. Logo o Skype estava recebendo cerca de 380 mil novos usuários por dia. No último trimestre do ano, mais de um terço dos 36,1 bilhões de minutos que couberam ao Skype nas ligações de computador para computador eram chamadas de vídeo. Menos de três anos depois de Silverman compartilhar sua visão e trazer usuários para inspirar sua equipe, a Microsoft comprou a Skype por 8,5 bilhões de dólares, um aumento de 300% em seu valor de mercado.

Na Sérvia, Srdja Popovic e seus amigos também lançaram o movimento revolucionário Otpor! terceirizando a inspiração. Eles sabiam que as palavras de um líder carismático não seriam suficientes para superar o terror infligido por um ditador violento. Muitos candidatos qualificados estavam amedrontados demais para colocarem suas vidas em risco e, mesmo que um deles topasse, Milosevic poderia simplesmente esmagar a resistência fazendo aquela alma corajosa desaparecer. Assim, em vez de escolher um líder para ativar o sistema de aceleração, Popovic terceirizou a inspiração para um símbolo: um punho negro fechado.

A tentativa começou no outono de 1998, quando Popovic e seus companheiros eram estudantes universitários. Eles pintaram com spray 300 punhos em torno da praça principal da cidade e colaram adesivos da imagem em prédios de Belgrado. "Sem aquele punho", diz ele, "a revolução jamais teria acontecido".

Na primavera de 2010, um ano depois de treinar os ativistas egípcios, Popovic tomou um susto ao passar por uma banca de jornais. O punho fechado do Otpor! estava na primeira página de um jornal, na fotografia do cartaz que uma mulher exibia, sob a manchete: "O punho sacode o Cairo!" Os ativistas egípcios tinham decidido galvanizar os próprios sistemas de aceleração terceirizando a inspiração para o mesmo símbolo. O que tornava aquele punho tão energizante?

A força de poucos

Em uma experiência clássica, o psicólogo Solomon Asch pediu a um grupo de pessoas que avaliasse os tamanhos de diferentes traços.[18] Imagine que você entre em uma sala com sete outras pessoas e alguém lhe mostre as seguintes imagens.

```
    |  ||
    |  ||
    A  B C
```

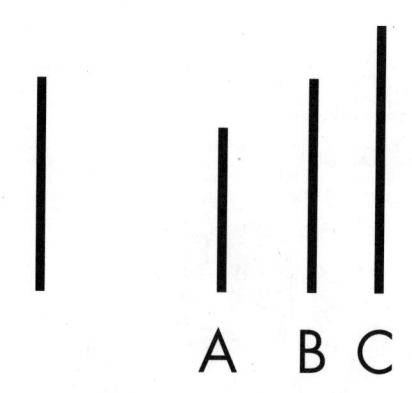

Sua tarefa é olhar para o traço da esquerda e decidir qual dos outros – A, B ou C – tem o mesmo tamanho. A resposta correta é obviamente B, e todos no grupo concordam com isso. Também há consenso na rodada seguinte. Vem então o terceiro teste.

```
    |  ||
    |  ||
    A  B C
```

A resposta correta neste caso é claramente C. Estranhamente, porém, o primeiro do seu grupo a se manifestar insiste que é B. Você fica pasmo quando uma segunda pessoa escolhe B. Uma terceira e uma quarta também concordam com eles. O que você faz?

Os outros membros do seu grupo estão de conluio com a equipe da pesquisa. Há 18 testes no total, e os outros foram instruídos a dar intencionalmente a resposta errada em 12 deles, a fim de determinar se você irá contra seu melhor juízo para seguir a maioria. Em mais de um terço das vezes, os participantes se conformaram, escolhendo o traço que sabiam não ser o correto apenas porque o restante do grupo o fizera. Três quartos dos participantes se resignaram pelo menos uma vez à resposta errada.

Quando eram testadas sozinhas, as pessoas praticamente nunca erravam. Ao seguir a maioria, sabiam que estavam dando uma resposta errada, mas temiam ser ridicularizadas. Não é preciso um ditador violento para nos silenciar pelo medo. Ser o único a defender uma opinião pode bastar para tornar um original comprometido temeroso o suficiente para se conformar com a maioria.

A forma mais fácil de encorajar o inconformismo é introduzir um único dissidente no grupo. Como diz o empreendedor Derek Sivers: "É o primeiro seguidor que transforma um maluco em líder."[19] Quando se está junto a outras sete pessoas e seis delas elegem a resposta errada, mas a sétima escolhe a certa, o conformismo cai drasticamente. Os erros se reduziram de 37% para apenas 5,5%. "A presença de um parceiro que nos apoia retira muito do poder de pressão da maioria", escreve Asch.

Simplesmente saber que você não é o único contestador torna muito mais fácil resistir à multidão. A força emocional também pode ser encontrada em números reduzidos. Nas palavras de Margaret Mead: "Nunca duvide de que um pequeno grupo de cidadãos conscientes possa mudar o mundo. Na verdade, são os únicos que já fizeram isso."[20] Para sentir que não está sozinho, você não precisa de uma multidão ao seu lado. Uma pesquisa de Sigal Barsade e Hakan Ozcelik demonstra que, em organizações governamentais e de negócios, ter apenas um amigo é suficiente para reduzir significativamente a solidão.[21]

Se você quer que as pessoas assumam riscos, é preciso mostrar-lhes que não estão sós. Foi esse o primeiro segredo do sucesso do movimento Otpor! e de várias outras revoluções. Quando Popovic e seus amigos expuseram o punho por toda Belgrado, incluíram slogans como "Resistência por amor à Sérvia", "Desafie o sistema" e "Resistência até a vitória!". Até então, os sérvios que se opunham privadamente à ditadura de Milosevic temiam expressar sua desaprovação em público. Mas ao verem o punho do Otpor!, compreenderam que havia outros dispostos a quebrar o silêncio. Mais tarde, quando membros do movimento foram presos, os oficiais de polícia lhes perguntavam quem estava no comando. Popovic e seus companheiros os tinham treinado para se apresentar como "um dos 20 mil líderes do Otpor!".

Movimentos de resistência ao redor do mundo ajudam as pessoas a superar o medo ativando o sistema de aceleração por meio de pequenas ações que sinalizam o apoio de um grupo maior. Quando Popovic treinou os ativistas egípicios, contou-lhes a história de como, em 1983, os mineiros chilenos protestaram contra o ditador de seu país, Pinochet. Em vez de correrem o risco de iniciar uma greve, eles fizeram uma convocação nacional para que os cidadãos demonstrassem sua resistência acendendo e apagando repetidamente as luzes de casa. As pessoas não tiveram medo de fazer isso e logo descobriram que seus vizinhos também não tinham. Os mineiros também convidaram todo mundo a reduzir a velocidade. Taxistas passaram a dirigir devagar e motoristas de ônibus também. Em breve, os pedestres estavam andando em câmera lenta e todos dirigiam os carros e caminhões em marcha reduzida. Em seu livro inspiracional *Blueprint for Revolution*, Popovic explica que antes dessas ações:

> As pessoas tinham medo de falar abertamente que detestavam Pinochet. Se você odiava o ditador, podia achar que era o único. Os chilenos costumavam dizer que táticas como essa fizeram as pessoas se darem conta de que "nós somos muitos e eles são poucos". E o melhor é que não havia risco envolvido: nem mesmo na Coreia do Norte os carros são proibidos de andar devagar.

Na Polônia, quando se cansaram das mentiras governamentais que dominavam o noticiário, os ativistas sabiam que apenas desligar os aparelhos de TV não mostraria a seus compatriotas que eles estavam prontos para se levantar em protesto. Em vez disso, puseram seus televisores em carrinhos de mão e saíram pelas ruas com eles. Logo isso estava acontecendo em diversas cidades do país – e a oposição acabou chegando ao poder. Na Síria, ativistas despejaram corante culinário vermelho em fontes e chafarizes nas praças de Damasco, simbolizando a determinação dos cidadãos de não aceitar o governo sangrento de seu ditador, Assad. Em vez de encarar o terror de se erguer em resistência solitária, as pessoas conseguiram se ver como membros de um grupo. É mais fácil se rebelar quando a rebelião parece um ato de conformismo. Se outros estão envolvidos, então podemos aderir também.

Na Sérvia, o Otpor! descobriu um modo engenhoso de ativar o sistema de aceleração. O país estava em uma crise tão profunda que a animação não era uma emoção fácil de cultivar. Popovic e seus amigos conseguiram transformar o medo em outra emoção fortemente positiva: a comicidade. Esnobando os modos solenes e compenetrados de grandes líderes morais como Gandhi, o Otpor! usou o humor para atrair aliados e desmoralizar inimigos. Enviaram presentes de aniversário a Milosevic: uma passagem só de ida para Haia a fim de ser julgado por seus crimes de guerra, algemas e um uniforme de presidiário. Para comemorar o eclipse lunar, convidaram clientes de lojas do centro da cidade a olhar por um telescópio – onde se via o rosto eclipsado de Milosevic. Mais tarde, o Otpor! produziu um comercial em que uma mulher mostrava uma camiseta com a cara de Milosevic estampada. "Estou tentando tirar essa mancha há dez anos", diz ela, ao lado de uma máquina de lavar roupas. "Acredite, tentei de tudo. Mas agora existe esta nova máquina que remove permanentemente essa e outras manchas assim." Em outro caso, quando os pedestres se agrupavam, um ativista do Otpor! pegava um microfone e anunciava:

> *Estamos falando da frente da delegacia de polícia de Nis. E aqui está um exemplo de terrorista, na fronteira entre Sérvia e Montenegro. O terrorista tem cerca de 1,80 metro e está usando uma camiseta da organização terrorista Otpor! Ele usa óculos, o que significa que lê muito. É perigoso ler muito neste país, então tomem cuidado.*

Em suas oficinas, Popovic treina revolucionários no uso do humor como arma contra o medo. Não muito depois de ter passado algum tempo com os ativistas egípcios, uma imagem começou a se espalhar no Egito – uma paródia de mensagens do programa de instalação do Microsoft Windows:

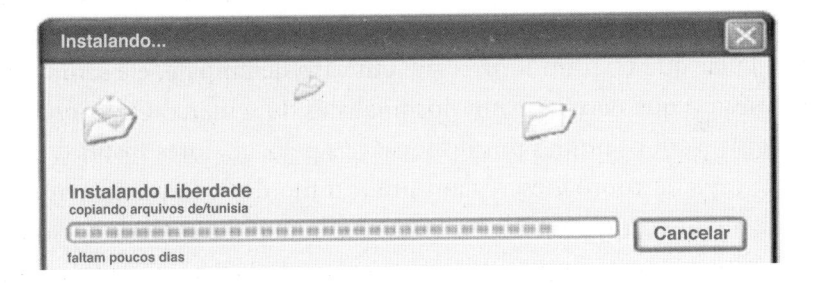

```
Instalando...                                    [X]

Instalando Liberdade
copiando arquivos de/tunisia
[====================================]  [Cancelar]
faltam poucos dias
```

E era acompanhada de uma mensagem de erro:

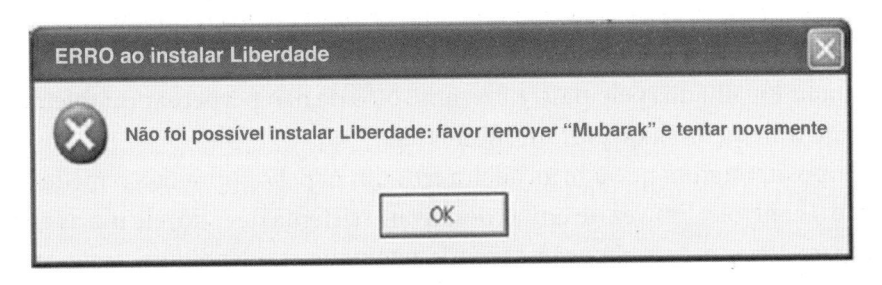

```
ERRO ao instalar Liberdade                       [X]

[X]  Não foi possível instalar Liberdade: favor remover "Mubarak" e tentar novamente

                    [  OK  ]
```

À medida que a imagem ganhava popularidade, o medo foi diminuindo. É difícil ter medo de se expressar quando você está rindo do alvo de sua rebeldia.

Demonstrações eficazes de humor são o que Popovic chama de "ações de dilema": escolhas que deixam os opressores em uma situação de perder ou perder. Na Síria, os ativistas gravaram slogans como "Liberdade!" e "Basta!" em milhares de bolas de pingue-pongue e as lançaram nas ruas de Damasco. Quando ouviam o ruído das bolinhas quicando, observa Popovic, os sírios sabiam que "a oposição não violenta estava enfiando o dedo no olho do regime de Assad". A polícia não demorou a aparecer. "Bufando, os caras vasculharam a capital, recolhendo as bolas de pingue-pongue uma por uma. O que a polícia pareceu não entender", explica Popovic, "é que naquela comédia-pastelão as bolinhas eram apenas acessórios. E eles mesmos, os cães de guarda do regime, é que tinham sido escalados para o papel de palhaços."

É fácil perceber como esse tipo de humor funciona contra ditadores, que não costumam gostar de piadas. Mas o expediente pode dar certo em ambientes normais também. O professor Robert Sutton, de Stanford, descreve o caso de um grupo de jovens cirurgiões residentes que sofriam assédio verbal frequente dos cirurgiões-chefes do hospital. Eram tão maltratados que começaram a eleger o "Cirurgião-Chefe Babaca da Semana", que ficou conhecido como CCBDS.[22] Toda sexta-feira, na happy hour, indicavam os candidatos ao título e votavam no vencedor. Detestavam tanto um cirurgião em particular que criaram uma regra: em caso de empate, ele sempre venceria – mesmo que não fosse um dos finalistas da semana! Os jovens cirurgiões registravam os nomes dos responsáveis pelos maiores insultos em um diário de capa de couro e escreviam um resumo dos comportamentos que qualificavam os concorrentes a um lugar de destaque na galeria dos otários. O humor tornava o comportamento dos cirurgiões-chefes menos desmoralizante e acabou por amenizar o medo dos jovens médicos: eles reuniram coragem para mostrar o diário aos chefes de residência médica que chegavam a cada ano. Vinte anos depois, o diário ainda é usado pelos residentes daquele hospital. Os cirurgiões que o criaram ascenderam a posições de poder em hospitais espalhados pelo país, e fizeram votos de não perpetuar ou tolerar o tipo de tratamento a que foram submetidos.

Popovic acredita que a brincadeira tem um papel sempre que o medo assume o controle. Em vez de tentar desativar o sistema de freio, ele usa as risadas para ativar o de aceleração. Quando não temos poder algum, trata-se de uma forma poderosa de converter emoções negativas em positivas. Em uma de suas oficinas, os universitários estavam furiosos com o custo exorbitante das mensalidades. Depois de ouvir as histórias de Popovic, propuseram abordar o reitor, mostrar-lhe fotos de sua dieta à base de macarrão instantâneo e se autoconvidarem para jantar toda semana na casa dele. Popovic sorriu e concordou: mesmo que não levassem a ideia adiante, eles tinham aprendido a combater o medo com o humor. Se o reitor não os recebesse para jantar, sugeriu, deviam pelo menos lhe pedir as sobras.*

Entretanto, ele também tinha uma mensagem mais sombria a passar: a luta pela liberdade não é um mar de rosas. Na superfície, Srdja Popovic é a imagem de um otimista. Quando muitos outros estavam mergulhados na apatia, ele visualizou um futuro melhor para a Sérvia. Quando tantos se deixavam paralisar pelo medo, trouxe risadas e esperança, e acreditava que um punhado de estudantes seria capaz de derrotar um poderoso ditador. Só que, quando eu lhe perguntei se algum dia sua confiança fora abalada, respondeu imediatamente que sim. "Se eu me senti inseguro? O tempo todo, por dez anos." Mesmo hoje, depois de liderar uma revolução bem-sucedida e treinar tantos ativistas na derrubada de ditadores, ele pensa nas vidas perdidas naqueles movimentos e se sente responsável por não ter lhes ensinado o bastante.

Uma coisa é motivar as pessoas a sair empurrando suas TVs pelas ruas. Dar-lhes coragem para agir de forma mais consequente é um desafio muito maior. Quando perguntei a Popovic como os originais podem ativar o sistema de aceleração a fim de mobilizar esforços mais significativos, ele respondeu que costumamos fazer isso do jeito errado.

---

* Quando lidamos com a ansiedade, a animação e a comicidade não são as únicas emoções positivas que podem ativar o sistema de aceleração. No tempo em que Elvis Presley se alistou no exército, os funcionários do governo preenchiam os formulários usando máquinas de escrever manuais. Nos anos 1980, a máquina IBM Selectric tinha substituído as antiquadas máquinas manuais, mas a mudança não ia muito além disso. Quando chegou o momento de automatizar o processo com computadores, os funcionários do governo responsáveis pelo preenchimento dos formulários já estavam ansiosos com a perspectiva de perderem seus empregos para as máquinas. Em vez de tentar acalmá-los ou deixá-los mais seguros, os líderes acionaram o sistema de aceleração por meio da curiosidade. Botaram os desktops nas mesas dos funcionários, ao lado das máquinas de escrever em que eles confiavam, e simplesmente anunciaram que um teste seria feito mais tarde. Não se deram o trabalho nem de ligar os equipamentos na tomada. Após cerca de uma semana instalaram alguns jogos simples e incentivaram os funcionários a experimentá-los em seu tempo livre. Todos ficaram tão intrigados que, alguns meses depois, quando começaram o treinamento oficial, já haviam aprendido sozinhos algumas operações essenciais. Brian Goshen, um dos líderes envolvidos na época, lembra: "Quando chegou a hora de começar, eles já não tinham medo da nova tecnologia, sentiam-se à vontade com ela."[23]

O fogo da urgência

No ano-novo de 2000, Popovic e seus amigos organizaram uma comemoração na Praça da República. Reuniram as mais populares bandas de rock do país e espalharam rumores de que à meia-noite entrariam no palco os Red Hot Chili Peppers – uma sensação internacional e um enorme sucesso na Sérvia. Milhares de pessoas lotaram a praça de Belgrado, dançando ao som das bandas locais e cheias de expectativa em relação ao evento principal. Um minuto antes da meia-noite, a praça ficou às escuras e as pessoas começaram a contagem regressiva. Mas, quando a hora chegou, nenhuma banda famosa apareceu.

O único som audível era o de uma música depressiva. Em choque, o público ouviu então a mensagem clara que um psicólogo chamado Boris Tadic enunciou dos bastidores. "Não temos nada para comemorar", disse ele, pedindo às pessoas que fossem para casa e pensassem nas ações que poderiam tomar. "Este foi um ano de guerra e opressão. Mas não tem que ser assim. Vamos tornar o próximo ano diferente. Porque 2000 é *o* ano."

A pesquisa dos professores da área de gestão Lynne Andersson e Thomas Bateman lança luz sobre o impacto desse gesto. No estudo que fizeram com centenas de gerentes e funcionários que tomaram a frente de campanhas ambientais em suas empresas,[24] as mais bem-sucedidas não diferiam das fracassadas na intensidade da emoção que expressavam, no uso de metáforas ou argumentos lógicos, no esforço para envolver personagens-chave ou em sua abordagem do movimento ecológico como oportunidade ou ameaça. O fator que as distinguia era a ideia de urgência. Para convencer os líderes a financiar uma causa, criar uma força-tarefa e gastar tempo e dinheiro com isso, os paladinos do meio ambiente tiveram que explicar por que aquela causa original precisava ser adotada *já*.

Quando o professor John Kotter, de Harvard, estudou mais de 100 empresas que tentavam implementar grandes transformações, descobriu que o primeiro erro que elas cometiam era não estabelecer uma ideia de urgência.[25] Mais de metade dos líderes não conseguiram convencer seus funcionários de que a mudança precisava ocorrer, e precisava ocorrer naquele momento. "Os executivos subestimam a dificuldade de tirar as pessoas da sua zona de conforto", escreve Kotter. "Sem uma ideia de urgência, as pessoas não fazem os sacrifícios necessários. Em vez disso, elas se agarram ao status quo e resistem." O Otpor! havia criado um clima de urgência com slogans como "Chegou a hora" e "Ele está acabado". Quando anunciaram que 2000 era "*o* ano", ficou claro para os sérvios que havia uma pressão para agirem imediatamente.

Para esclarecer melhor a efetividade de um ato como o de mandar todo mundo para casa em uma celebração de ano-novo, vamos dar uma olhada em uma pesquisa que transformou um campo de estudos, deu origem a outro e, no fim das contas, acabou por ganhar um prêmio Nobel. Imagine que você é um executivo em uma montadora de automóveis e que, por causa de problemas econômicos, precisa fechar três fábricas e demitir 6 mil funcionários. Você pode escolher entre dois planos:

O Plano A salvará uma das três fábricas e 2 mil empregos.

O Plano B tem um terço de chance de salvar todas as três fábricas e todos os 6 mil empregos, mas a probabilidade de dois terços de não salvar coisa alguma, nem fábrica nem empregos.

A maioria das pessoas prefere o Plano A. No estudo original, 80% escolheram a jogada de segurança em vez de correr o risco. Mas suponha que nós lhe déssemos um conjunto diferente de opções:

O Plano A sacrificará duas das três fábricas e 4 mil empregos.

O Plano B tem dois terços de chance de sacrificar as três fábricas e os 6 mil empregos, mas a probabilidade de um terço de salvar tudo, fábricas e empregos.

Logicamente, essas opções são as mesmas oferecidas anteriormente. Do ponto de vista psicológico, porém, não parecem iguais. Neste caso, 82% das pessoas escolheram o Plano B. As preferências se inverteram.

No primeiro caso, as opções estão apresentadas em termos de ganhos. Preferimos o Plano A porque temos aversão ao risco quando se trata de benefícios. Se existe certa vantagem, gostamos de nos agarrar a ela e protegê-la. Optamos pela jogada de segurança para garantir a salvação de 2 mil empregos em vez de correr o risco que poderia deixar todo mundo desempregado. Afinal, mais vale um pássaro na mão do que dois voando.

No segundo caso, porém, deparamos com uma perda garantida. Agora estamos dispostos a fazer o que for preciso para evitar essa perda, mesmo que isso implique o risco de sofrer uma ainda maior. Perderemos milhares de empregos de um jeito ou de outro, ou seja, melhor mandar a cautela às favas e apostar alto, na esperança de não perder nada.

Essa linha de pesquisa foi conduzida pelos psicólogos Amos Tversky e Daniel Kahneman e ajudou a lançar o campo da finança comportamental, além de dar a Kahneman um prêmio Nobel. Revelava que somos capazes de alterar drasticamente nossas avaliações de risco com base em uma simples troca de poucas palavras para enfatizar perdas em vez de ganhos.[26] Esse conhecimento tem implicações profundas na compreensão de como motivar as pessoas a correr riscos.

Se você quer que alguém mude de comportamento, é melhor enfatizar os benefícios de mudar ou o custo de não mudar? De acordo com Perter Salovey, um dos criadores do conceito de inteligência emocional e atual reitor de Yale, tudo depende de como esse novo comportamento é percebido: seguro ou arriscado.[27] Se as pessoas acham que o comportamento é seguro, devemos enfatizar todas as coisas boas que vão acontecer caso seja adotado – elas vão querer agir imediatamente para obter essas vantagens garantidas. Entretanto, quando as pessoas acreditam que o comportamento é arriscado, tal abordagem não funciona. Como elas estão confortáveis com o status quo, as vantagens de mudar não parecem atraentes, e o sistema de freio é acionado. Em vez disso, precisamos desestabilizar o status quo e acentuar as coisas ruins que acontecerão se elas não mudarem. Correr um risco é uma ideia mais atraente quando as pessoas deparam com uma perda garantida caso não se arrisquem. A perspectiva de uma perda certa ativa o sistema de aceleração.

Na Merck, gigante da indústria farmacêutica, o CEO Kenneth Frazier decidiu motivar os executivos a assumirem um papel mais ativo na promoção de inovações e mudanças. Pediu-lhes que fizessem algo radical: conceber ideias que levariam a Merck à falência.

Pelas duas horas seguintes, os executivos trabalharam em grupos, pondo-se no lugar dos principais concorrentes da Merck. A energia aumentava à medida que desenvolviam ideias para drogas que fariam picadinho das suas e imaginavam mercados-chave que haviam menosprezado. Em seguida, o desafio era voltar aos próprios papéis e descobrir como se defender daquelas ameaças.*

---

* O exercício se baseia em uma diferença psicológica entre jogar na defesa e jogar no ataque.[28] Ao estudar equipes de contraterrorismo em uma comunidade de inteligência, a professora Anita Woolley, da Carnegie Mellon, descobriu que, quando estão na defensiva, as equipes costumam jogar de forma segura, tentando se proteger de todas as ameaças. Buscam uma grande quantidade de informações, mas podem acabar soterradas por elas, com a confiança em baixa. Por outro lado, quando as equipes adotam uma postura ofensiva, levam em conta muitas possibilidades criativas, mas em seguida fecham o foco e aprofundam um ou dois planos de ataque.

O exercício de "matar a companhia" é poderoso porque redefine uma atividade centrada nos ganhos em termos de perdas.[29] Quando deliberavam sobre oportunidades de inovação, os líderes não estavam inclinados a assumir riscos. Quando levaram em conta como seus concorrentes poderiam varrê-los do mapa, deram-se conta de que arriscado era *não* inovar. A urgência da inovação ficou evidente.

Para combater a apatia, a maioria dos agentes de mudança se concentra em apresentar uma visão inspiradora do futuro. Esta é uma mensagem importante a ser transmitida, mas não é o tipo de comunicação que deve ter prioridade. Se você deseja que as pessoas corram riscos, primeiro precisa lhes mostrar o que há de errado com o presente. Para tirá-las de suas zonas de conforto, você deve cultivar a insatisfação, a frustração e a raiva com o atual estado de coisas, apresentando-o como uma perda garantida. "Os maiores comunicadores de todos os tempos", diz a especialista em comunicação Nancy Duarte – que passou a carreira analisando a forma de discursos espetaculares – começam apresentando "o que temos: eis o status quo."[30] Em seguida, eles "comparam o que temos com o que poderia ter", fazendo a distância entre as duas situações parecer "a maior possível".

Podemos identificar essa sequência em duas das mais celebradas peças de oratória da história americana. Em seu famoso discurso de posse, o presidente Franklin D. Roosevelt começou reconhecendo o estado das coisas. Prometendo "falar toda a verdade, com franqueza e coragem", ele descreveu toda a dureza da Grande Depressão e só depois se voltou para o que poderia ser, revelando sua esperança de criar novos empregos e prevendo: "Esta grande nação... vai renascer e prosperar... Nada temos a temer a não ser o próprio medo."[31]

Quando recordamos o discurso épico de Martin Luther King Jr., o que chama a atenção é a imagem fulgurante de um futuro melhor. No entanto, foi somente no 11º minuto daquela explanação de 16 minutos que ele mencionou pela primeira vez seu sonho. Antes de falar sobre a esperança de transformação, King enfatizou as condições inaceitáveis do status quo. Em sua introdução, declarou que, apesar da promessa da Declaração de Emancipação, "cem anos depois, a vida dos negros ainda é tristemente deformada pelos grilhões da segregação e pelas correntes da discriminação".[32]

Estabelecida a urgência por meio da descrição do sofrimento que existia, King se voltou para o que poderia ser: "Mas nós nos recusamos a acreditar que a justiça faliu." Ele dedicou mais de dois terços de seu discurso a esses golpes alternados, oscilando entre o que era e o que poderia ser, expressando indignação com o presente e esperança no futuro. Segundo a socióloga Patricia Wasielewski, "King articula os sentimentos de raiva da multidão com as iniquidades existentes", reforçando sua "determinação de mudar essa situação".[33] A audiência só ficou pronta para ser comovida por seu sonho de futuro depois de ter sido exposta ao pesadelo de hoje.

As psicólogas Minjung Koo e Ayelet Fishbach descobriram que, quando somos tomados pela dúvida em nosso caminho rumo a uma meta, a decisão de olhar para trás ou para a frente depende do nosso comprometimento.[34] Quando o comprometimento está abalado, a melhor forma de permanecer nos trilhos é considerar o progresso que já fizemos. Reconhecendo tudo o que já investimos e alcançamos, parece um desperdício desistir, e a confiança e o compromisso crescem. Nos primórdios do Otpor!, Srdja Popovic e seus amigos lidavam com a dúvida e o medo ajudando as pessoas a rir e acumular pequenas vitórias. Dessa forma, podiam olhar para trás e ter um sentimento de progresso, o que transformava a ansiedade em entusiasmo e assegurava sua dedicação.

Uma vez fortalecido o comprometimento, ao invés de ficar olhando pelo retrovisor, é melhor mirar no que está à frente, concentrando-nos no trabalho que falta ser feito. Quando estamos determinados a atingir um objetivo, é a distância entre o ponto em que estamos hoje e aquele no qual aspiramos estar que nos coloca em ação. Na Sérvia, quando o movimento Otpor! já contava com um bom número de seguidores leais, pessoas a quem o medo não mais paralisava, era hora de lhes mostrar o longo caminho que ainda tinham a percorrer.

Foi por isso que Popovic e seus amigos suspenderam o show de rock e mandaram os cidadãos de Belgrado para casa naquele ano-novo. Em um intervalo de menos de dois anos, o Otpor! havia acumulado mais de 70 mil membros em 130 células diferentes. Mas, para derrubar Milosevic de fato, eles precisariam de milhões de votos. Poucos anos antes, Milosevic havia concordado com uma eleição relativamente democrática – e vencera. Seus asseclas controlavam as urnas. E mesmo que os sérvios lhe impusessem uma derrota eleitoral, será que ele a acataria? Popovic e seus aliados compreenderam que precisavam de emoções intensas para impelir a ação em todo o país. Era hora de desestabilizar o status quo e ativar o sistema de aceleração, lembrando às pessoas que nada havia a comemorar porque o presente era intolerável. "Em vez de coragem", o guru do gerenciamento Tom Peters recomenda estimular "um grau tal de fúria com o status quo que a pessoa seja incapaz de não agir".[35]

O show tem que continuar

A raiva combate a apatia: sentimos que fomos injustiçados e somos impelidos a lutar. Só que isso também pode ir longe demais. A ira não só ativa o sistema de aceleração: coloca um paralelepípedo sobre o pedal. É uma força que motiva as pessoas a falar e agir, mas que pode levá-las a fazer isso de modo pouco eficaz. Depois de estudar grupos de ativistas, Debra Meyerson e Maureen Scully sugerem que o segredo é ter "ao mesmo tempo, cabeça quente e cabeça fria. O calor induz à ação e à mudança, ao passo que a frieza molda a ação e a mudança, dando-lhes formas legítimas e viáveis".[36] Depois que o aquecedor foi ligado, porém, como manter a frieza?

Segundo o sociólogo Arlie Hochschild, de Berkeley, se você sente uma emoção intensa como ansiedade ou raiva, há duas maneiras de lidar com isso: a atuação superficial e a atuação profunda.[37] A atuação superficial envolve vestir uma máscara – modificar seu discurso, seus gestos e suas expressões para se apresentar como impassível. Se você é um comissário de bordo e um passageiro irritado começa a lhe falar aos gritos, você poderá sorrir para simular cordialidade. Trata-se de ajustar sua aparência exterior, mas seu estado interior não muda. Você está furioso com o passageiro, e ele provavelmente sabe disso. O diretor de teatro russo Constantin Stanislavski observou que, na atuação superficial, os atores nunca estão profundamente imersos em seus papéis. Sempre têm consciência do público e seu desempenho nunca parece autêntico. Stanislavski escreveu que a atuação superficial "não aquece a alma nem penetra nela de modo profundo... Os sentimentos humanos mais delicados e intensos não se sujeitam a tal técnica."

Na atuação profunda, conhecida como método de interpretação usado no teatro, você realmente se transforma no personagem que deseja representar.[38] A atuação profunda envolve mudar seus sentimentos, não apenas a expressão deles. Se você fosse o comissário de bordo do exemplo citado, poderia imaginar que o passageiro está estressado, com medo de voar ou quem sabe envolvido em um divórcio complicado. Você sente empatia pelo passageiro e o sorriso lhe vem naturalmente, criando uma expressão mais genuína de cordialidade. A atuação profunda desfaz a distinção entre seu verdadeiro eu e o papel que você está desempenhando. Você já nem representa um papel, pois está vivenciando de fato os sentimentos do personagem.

Antes de embarcar em uma de suas sessões congelantes de natação, Lewis Pugh se dedica à atuação profunda. Ouvindo canções de Eminem e P. Diddy, ele evoca memórias vívidas de si mesmo saltando de um avião em seus tempos de serviço nas forças especiais britânicas. Desse modo, revive a intensa animação que quer sentir outra vez. O ator Daniel Day-Lewis, vencedor do Oscar, vai um passo além. Para se preparar para um papel em *As bruxas de Salem*, de Arthur Miller, construiu uma casa usando ferramentas do século XVII e morou nela por algum tempo, sem água corrente nem eletricidade. Quando representou um escritor com paralisia cerebral em *Meu pé esquerdo*, passou todo o período de filmagens em uma cadeira de rodas, falando uma linguagem limitada e sendo alimentado na boca por membros da equipe. Como ator ele está, no fim das contas, representando um papel, mas o propósito da atuação profunda é sentir as emoções que se deseja comunicar.

A atuação profunda revela-se uma estratégia mais sustentável para o controle das emoções do que a atuação superficial. Pesquisas mostram que a atuação superficial nos esgota: fingir emoções é estressante e exaustivo.[39] Se quisermos expressar um conjunto de emoções, precisamos realmente senti-las.

Quando treinam ativistas, Srdja Popovic e seus colegas lhes ensinam técnicas de atuação profunda por meio de exercícios de RPG, jogo no qual os participantes interpretam papéis. Na República das Maldivas, por exemplo, fizeram as pessoas representarem os papéis de executivos, donos de hotéis, líderes tribais, expatriados na Índia, policiais e seguranças. Isso lhes dava a oportunidade de antecipar como os outros iriam reagir e treinar as próprias reações.

Alimentando a chama

Menos de um ano depois que Rosa Parks foi presa por se recusar a se sentar na parte traseira de um ônibus na cidade de Montgomery, nos Estados Unidos, a Suprema Corte americana declarou ilegal a segregação. A fim de preparar os cidadãos para os conflitos raciais que poderiam sobrevir nos ônibus integrados, Martin Luther King Jr. idealizou e realizou oficinas para milhares de negros do Alabama, trabalhando em parceria com especialistas em não violência como James Lawson, Bayard Rustin e Glenn Smiley.[40] A equipe simulava um ônibus dispondo as cadeiras em fila e escolhia em torno de uma dúzia de integrantes da audiência para representarem o motorista e os passageiros. Os "passageiros brancos" ofendiam os negros. Cuspiam neles, colavam chicletes e jogavam guimbas de cigarro em seus cabelos, entornavam leite na cabeça deles e lhes esguichavam ketchup e mostarda no rosto.

Nesse exercício de atuação profunda, King queria deixar os cidadãos negros furiosos o bastante para protestar, mas não tão furiosos que recorressem à violência. Qual seria a melhor maneira para eles lidarem com a raiva? A estratégia mais popular para isso é descarregar a raiva. Os terapeutas aconselham socar uma almofada para descontar nela a raiva ou gritar. Ao expressar nossa ira reprimida, afirmou Freud, aliviamos a pressão e experimentamos a catarse. No filme *Máfia no divã*, Billy Crystal interpreta um psiquiatra encarregado de ajudar o mafioso interpretado por Robert de Niro a administrar sua raiva. Crystal recomenda descontar em uma almofada e De Niro saca um revólver, aponta para o sofá e enche a almofada de tiros.[41] Abalado, Crystal lhe pergunta: "Sente-se melhor?" E De Niro responde: "Sim. Eu me sinto melhor."

Para verificar se descarregar a raiva ajuda de fato no controle das emoções, o psicólogo Brad Bushman bolou uma experiência engenhosa para deixar as pessoas irritadas.[42] Os participantes tinham que escrever uma redação explicando por que eram contra ou a favor do aborto. Em seguida, recebiam por escrito uma resposta ríspida de um colega com a visão oposta, que chamavam suas redações de desorganizadas, pouco originais, mal escritas, obscuras, sem poder de convencimento e de baixa qualidade, acrescentando: "Esta é uma das piores redações que já li!"

Os furiosos alvos dessas críticas eram então separados ao acaso em três grupos para representarem três reações distintas: aliviar catarticamente a pressão, distrair-se ou controlar-se. Os membros do grupo da catarse podiam desferir golpes em um saco de areia com toda a força pelo tempo que quisessem, enquanto pensavam no cretino que criticara suas redações e olhavam para a foto dele. O grupo da distração socou o mesmo saco de areia, mas seus integrantes foram instruídos a pensar que estavam mantendo a forma física, enquanto olhavam para a foto de alguém se exercitando. No grupo de controle não havia saco de areia: os participantes apenas se sentavam em silêncio por dois minutos enquanto o computador era consertado. Qual grupo se revelaria o mais agressivo com o colega que os insultara?

Para descobrir, Bushman deu a cada um dos grupos a oportunidade de responder ao crítico com campainhas barulhentas, deixando a critério deles o volume e a duração das ondas sonoras.

O grupo da catarse foi o mais agressivo. Seus integrantes castigaram o crítico com o barulho mais intenso, pressionando o botão da campainha por mais tempo do que os grupos da distração e de controle. Um participante ficou tão furioso ao pensar sobre a crítica ofensiva que socar o saco de areia não foi o bastante: abriu a murros um buraco na parede do laboratório.

Descarregar a raiva não extingue a chama da fúria: na verdade, a alimenta. Quando expressamos nossa raiva, pisamos com sapato de chumbo no pedal do sistema de aceleração, atacando quem nos enfureceu. Golpear o saco de areia sem pensar no alvo de nossa ira mantém o sistema de aceleração ativo, mas nos permite considerar formas alternativas de reagir. Ficar sentado em silêncio começa a ativar o sistema de freio.*

Em outros estudos, Bushman demonstrou que descarregar as emoções dessa forma não funciona nem mesmo quando acreditamos que funciona – ainda que nos proporcione algum bem-estar. Quanto melhor nos sentimos depois de descarregar, mais agressivos ficamos, não só em relação a nossos críticos, mas também com outras pessoas que nada têm a ver com a situação.

Evitar tal comportamento era um tema central no treinamento de ativistas do movimento pelos direitos civis. Como a resistência não violenta depende do controle da raiva, King e seus colegas fizeram um esforço concentrado em suas oficinas para acabar com as descargas de fúria. "Às vezes a pessoa que interpretava um branco caprichava tanto em sua atuação que precisava ser gentilmente repreendida por nós", recordou King. Em reação, o cidadão que interpretava um negro frequentemente "esquecia seu papel não violento e reagia com vigor. Sempre que isso ocorria, trabalhávamos

---

* O método catártico parece funcionar melhor depois que se passa algum tempo.[43] Após os ataques terroristas de 11 de Setembro, legiões de mais de 9 mil terapeutas se dirigiram para Nova York, na esperança de prevenir o estresse pós-traumático e aliviar os sintomas de ansiedade, depressão e luto. O psicólogo Timothy Wilson conta como muitos dos terapeutas fizeram sessões de entrevista sobre o estresse pós-incidente, incentivando as vítimas diretas de trauma e os observadores a passarem horas falando de seus pensamentos e sentimentos. Infelizmente, isso não foi de grande valia para os cidadãos da vizinhança das torres, bombeiros e outras pessoas próximas da tragédia. Em um estudo sobre pessoas que sofreram queimaduras severas em incêndios, aquelas que passaram por sessões imediatas de entrevista sobre o incidente tiveram taxas *mais altas* de desordem pós-traumática, depressão e ansiedade mais de um ano depois. O psicólogo James Pennebaker demonstrou que expressar nossos pensamentos e sentimentos sobre um evento traumático ou estressante é mais salutar depois de termos algum tempo para processá-lo, quando já não estamos cegos de raiva ou consumidos pela aflição.

para redirecionar suas palavras e atos em um sentido não violento." Depois de cada sessão, o grupo dava suas impressões e sugestões para reagirem de forma mais construtiva da próxima vez.

Um dos problemas fundamentais com a ideia de descarregar a raiva é que ela foca nossa atenção em quem cometeu a injustiça. Quanto mais você pensa na pessoa que lhe fez mal, mais violentamente deseja retaliar. "A raiva é uma poderosa ferramenta de mobilização", explica Srdja Popovic, "mas, se você deixar as pessoas furiosas, elas podem começar a quebrar tudo." No ano-novo de 2000, quando o Otpor! encerrou o show, apagou as luzes e começou a tocar música nostálgica, só uma coisa era visível: uma tela gigante em que se sucediam slides com imagens variadas, nenhuma delas retratando o odiado Milosevic.

As imagens eram de soldados sérvios e policiais que haviam morrido durante o governo do ditador.

Para canalizar a raiva de modo produtivo, em vez de bufar pensando no estrago que um agressor provocou, precisamos refletir sobre suas vítimas.[44] Os pesquisadores da área de gestão Andrew Brodsky, Joshue Margolis e Joel Brockner descobriram que focar nossos pensamentos nas vítimas de injustiça nos incita a desafiar o poder.[45] Em um experimento, pessoas testemunharam um CEO remunerando a si mesmo exageradamente e recompensando mal um funcionário excelente. Quando eram instruídos a se concentrar no funcionário tratado de modo injusto, os participantes tinham probabilidade 46% maior de contestar a decisão do CEO.

No movimento dos direitos civis, Martin Luther King Jr. chamava a atenção para as vítimas da violência e da injustiça com frequência. "Não estamos aqui para derrotar ou humilhar os brancos", afirmou em 1956, em um discurso de defesa do boicote aos ônibus da cidade de Montgomery, mas para "livrar nossos filhos de uma vida de morte psicológica permanente". Concentrar-se na vítima ativa o que os psicólogos chamam de raiva empática – a vontade de corrigir o mal feito a outra pessoa. Ativa o sistema de aceleração, mas nos deixa conscientes sobre a melhor forma de respeitar a dignidade da vítima. Pesquisas demonstram que, quando estamos com raiva *de* alguém, desejamos retaliação ou vingança. Mas, quando estamos com raiva *por* alguém, buscamos justiça e um sistema melhor. Não queremos apenas punir: queremos ajudar.

Quando o Otpor! exibiu as fotografias dos soldados mortos, os sérvios se encheram de adrenalina empática e começaram a cantar em coro: "Vamos fazer o próximo ano diferente." Eles não iriam ficar animados com a ideia de derrubar o ditador propriamente, mas poderiam sentir uma indignação virtuosa a ponto de se sentirem determinados. Nas palavras de Popovic: "Havia uma energia no ar que nenhuma banda de rock jamais poderia recriar. Todo mundo sentia que tinha algo importante a fazer."

Naquele outono, o Otpor! mobilizou um dos maiores comparecimentos às urnas da história da Sérvia, derrotando Milosevic e dando início a uma nova era de democracia. Boris Tadic, o psicólogo que tinha mandado todo mundo para casa porque não havia nada para comemorar, foi eleito presidente da Sérvia quatro anos depois.

"Eu me levanto toda manhã dividido entre o desejo de melhorar o mundo e o desejo de aproveitar o mundo", escreveu E. B. White certa vez.[46] "Isso dificulta planejar o dia."

A Declaração de Independência dos Estados Unidos promete aos americanos os direitos inalienáveis à vida, à liberdade e à busca da felicidade. Nesta busca, muitos de nós escolhemos aproveitar o mundo como ele é. Os originais nadam contra a maré, esforçando-se para tornar o mundo aquilo que ele poderia ser. Em sua luta por melhorar a vida e a liberdade, podem abrir mão temporariamente de parte do prazer, deixando a própria felicidade em banho-maria. A longo prazo, porém, têm a oportunidade de criar um mundo melhor. E isso – para usar uma expressão do psicólogo Brian Little – traz um tipo diferente de satisfação. Tornarmo-nos originais não é o caminho mais fácil na busca da felicidade, mas cria as condições ideais para a felicidade da busca.[47]

Ações de impacto

Se você está tentando soltar as amarras da originalidade, aqui estão algumas medidas práticas que pode tomar. Os primeiros passos são destinados a indivíduos que querem gerar, reconhecer, expressar e defender novas ideias. O conjunto seguinte é para líderes que desejam estimular ideias inovadoras e construir culturas que acolham divergências. As recomendações finais são voltadas para pais e professores que querem deixar que as crianças se sintam mais à vontade para marcar posições criativas ou morais contra o status quo.

A fim de estimar sua criatividade em uma avaliação gratuita, visite o site www.adamgrant.net (em inglês).

Ações individuais

A. Geração e reconhecimento de ideias originais

1. ***Questione o saber convencional.*** Em vez de presumir que o status quo está certo, pergunte por que, para começo de conversa, ele existe. Quando você leva em conta que regras e sistemas foram criados por pessoas, fica claro que eles não são inquestionáveis – e nesse momento você passa a considerar formas de aprimorá-los.
2. ***Triplique o número de ideias que você tem.*** Assim como os grandes jogadores de beisebol só acertam a bola a cada três tentativas de rebatê-la, todos os inovadores tentam e erram. A melhor forma de fortalecer sua originalidade é produzir mais ideias.
3. ***Mergulhe em uma nova área de saber.*** A originalidade aumenta quando você amplia seu quadro de referências. Uma abordagem possível é aprender uma nova habilidade, como os cientistas vencedores do prêmio Nobel que expandiram seus repertórios criativos abraçando a pin-

tura, o piano, a dança ou a poesia. Outra estratégia é tentar uma rotação de áreas em seu emprego, sendo treinado para cargos que exijam novos tipos de conhecimento. Uma terceira opção é aprender sobre uma cultura diferente, como os estilistas que se tornam mais criativos depois de morar em países estrangeiros muito diferentes do seu. Você não precisa viajar para diversificar suas experiências: é possível fazer uma imersão na cultura e nos costumes de um novo lugar lendo sobre ele.

4. ***Procrastine estrategicamente.*** Quando estiver gerando novas ideias, faça uma pausa programada antes de concluir. Interrompendo no meio o processo de brainstorming ou escrita, você terá maiores chances de considerar pontos de vista divergentes e dará às ideias o tempo necessário de incubação.

5. ***Obtenha mais feedback dos colegas.*** É difícil julgar as próprias ideias: além de tender ao entusiasmo excessivo, você não poderá confiar em seus instintos se não for um especialista na área. Também é complicado confiar nos superiores, que costumam ser críticos demais ao avaliar ideias. Para ter as críticas mais precisas, submeta suas ideias aos colegas. Eles têm melhores condições de identificar o potencial e as possibilidades do que você imaginou.

B. Expressão e defesa de ideias originais

6. ***Equilibre seu portfólio de risco.*** Quando decidir correr risco em determinada área, compense-o sendo mais cauteloso do que o normal em outra dimensão de sua vida. Como fizeram tantos empreendedores ao se manter em seus empregos regulares enquanto testavam suas ideias, ou Carmen Medina ao assumir uma função ligada à segurança de dados de inteligência enquanto trabalhava para fazer a CIA abraçar a internet, isso pode evitar apostas desnecessariamente arriscadas.

7. ***Enfatize motivos para rejeitar sua ideia.*** Você se lembra de Rufus Griscom, o empreendedor do Capítulo 3, que explicou aos investidores por que eles não deveriam apostar em sua empresa? Você também pode fazer isso. Comece descrevendo os três principais pontos fracos de sua ideia e então peça aos outros que listem outras razões para não apoiá-la. Presumindo que sua ideia tenha méritos, ao se esforçarem para criar objeções as pessoas tomarão consciência de suas virtudes.

8. ***Torne suas ideias mais familiares.*** Repita-se: isso deixa as pessoas mais confortáveis com uma ideia pouco convencional. As reações sempre ficam mais positivas depois de algo entre 10 e 20 exposições a uma ideia, sobretudo se forem exposições breves, com alguns dias de intervalo e misturadas a outras ideias. Você também pode tornar seu conceito original mais sedutor ligando-o a ideias que já sejam compreendidas pelo público – como quando o roteiro de *O rei leão* foi apresentado como *Hamlet* com leões.
9. ***Fale com um público diferente.*** Em vez de procurar pessoas simpáticas a você e que compartilhem seus valores, tente abordar pessoas muito críticas que compartilhem seus métodos. Na Marinha americana, um jovem aviador chamado Ben Kohlmann criou uma célula de inovação altamente eficiente ao reunir um grupo de jovens oficiais que tinham contra si ações disciplinares por desafiarem seus superiores.[1] Todos compartilhavam um histórico de divergência baseada em princípios, e, embora tivessem objetivos diferentes, os hábitos de oposição leal combinaram bem. Os melhores aliados que você tem são pessoas com um histórico de obstinação e que resolvam problemas de um modo semelhante ao seu.
10. ***Seja um radical moderado.*** Se sua ideia for muito pioneira, experimente embuti-la em um objetivo mais convencional. Dessa forma, em vez de fazer as pessoas mudarem de ideia, você pode apelar a valores e crenças que elas já têm. Você pode usar um cavalo de Troia, como fez Meredith Perry ao mascarar sua visão de energia sem fio por trás de uma solicitação para projetar um transformador. Pode ainda apresentar a proposta como meio para a obtenção de um fim que seja importante para os outros, como procedeu Frances Willard ao redefinir o direito ao voto como uma ferramenta para as mulheres conservadoras protegerem suas casas dos efeitos do consumo abusivo de álcool. E se você já for conhecido como um extremista, pode trocar a posição de líder pela de para-raios, deixando que alguém mais moderado assuma as rédeas.

C. Controle das emoções

11. ***Motive-se de forma diferente se estiver comprometido ou inseguro.*** Quando estiver determinado a agir, concentre-se em quanto falta

avançar – isso o encherá de energia para concluir o percurso. Quando sua convicção fraquejar, pense no progresso que já fez. Tendo chegado tão longe, como poderia desistir agora?

12. ***Não tente se acalmar.*** Quando você está nervoso, é difícil relaxar. Mais fácil é transformar a ansiedade em emoções positivas intensas como interesse e entusiasmo. Pense naquilo que o deixa com gana de desafiar o status quo e nas consequências positivas que podem vir daí.

13. ***Pense na vítima, não no agressor.*** Diante da injustiça, pensar no agressor alimenta a raiva e a agressividade. Mudar a atenção para a vítima reforça a empatia e aumenta as chances de canalizar a raiva em uma direção positiva. Em vez de tentar punir as pessoas responsáveis pelo dano, você terá maior probabilidade de ajudar as pessoas prejudicadas.

14. ***Compreenda que não está só.*** Mesmo um único aliado aumenta substancialmente a vontade de agir. Encontre uma pessoa que acredite em sua visão e comecem juntos a atacar os problemas.

15. ***Lembre-se de que, se você não tomar a iniciativa, o status quo permanecerá o mesmo.*** Pense nas quatro reações possíveis à insatisfação: desistir, discutir, persistir ou negligenciar. Apenas desistir e discutir poderão melhorar sua situação. Discutir pode ser o melhor caminho se você tiver algum controle sobre a situação. Caso contrário, pode ser a hora de pensar em formas de ampliar sua influência – ou desistir.

Ações de líder

A. Deflagração de ideias originais

1. ***Realize um concurso de inovação.*** Acolher sugestões sobre qualquer tópico a qualquer momento não captura a atenção de pessoas ocupadas. Concursos de inovação são altamente eficientes para recolher um grande número de ideias inovadoras e identificar as melhores.[2] Em vez de apenas criar uma caixinha de sugestões, envie uma conclamação geral pedindo ideias para solucionar um problema específico ou suprir uma necessidade desatendida. Dê aos funcionários três sema-

nas para desenvolverem suas propostas e em seguida faça-os avaliar as ideias uns dos outros, classificando as melhores para a fase seguinte. Os vencedores ganham um orçamento, uma equipe, a supervisão e o patrocínio necessários para transformar suas ideias em realidade.

2. ***Imagine-se no lugar do inimigo.***[3] Com frequência, as pessoas deixam de ter novas ideias em razão da falta de um sentido de urgência. Você pode criar essa urgência realizando o exercício "Mate a companhia", criado por Lisa Bodell, CEO do futurethink. Reúna um grupo de funcionários e os convide a dedicar uma hora a um brainstorming sobre como varrer sua empresa do mercado – ou aniquilar seu mais popular produto, serviço ou tecnologia. Em seguida, promova um debate sobre as ameaças mais sérias e como convertê-las em oportunidades de transição da defesa para o ataque.

3. ***Convide funcionários de diferentes funções e níveis para expor suas ideias.*** Na DreamWorks Animation, até os contadores e advogados são incentivados e treinados para apresentar ideias de filmes.[4] Esse tipo de engajamento criativo acrescenta uma variedade maior de competências ao trabalho, tornando-o mais interessante para os funcionários, além de aprimorar o acesso da organização a novas ideias.[5] Envolver toda a equipe nesse tipo de atividade ainda oferece outra vantagem: quando participam da geração de ideias, os funcionários adotam um modelo de pensamento criativo que os deixa menos suscetíveis aos falsos negativos, tornando-os melhores juízes das ideias dos colegas.

4. ***Promova um dia do oposto.*** Uma vez que costuma ser difícil encontrar tempo para considerar pontos de vista originais, uma das minhas práticas preferidas em sala de aula e conferências é ter um "dia do oposto". Executivos e estudantes se dividem em grupos e cada um destes escolhe uma premissa, crença ou área de conhecimento que seja vista por todos como natural e inquestionável. Cada grupo então pergunta: "Em que situação o oposto seria verdadeiro?" – e então faz uma apresentação de suas ideias.

5. ***Elimine as palavras "gosto", "amo" e "odeio".***[6] Na organização sem fins lucrativos DoSomething.org, a CEO Nancy Lublin proibiu os funcionários de usar as palavras "gosto", "amo" e "odeio", porque elas tornavam muito fácil dar uma resposta visceral a qualquer problema sem analisá-lo. Os funcionários não podem dizer apenas que prefe-

rem o design de uma página do site em detrimento de outro: precisam justificar seu raciocínio com afirmativas como "Esse design de página é mais forte porque o título é mais legível do que na outra opção". Isso motiva as pessoas a apresentarem novas ideias em vez de apenas rejeitar as existentes.

B. Construção de culturas de originalidade

6. *Não contrate com base na adequação à cultura, mas na contribuição para a cultura.* Quando priorizam a adequação cultural, os líderes acabam contratando pessoas que pensam de modo semelhante. A originalidade não vem das pessoas que combinam com a sua cultura, mas daquelas que a enriquecem. Antes das entrevistas, identifique experiências, competências e traços de personalidade que estejam em falta em sua cultura. Em seguida, atribua um valor diferenciado a essas qualidades em seu processo de seleção.
7. *Troque as entrevistas na saída por entrevistas na chegada.* Em vez de esperar para pedir sugestões aos funcionários no momento em que estão indo embora da empresa, comece a perguntar por suas ideias quando eles são admitidos. Conversando com os recém-contratados durante sua aclimatação, você fará com que se sintam valorizados e colherá sugestões inovadoras no processo. Pergunte-lhes o que os trouxe até ali e o que os faria permanecer na empresa. Incentive-os a lançar sobre a cultura da casa um olhar de detetive, aproveitando seu ponto de vista híbrido entre o lado de fora e o lado de dentro para investigar as práticas que devem ser aposentadas e as que merecem ser mantidas, bem como possíveis incoerências entre os valores que são pregados e os que são praticados.
8. *Peça problemas, não soluções.* Quando as pessoas se apressam a encontrar respostas, você acaba tendo uma cultura mais justificatória do que inquisitiva e desperdiça o potencial de conhecimento da equipe. Inspirado no diário da encrenca da Bridgewater, você pode criar um documento aberto para os funcionários apontarem os problemas que encontram. Uma vez por mês, reúna as pessoas para rever esse documento e decidir quais questões merecem ser resolvidas.
9. *Pare de nomear falsos advogados do diabo e comece a descobrir os verdadeiros.* Opiniões divergentes são úteis até quando estão erra-

das, mas só são eficazes quando autênticas e consistentes. Em vez de escolher pessoas para fazerem o papel de advogado do diabo, encontre aquelas que de fato têm opiniões minoritárias e convide-as a expor seus pontos de vista. Para identificar essas pessoas, experimente ter um gerente de informações – encarregue alguém de procurar os membros da equipe individualmente antes das reuniões, para saber o que eles pensam.

10. **Acolha as críticas.** É difícil estimular o dissenso se você não pratica o que prega. Quando Ray Dalio recebeu um e-mail criticando seu desempenho em uma reunião importante, copiá-lo para toda a empresa enviou uma mensagem clara de que ele recebia bem o feedback negativo. Estimulando os funcionários a criticá-lo publicamente, você poderá dar o tom para que as pessoas se comuniquem de forma mais franca, mesmo quando suas ideias forem impopulares.

Ações de pais e professores

1. **Pergunte às crianças o que seus modelos de comportamento fariam.** As crianças se sentem livres para tomar a iniciativa quando olham para os problemas pela ótica dos originais. Pergunte-lhes o que gostariam de melhorar na família e na escola. Depois, leve-as a identificar um personagem da vida real ou da ficção que admiram por ser excepcionalmente criativo e inventivo. O que essa pessoa faria em tal situação?

2. **Associe o bom comportamento ao bom caráter.** Muitos pais e professores elogiam boas ações, mas as crianças são mais generosas quando as elogiamos por serem boas pessoas – isso passa a fazer parte de sua identidade. Se você vir uma criança fazendo algo elogiável, procure dizer: "Você é uma boa pessoa porque fez isso." As crianças também são mais éticas quando solicitadas a serem pessoas de bons princípios morais, pois querem fazer por merecer tal identidade. Se você quiser que uma criança compartilhe um brinquedo com um amiguinho, em vez de perguntar "Que tal dividir?", pergunte: "Que tal ser uma pessoa que divide?"

3. **Explique como o mau comportamento tem consequências para os outros.** Quando as crianças se comportam mal, ajude-as a entender como suas ações podem ferir outras pessoas. "Como você acha que

ela se sentiu por causa disso?" Ao considerar o impacto negativo que têm sobre os outros, as crianças começam a sentir empatia e culpa, o que fortalece sua motivação para corrigir os próprios erros – e para evitar repetir a mesma ação no futuro.

4. ***Enfatize mais os valores do que as regras.*** Regras estabelecem limites que ensinam as crianças a adotar uma visão fixa do mundo. Os valores as encorajam a internalizarem princípios sozinhas. Quando você estiver falando de padrões de comportamento, como os pais dos salvadores do Holocausto, explique por que certos ideais são relevantes para você e pergunte às crianças por que esses ideais são importantes.

5. ***Crie novos nichos para as crianças explorarem.*** Assim como os caçulas procuram nichos de atuação mais originais quando os caminhos convencionais estão fechados para eles, sempre há formas de ajudar as crianças a criarem seus nichos. Uma das minhas técnicas favoritas é a da Aula Quebra-Cabeça:[7] reúna os estudantes para um trabalho de grupo e dê a cada um deles uma parte única da tarefa. Por exemplo, ao escrever o resumo de um livro sobre a vida de Eleanor Roosevelt, um aluno trabalha em sua infância, outro na adolescência e um terceiro em seu papel no movimento feminista. As pesquisas mostram que isso reduz o preconceito: as crianças aprendem a valorizar os distintos pontos fortes umas das outras. Também pode lhes dar a oportunidade de desenvolver ideias originais em vez de se tornarem vítimas do pensamento de grupo. Para favorecer ainda mais o surgimento de pensamentos inovadores, peça às crianças que imaginem um quadro de referências diferente. Como seria a infância de Roosevelt se ela tivesse crescido na China? Que batalhas teria escolhido lutar por lá?

Agradecimentos

Escrever um livro pela segunda vez foi uma experiência diferente. Não precisei jogar fora 103 mil palavras e recomeçar tudo do zero, mas, por outro lado, eu estava mais agudamente consciente de que alguém poderia ler mesmo o que eu escrevia, o que me fez pensar duas vezes sobre cada escolha. Ainda bem que minha mulher, Allison, tem uma capacidade sobrenatural de reconhecer originalidade e qualidade (além de possuir o faro de um gato selvagem). Ela sempre soube reconhecer de imediato quando um caminho valia a pena e quando outro não daria em nada que prestasse. Meu processo de escrita seria bem menos divertido sem ela, que conversou pacientemente comigo sobre cada ideia, leu com amor a primeira versão de cada capítulo e habilmente reescreveu e reorganizou diversos trechos. Seus padrões são tão elevados quanto é possível ser, e quando ela se dava por satisfeita eu sabia que estaria satisfeito também. Este livro não existiria sem sua paixão como escritora e leitora e sua compaixão como mulher e mãe.

Meu agente Richard Pine, um verdadeiro original, foi indispensável ao me ajudar a desenvolver a ideia deste livro e ao oferecer sábios conselhos a cada passo da jornada. Foi um prazer trabalhar com Rick Kot, que é mais do que um editor. Além de trazer raros níveis de graça para enriquecer o conteúdo e de reflexão para refinar a estrutura, ele o defendeu quando preciso como se o filho fosse dele.

Sheryl Sandberg leu cada palavra com carinho notável e tornou o livro muito melhor ao aprimorar a lógica, o estilo e os conselhos práticos. Sua contribuição foi maior do que eu poderia ter imaginado. Justin Berg suportou incontáveis rascunhos de capítulos e conversas, e ofereceu o mesmo número de fagulhas criativas para aprimorar o conteúdo e a forma. Reb Rebele leu a primeira versão integral, dando sua mistura inigualável de questionamento profundo e aconselhamento sábio em termos de conceito e estilo. Dan Pink acumulou assistências ao sugerir um capítulo sobre timing, lembrar-me do narcisismo das pequenas diferenças e me apresentar a um dos personagens mais fascinantes aqui perfilados.

Tive a sorte de trabalhar com Alexis Hurley, Eliza Rothstein e o restante da equipe da InkWell, bem como com o dedicado grupo da Viking – em particular Carolyn Coleburn, Kristin Matzen e Lindsay Prevette na divulgação; Jane Cavolina, Diego Nunez e Jeannette Williams na edição; e Pete Garceau, Jakub Gojda, Roseanne Serra e Alissa Theodor no design de capa e miolo. Jon Cohen e Sarah Cho, da SurveyMonkey, foram ágeis, eficientes e generosos na criação e na aplicação de uma pesquisa que nos permitiu testar diferentes subtítulos, além de recolher impressões sobre o design da capa e o conceito.

A comunidade de colegas na Wharton – em especial Sigal Barsade, Drew Carton, Samir Nurmohamed e Nancy Rothbard – foi inestimável. Faço um agradecimento especial ao Impact Lab e a Lindsay Miller pelo entusiasmo inabalável. Este projeto também se beneficiou consideravelmente do apoio de Geoff Garrett, Mike Gibbons, Amy Gutmann, Dan Levinthal e Nicolaj Siggelkow. Pelas ideias e apresentações a pessoas perfiladas ou citadas no livro, agradeço a Jennifer Aaker, Teresa Amabile, Niko Canner, Rosanne Cash, Christine Choi, Kate Drane, Lisa Gevelber, David Hornik, Tom Hulme, Jimmy Kaltreider, Daphne Koller, John Michel, Andrew Ng, Bobby Turner e Lauren Zalaznick.

Por me ajudarem a encontrar histórias e exemplos, agradeço a Josh Berman, Jesse Beyroutey, Wendy De La Rosa, Priti Joshi, Stacey Kalish, Victoria Sakal e Jenny Wang; por me darem feedback constante sobre rascunhos de capítulos, a James An, Sarah Beckoff, Kelsey Gliva, Nicole Granet, Shlomo Klapper, Nick LoBuglio, Casey Moore, Nicole Pollack, Julianna Pillemer, Sreyas Raghavan, Anna Reighart, Eric Shapiro, Jacob Tupler, Danielle Tussing e Kimberly Yao. Pelas conversas estimulantes sobre os originais, sou grato a Sue Ashford, Caroline Barlerin, Kepp Bradford, Danielle Celermajer, Annicken Day, Kathryn Dekas, Lisa Donchak, Angela Duckworth, Jane Dutton, Mike Feinberg, Anna Fraser, Malcolm Gladwell, Marc Grossman, Saar Gur, Julie Hanna, Emily Hunt, Karin Klein, Josh Kopelman, Stephanie Landry, Ellen Langer, Ryan Leirvik, Dave Levin, Tamar Lisbona, Brian Little, Nancy Lublin, Joshua Marcuse, Cade Massey, Deb Mills-Scofield, Sean Parker, Meredith Petrin, Phebe Port, Rick Price, Ben Rattray, Fred Rosen, Spencer Scharff, Nell Scovell, Scott Sherman, Phil

Tetlock, Colleen Tucker, Jeanine Wright e Amy Wrzesniewski. (Ah, e a Stacy e Kevin Brand por solicitarem esses agradecimentos.)

Em um ou outro momento, muitos membros da família modelaram e incentivaram a originalidade – meus pais, Susan e Mark; minha irmã, Traci; meus avós, Marion e Jay Grant e os falecidos Florence e Paul Borock; e meus cunhados Adrienne e Neal Sweet.

Meus filhos, Joanna, Elena e Henry, significam tudo para mim e me levaram a pensar de forma diferente sobre este livro. Eles me ensinaram que, para se tornarem originais, os adultos precisam passar menos tempo aprendendo e mais tempo desaprendendo. E me inspiraram a ser menos conformista, na esperança de criar para eles um mundo melhor.

Notas

Capítulo 1

1. George Bernard Shaw, *Homem e super-homem* (São Paulo: Editora Melhoramentos, 1951).
2. Entrevistas pessoais com Neil Blumenthal e Dave Gilboa (25 de junho de 2014 e 23 e 24 de março de 2015); David Zax, "Fast Talk: How Warby Parker's Cofounders Disrupted the Eyewear Industry and Stayed Friends", *Fast Company*, 22 de fevereiro de 2012, www.fastcompany.com/1818215/fast-talk-how-warby-parkers-cofounders-disrupted-eyewear-industry-and-stayed-friends; "A Chat with the Founders of Warby Parker", *The Standard Culture*, 5 de setembro de 2012, www.standardculture.com/posts/6884-A-Chat-with-the-Founders-of-Warby-Parker; Blumenthal, "Don't Underinvest in Branding", *Wall Street Journal, Accelerators*, 18 de julho de 2013, http://blogs.wsj.com/accelerators/2013/07/18/neil-blumenthal-branding-is-a-point-of-view; Curan Mehra e Anya Schultz, "Interview: Dave Gilboa, Founder and CEO of Warby Parker", *Daily Californian*, 5 de setembro de 2014, www.dailycal.org/2014/09/05/interview-dave-gilboa-founder-ceo-warby-parker/; "The World's 50 Most Innovative Companies", *Fast Company*, 9 de fevereiro de 2015, www.fastcompany.com/section/most-innovative-companies-2015.
3. *Merriam-Webster Dictionary*, acessado em 24 de agosto de 2014, em www.merriam-webster.com/dictionary/original.
4. Harrison Gough, *California Psychological Inventory Administrator's Guide* (Palo Alto: Consulting Psychologists Press, Inc., 1987); ver também Thomas S. Bateman e J. Michael Crant, "The Proactive Component of Organizational Behavior: A Measure and Correlates", *Journal of Organizational Behavior* 14 (1993): 103-118; Gregory J. Feist e Frank X. Barron, "Predicting Creativity from Early to Late Adulthood: Intellect, Potential, and Personality", *Journal of Personality* 37 (2003): 62-88; Adam M. Grant e Susan J. Ashford, "The Dynamics of Proactivity at Work", *Research in Organizational Behavior* 28 (2008): 3-34; Mark A. Griffin, Andrew Neal e Sharon K. Parker, "A New Model of Work Role Performance: Positive Behavior in Uncertain and Interdependent Contexts", *Academy of Management Journal* 50 (2007): 327-347.

5. Palavra cunhada por Dan Gilbert; ver C. Neil Macrae, Galen V. Bodenhausen e Guglielmo Calvini, "Contexts of Cryptomnesia: May the Source Be with You", *Social Cognition* 17 (1999): 273-297.
6. Correspondência pessoal com Michael Housman (30 de janeiro, 25 e 27 de fevereiro, 9 e 27 de março e 6 de abril de 2015); Palestra de Housman na conferência Wharton People Analytics, 28 de março de 2015; "How Might Your Choice of Browser Affect Your Job Prospects?" *Economist*, 10 de abril de 2013, www.economist.com/blogs/economist-explains/2013/04/economist-explains-how-browser-affects-job-prospects.
7. John T. Jost, Brett W. Pelham, Oliver Sheldon e Bilian Ni Sullivan, "Social Inequality and the Reduction of Ideological Dissonance on Behalf of the System: Evidence of Enhanced System Justification Among the Disadvantaged", *European Journal of Social Psychology* 33 (2003): 13-36; John T. Jost, Vagelis Chaikalis-Petritsis, Dominic Abrams, Jim Sidanius, Jojanneke van der Toorn e Christopher Bratt, "Why Men (and Women) Do and Don't Rebel: Effects of System Justification on Willingness to Protest", *Personality and Social Psychology Bulletin* 38 (2012): 197-208; Cheryl J. Wakslak, John T. Jost, Tom R. Tyler e Emmeline S. Chen, "Moral Outrage Mediates the Dampening Effect of System Justification on Support for Redistributive Social Policies", *Psychological Science* 18 (2007): 267-274; John T. Jost, Mahzarin R. Banaji e Brian A. Nosek, "A Decade of System Justification Theory: Accumulated Evidence of Conscious and Unconscious Bolstering of the Status Quo", *Political Psychology* 25 (2004): 881-919.
8. Karl E. Weick, "The Collapse of Sensemaking in Organizations: The Mann Gulch Disaster", *Administrative Science Quarterly* 38 (1993): 628-652; ver também Robert I. Sutton, *Weird Ideas That Work: 11½ Practices for Promoting, Managing, and Sustaining Innovation* (Nova York: Simon & Schuster, 2001).
9. Jean H. Baker, *Sisters: The Lives of America's Suffragists* (Nova York: Hill and Wang, 2006).
10. Ellen Winner, "Child Prodigies and Adult Genius: A Weak Link", *The Wiley Handbook of Genius*, org. Dean Keith Simonton (Hoboken: Wiley-Blackwell, 2014).
11. Erik L. Westby e V. L. Dawson, "Creativity: Asset or Burden in the Classroom", *Creativity Research Journal* 8 (1995): 1-10.
12. William Deresiewicz, *Excellent Sheep: The Miseducation of the American Elite and the Way to a Meaningful Life* (Nova York: Free Press, 2014).
13. Ellen Winner, "Child Prodigies and Adult Genius: A Weak Link", in *The Wiley Handbook of Genius*, org. Dean Keith Simonton (Hoboken: Wiley-Blackwell, 2014).
14. Dean Keith Simonton, "Creative Cultures, Nations, and Civilizations: Strategies and Results", *Group Creativity: Innovation Through Collaboration*, org. Paul B. Paulus e Bernard A. Nijstad (Nova York: Oxford University Press, 2013).
15. Robert J. Sternberg e Todd I. Lubart, *Defying the Crowd: Simple Solutions to the Most Common Relationship Problems* (Nova York: Simon & Schuster, 2002); ver também John W. Atkinson, "Motivational Determinants of Risk-Taking Behavior", *Psychological Review* 64 (1997): 359-372.

16. Jane M. Howell e Boas Shamir, "The Role of Followers in the Charismatic Leadership Process: Relationships and Their Consequences", *Academy of Management Review* 30 (2005): 96-112; J. Mark Weber e Celia Moore, "Squires: Key Followers and the Social Facilitation of Charismatic Leadership", *Organizational Psychology Review* 4 (2014): 199-227.
17. Jack Rakove, *Revolutionaries: A New History of the Invention of America* (Nova York: Houghton Mifflin, 2010); Ron Chernow, *Washington: A Life* (Nova York: Penguin, 2011).
18. Martin Luther King, Jr., *The Autobiography of Martin Luther King, Jr.* (Nova York: Warner Books, 1998); ver também Howell Raines, *My Soul Is Rested: Movement Days in the Deep South Remembered* (Nova York: Penguin, 1983).
19. Giorgio Vasari, *Vidas dos artistas* (São Paulo: WMF Martins Fontes, 2011).
20. Frank J. Sulloway, *Vocação: rebelde* (Rio de Janeiro: Record, 2000).
21. Livingston, *Founders at Work*, 42, 45.
22. Joseph A. Schumpeter, *Capitalism, Socialism & Democracy* (Nova York: Harper Perennial Modern Classics, 1942/2008).
23. Jennifer J. Kish-Gephart, James R. Detert, Linda Klebe Treviño e Amy C. Edmondson, "Silenced by Fear: The Nature, Sources, and Consequences of Fear at Work", *Research in Organizational Behavior* 29 (2009): 163-193; "Politics Threaten Science at FDA", *National Coalition Against Censorship,* 22 de julho de 2006, http://ncac.org/update/politics-threaten-science-at-fda; Frances J. Milliken, Elizabeth W. Morrison e Patricia F. Hewlin, "An Exploratory Study of Employee Silence: Issues That Employees Don't Communicate Upward and Why", *Journal of Management Studies* 40 (2003): 1453-1476.
24. Entrevista pessoal com Mellody Hobson (12 de maio de 2015) e discurso de Hobson em cerimônia de formatura na USC (19 de maio de 2015), http://time.com/3889937/mellody-hobson-graduation-speech-usc/.
25. Richard Cantillon, *Ensaio sobre a natureza do comércio em geral* (Curitiba: Segesta Editora, 2002); ver também James Surowiecki, "Epic Fails of the Startup World", *New Yorker,* 19 de maio de 2014, www.newyorker.com/magazine/2014/05/19/epic-fails-of-the-startup-world.
26. Joseph Raffiee e Jie Feng, "Should I Quit My Day Job? A Hybrid Path to Entrepreneurship", *Academy of Management Journal* 57 (2014): 936-963.
27. Bill Katovsky e Peter Larson, *Tread Lightly: Form, Footwear, and the Quest for Injury-Free Running* (Nova York: Skyhorse Publishing, 2012); David C. Thomas, *Readings and Cases in International Management: A Cross-Cultural Perspective* (Thousand Oaks: Sage Publications, 2003).
28. Jessica Livingston, *Startup* (Rio de Janeiro: Agir, 2009).
29. Conversas pessoais com Larry Page (15 e 16 de setembro de 2014) e "Discurso de Larry Page em cerimônia de formatura na Universidade de Michigan" (2 de maio de 2009), http://googlepress.blogspot.com/2009/05/larry-pages-university-of-michigan.html; Google Investor Relations, https://investor.google.com/financial/tables.html.

30. "With Her MLK Drama *Selma*, Ava DuVernay Is Directing History", *Slate*, 5 de dezembro de 2014, www.slate.com/blogs/browbeat/2014/12/05/ava_duvernay_profile_the_selma_director_on_her_mlk_drama_and_being_a_black.html.
31. Laura Jackson, *Brian May: The Definitive Biography* (Nova York: Little, Brown, 2011).
32. Tiffany McGee, "5 Reasons Why John Legend Is No Ordinary Pop Star", *People*, 6 de novembro de 2006, www.people.com/people/archive/article/0,20060910,00.html; "Singer/Songwriter John Legend Got Early Start", *USA Today*, 28 de julho de 2005, http://usatoday30.usatoday.com/life/music/news/2005-07-28-legend-early-start_x.htm; John Legend, "All in on Love", *Huffington Post*, 20 de maio de 2014, www.huffingtonpost.com/john-legend/penn-commencement-speech-2014_b_5358334.html.
33. Lucas Reilly, "How Stephen King's Wife Saved 'Carrie' and Launched His Career", *Mental Floss*, 17 de outubro de 2013, http://mentalfloss.com/article/53235/how-stephen-kings-wife-saved-carrie-and-launched-his-career.
34. Scott Adams, *Dilbert 2.0: 20 Years of Dilbert* (Kansas City: Andrews McMeel Publishing, 2008).
35. Clyde H. Coombs e Lily Huang, "Tests of a Portfolio Theory of Risk Preference", *Journal of Experimental Psychology* 85 (1970): 23-29; Clyde H. Coombs e James Bowen, "Additivity of Risk in Portfolios", *Perception & Psychophysics* 10 (1971): 43-46, e "Test of the Between Property of Expected Utility", *Journal of Mathematical Psychology* 13 (323-337).
36. Lee Lowenfish, *Branch Rickey: Baseball's Ferocious Gentleman* (Lincoln: University of Nebraska Press, 2009).
37. Paul Collins, "Ezra Pound's Kickstarter Plan for T. S. Eliot", *Mental Floss*, 8 de dezembro de 2013, http://mentalfloss.com/article/54098/ezra-pounds-kickstarter-plan-ts-eliot.
38. Victor K. McElheny, *Insisting on the Impossible: The Life of Edwin Land* (Nova York: Basic Books, 1999).
39. Adam Cohen, *The Perfect Store: Inside eBay* (Nova York: Little, Brown, 2008).
40. Jane Bianchi, "The Power of Zigging: Why Everyone Needs to Channel Their Inner Entrepreneur", LearnVest, 22 de outubro de 2014, http://www.learnvest.com/2014/10/crazy-is-a-compliment-the-power-of-zigging-when-everyone-else-zags/; Marco della Cava, "Linda Rottenberg's Tips for 'Crazy' Entrepreneurs", *USA Today*, 15 de outubro de 2014, www.usatoday.com/story/tech/2014/10/02/linda-rottenberg-crazy-is-a-compliment-book/16551377; "Myths About Entrepreneurship", *Harvard Business Review, IdeaCast*, outubro 2010, https://hbr.org/2014/10/myths-about-entrepreneurship; Linda Rottenberg, *Crazy Is a Compliment: The Power of Zigging When Everyone Else Zags* (Nova York: Portfolio, 2014).
41. Clare O'Connor, "Top Five Startup Tips from Spanx Billionaire Sara Blakely", *Forbes*, 2 de abril de 2012, www.forbes.com/sites/ clareoconnor/2012/04/02/top-five-startup-tips-from-spanx-billionaire-sara -blakely/.
42. "Henry Ford Leaves Edison to Start Automobile Company", History.com, www.history.com/this-day-in-history/henry-ford-leaves-edison-to-start-automobile-company.

43. Rick Smith, *The Leap: How 3 Simple Changes Can Propel Your Career from Good to Great* (Nova York: Penguin, 2009).
44. Matteo P. Arena, Stephen P. Ferris e Emre Unlu, "It Takes Two: The Incidence and Effectiveness of Co-CEOs", *The Financial Review* 46 (2011): 385-412; ver também Ryan Krause, Richard Priem e Leonard Love, "Who's in Charge Here? Co-CEOs, Power Gaps, and Firm Performance", *Strategic Management Journal* (2015).
45. Hongwei Xu e Martin Ruef, "The Myth of the Risk-Tolerant Entrepreneur", *Strategic Organization* 2 (2004): 331-355.
46. Ross Levine e Yona Rubinstein, "Smart and Illicit: Who Becomes an Entrepreneur and Does It Pay?", documento de trabalho nº 19276 do National Bureau of Economic Research (agosto de 2013); Zhen Zhang e Richard D. Arvey, "Rule Breaking in Adolescence and Entrepreneurial Status: An Empirical Investigation", *Journal of Business Venturing* 24 (2009): 436-447; Martin Obschonka, Hakan Andersson, Rainer K. Silbereisen e Magnus Sverke, "Rule-Breaking, Crime, and Entrepreneurship: A Replication and Extension Study with 37-Year Longitudinal Data", *Journal of Vocational Behavior* 83 (2013): 386-396; Marco Caliendo, Frank Fossen e Alexander Kritikos, "The Impact of Risk Attitudes on Entrepreneurial Survival", *Journal of Economic Behavior & Organization* 76 (2010): 45-63.
47. Malcolm Gladwell, "The Sure Thing", *New Yorker*, 18 de janeiro de 2010, www.newyorker.com/magazine/2010/01/18/the-sure-thing.
48. Hao Zhao, Scott E. Seibert e G. T. Lumpkin, "The Relationship of Personality to Entrepreneurial Intentions and Performance: A Meta-Analytic Review", *Journal of Management* 36 (2010): 381-404; Scott Shane, *The Illusions of Entrepreneurship: The Costly Myths That Entrepreneurs, Investors, and Policy Makers Live By* (New Haven: Yale University Press, 2008).
49. Ronald J. Deluga, "American Presidential Proactivity, Charismatic Leadership, and Rated Performance", *Leadership Quarterly* 9 (1998): 265-291; Steven J. Rubenzer e Thomas R. Faschingbauer, *Personality, Character, and Leadership in the White House: Psychologists Assess the Presidents* (Dulles: Brassey's, 2004).
50. Todd Brewster, *Lincoln's Gamble: The Tumultuous Six Months That Gave America the Emancipation Proclamation and Changed the Course of the Civil War* (Nova York: Simon & Schuster, 2014), 60.
51. Amy Wrzesniewski, Justin M. Berg, Adam M. Grant, Jennifer Kurkoski e Brian Welle, "Dual Mindsets at Work: Achieving Long-Term Gains in Happiness", *Academy of Management Journal* (2015).

Capítulo 2

1. Scott Adams, *O princípio Dilbert* (Rio de Janeiro: Ediouro, 1996).
2. Pando Monthly, "John Doerr on What Went Wrong with Segway", acessado em 12 de fevereiro de 2015, em www.youtube.com/watch?v= oOQzjpBkUTY.
3. Entrevistas pessoais com Aileen Lee (6 de fevereiro de 2015), Randy Komisar (13 de fevereiro de 2015) e Bill Sahlman (11 de março de 2015); Steve Kemper, *Rein-*

venting the Wheel: A Story of Genius, Innovation, and Grand Ambition (Nova York: HarperCollins, 2005); Hayagreeva Rao, *Os revolucionários dos negócios* (São Paulo: Gente, 2010); Mathew Hayward, *Ego Check: Why Executive Hubris Is Wrecking Companies and Careers and How to Avoid the Trap* (Nova York: Kaplan Business, 2007); Jordan Golson, "Well, That Didn't Work: The Segway Is a Technological Marvel. Too Bad It Doesn't Make Any Sense", *Wired*, 16 de janeiro de 2015, www.wired.com/2015/01/well-didnt-work-segway-technological-marvel-bad-doesnt-make-sense; Paul Graham, "The Trouble with the Segway", julho 2009, www.paulgraham.com/segway.html; Mike Masnick, "Why Segway Failed to Reshape the World: Focused on Invention, Rather Than Innovation", *Techdirt*, 31 de julho de 2009, www.techdirt.com/articles/20090730/1958335722.shtml; Gary Rivlin, "Segway's Breakdown", *Wired*, março de 2003, http://archive.wired.com/wired/archive/11.03/segway.html; Douglas A. McIntyre, "The 10 Biggest Tech Failures of the Last Decade", *Time*, 14 de maio de 2009, http://content.time.com/time/specials/packages/article/0,28804,1898610_1898625_1898641,00.html.

4. Entrevistas pessoais com Rick Ludwin (24 de fevereiro e 4 de abril de 2015); Phil Rosenthal, "NBC Executive Stands Apart by Taking Stands", *Chicago Tribune*, 21 de agosto de 2005, http://articles.chicagotribune.com/2005-08-21/business/0508210218_1_warren-littlefield-rick-ludwin-head-of-nbc-entertainment; Brian Lowry, "From Allen to Fallon, Exec Has Worked with All 6 'Tonight Show' Hosts", *Variety*, 17 de fevereiro de 2014, http://variety.com/2014/ tv/news/from-allen-to-fallon-exec-has-worked-with-all-the-tonight-show-hosts-1201109027; Warren Littlefield, *Top of the Rock: Inside the Rise and Fall of Must See TV* (Nova York: Doubleday, 2012); Stephen Battaglio, "The Biz: The Research Memo That Almost Killed *Seinfeld*", *TV Guide*, 27 de junho de 2014, www.tvguide.com/ news/seinfeld-research-memo-1083639; Jordan Ecarma, "5 Hit TV Shows That Almost Didn't Happen", *Arts.Mic*, 26 de abril de 2013, http://mic.com/articles/38017/5-hit-tv-shows-that-almost-didn-t-happen; "From the Archives: Seinfeld on 60 Minutes", *CBS News*, 1.º de março de 2015, www.cbsnews.com/news/jerry-seinfeld-on-60-minutes; Louisa Mellor, "Seinfeld's Journey from Flop to Acclaimed Hit", *Den of Geek*, 10 de novembro de 2014, www.denofgeek.us/tv/seinfeld/241125/seinfeld-s-journey-from-flop-to-acclaimed-hit; David Kronke, "There's Nothing to It", *Los Angeles Times*, 29 de janeiro de 1995, http://articles.latimes.com/1995-01-29/entertainment/ca-25549_1_jerry-seinfeld; James Sterngold, "*Seinfeld* Producers Wonder, Now What?", *New York Times*, 27 de janeiro de 1998, www.nytimes.com/1998/01/27/movies/seinfeld-producers-wonder-now-what.html.

5. Laura J. Kornish e Karl T. Ulrich, "Opportunity Spaces in Innovation: Empirical Analysis of Large Samples of Ideas", *Management Science* 57 (2011): 107-128.

6. Justin M. Berg, "Balancing on the Creative High-Wire: Forecasting the Success of Novel Ideas in Organizations", dissertação de doutorado não publicada, Universidade da Pensilvânia, 2015.

7. Ver David Dunning, Chip Heath e Jerry M. Suls, "Flawed Self-Assessment: Implications for Health, Education, and the Workplace", *Psychological Science in the Public Interest* 5 (2004): 69-106.

8. Arnold C. Cooper, Carolyn Y. Woo e William C. Dunkelberg, "Entrepreneurs' Perceived Chances for Success", *Journal of Business Venturing* 3 (1988): 97-108; Noam Wasserman, "How an Entrepreneur's Passion Can Destroy a Startup", *Wall Street Journal*, 25 de agosto de 2014, www.wsj.com/articles/how-an-entrepreneur-s-passion-can-destroy-a-startup-1408912044.
9. Dean Keith Simonton, "Creativity as Blind Variation and Selective Retention: Is the Creative Process Darwinian?", *Psychological Inquiry* 10 (1999): 309-328.
10. Dean Keith Simonton, "Creative Productivity, Age, and Stress: A Biographical Time-Series Analysis of 10 Classical Composers", *Journal of Personality and Social Psychology* 35 (1977): 791-804.
11. Aaron Kozbelt, "A Quantitative Analysis of Beethoven as Self-Critic: Implications for Psychological Theories of Musical Creativity", *Psychology of Music* 35 (2007): 144-168.
12. Dean Keith Simonton, "Creativity and Discovery as Blind Variation: Campbell's (1960) BVSR Model After the Half-Century Mark", *Review of General Psychology* 15 (2011): 158-174.
13. Dean Keith Simonton, "Creative Productivity: A Predictive and Explanatory Model of Career Trajectories and Landmarks", *Psychological Review* 104 (1997): 66-89.
14. Orquestra Filarmônica de Londres e David Parry, *The 50 Greatest Pieces of Classical Music*, X5 Music Group, 23 de novembro de 2009.
15. Aaron Kozbelt, "Longitudinal Hit Ratios of Classical Composers: Reconciling 'Darwinian' and Expertise Acquisition Perspectives on Lifespan Creativity", *Psychology of Aesthetics, Creativity, and the Arts* 2 (2008): 221-235.
16. Ira Glass, "The Gap", acessado em 14 de abril de 2015, em https://vimeo.com/85040589.
17. Dean Keith Simonton, "Thomas Edison's Creative Career: The Multilayered Trajectory of Trials, Errors, Failures, and Triumphs", *Psychology of Aesthetics, Creativity, and the Arts* 9 (2015): 2-14.
18. Robert I. Sutton, *Weird Ideas That Work: 11½ Practices for Promoting, Managing, and Sustaining Innovation* (Nova York: Simon & Schuster, 2001).
19. Dean Keith Simonton, "Leaders of American Psychology, 1879-1967: Career Development, Creative Output, and Professional Achievement", *Journal of Personality and Social Psychology* 62 (1992): 5-17.
20. Teresa M. Amabile, "How to Kill Creativity", *Harvard Business Review*, setembro-outubro (1998): 77-87; Teresa M. Amabile, Sigal G. Barsade, Jennifer S. Mueller e Barry M. Staw, "Affect and Creativity at Work", *Administrative Science Quarterly* 50 (2005): 367-403.
21. Upworthy, "How to Make That One Thing Go Viral", 3 de dezembro de 2012, www.slideshare.net/Upworthy/how-to-make-that-one-thing-go-viral-just-kidding, e "2 Monkeys Were Paid Unequally; See What Happens Next", 11 de novembro de 2013, www.upworthy.com/2-monkeys-were-paid-unequally-see-what-happens-next.

22. Brian J. Lucas e Loran F. Nordgren, "People Underestimate the Value of Persistence for Creative Performance", *Journal of Personality and Social Psychology* 109 (2015): 232-243.
23. Entrevista pessoal com Lizz Winstead (8 de fevereiro de 2015).
24. Eric Ries, *A startup enxuta: como os empreendedores atuais utilizam a inovação contínua para criar empresas extremamente bem-sucedidas* (Rio de Janeiro: Leya Brasil, 2012).
25. Charalampos Mainemelis, "Stealing Fire: Creative Deviance in the Evolution of New Ideas", *Academy of Management Review* 35 (2010): 558-578; Aren Wilborn, "5 Hilarious Reasons Publishers Rejected Classic Best-Sellers", *Cracked*, 13 de fevereiro de 2013, www.cracked.com/article_20285_5-hilarious-reasons-publishers-rejected--classic-best-sellers.html; Berg, "Balancing on the Creative High-Wire."
26. Jennifer S. Mueller, Shimul Melwani e Jack A. Goncalo, "The Bias Against Creativity: Why People Desire But Reject Creative Ideas", *Psychological Science* 23 (2012): 13-17.
27. Erik Dane, "Reconsidering the Trade-Off Between Expertise and Flexibility: A Cognitive Entrenchment Perspective", *Academy of Management Review* 35 (2010): 579-603.
28. Drake Baer, "In 1982, Steve Jobs Presented an Amazingly Accurate Theory About Where Creativity Comes From", *Business Insider*, 20 de fevereiro de 2015, www.businessinsider.com/steve-jobs-theory-of-creativity-2015-2.
29. Robert Root-Bernstein, Lindsay Allen, Leighanna Beach, Ragini Bhadula, Justin Fast, Chelsea Hosey, Benjamin Kremkow, Jacqueline Lapp, Kaitlin Lonc, Kendell Pawelec, Abigail Podufaly, Caitlin Russ, Laurie Tennant, Eric Vrtis e Stacey Weinlander, "Arts Foster Scientific Success: Avocations of Nobel, National Academy, Royal Society, and Sigma Xi Members", *Journal of Psychology of Science and Technology* 1 (2008): 51-63.
30. Laura Niemi e Sara Cordes, "The Arts and Economic Vitality: Leisure Time Interest in Art Predicts Entrepreneurship and Innovation at Work" (no prelo, 2015).
31. Dean Keith Simonton, "Foresight, Insight, Oversight, and Hindsight in Scientific Discovery: How Sighted Were Galileo's Telescopic Sightings?", *Psychology of Aesthetics, Creativity, and the Arts* 6 (2012): 243-54.
32. Donald W. MacKinnon, "The Nature and Nurture of Creative Talent", *American Psychologist* 17 (1962): 484-95 e "Personality and the Realization of Creative Potential", *American Psychologist* 20 (1965): 273-281.
33. Frédéric C. Godart, William W. Maddux, Andrew V. Shipilov e Adam D. Galinsky, "Fashion with a Foreign Flair: Professional Experiences Abroad Facilitate the Creative Innovations of Organizations", *Academy of Management Journal* 58 (2015): 195-220.
34. Robert R. McCrae, "Aesthetic Chills as a Universal Marker of Openness to Experience", *Motivation and Emotion* 31 (2007): 5-11; Laura A. Maruskin, Todd M. Thrash e Andrew J. Elliot, "The Chills as a Psychological Construct: Content Universe, Factor Structure, Affective Composition, Elicitors, Trait Antecedents, and Consequences", *Journal of Personality and Social Psychology* 103 (2012): 135-157; Paul J. Silvia e Emily C. Nusbaum, "On Personality and Piloerection: Individual Differences in Aesthetic Chills and Other Unusual Aesthetic Experiences", *Psychology of Aesthetics,*

Creativity, and the Arts 5 (2011): 208-214;. Nusbaum e Silvia, "Shivers and Timbres: Personality and the Experience of Chills from Music", *Social Psychological and Personality Science* 2 (2011): 199-204; Oliver Grewe, Reinhard Kopiez e Eckart Altenmüller, "The Chill Parameter: Goose Bumps and Shivers as Promising Measures in Emotion Research", *Music Perception* 27 (2009): 61-74; Brian S. Connelly, Deniz S. Ones, Stacy E. Davies e Adib Birkland, "Opening Up Openness: A Theoretical Sort Following Critical Incidents Methodology and a Meta-Analytic Investigation of the Trait Family Measures", *Journal of Personality Assessment* 96 (2014): 17-28.

35. Charles Darwin, *Charles Darwin: His Life Told in an Autobiographical Chapter, and in a Selected Series of His Published Letters* (Londres: John Murray, 1908).
36. Angela Ka-yee Leung, William W. Maddux, Adam D. Galinsky e Chi-yue Chiu, "Multicultural Experience Enhances Creativity: The When and How", *American Psychologist* 63 (2008): 169-181; William W. Maddux e Adam D. Galinsky, "Cultural Borders and Mental Barriers: The Relationship Between Living Abroad and Creativity", *Journal of Personality and Social Psychology* 96 (2009): 1047-1061.
37. Steve Kemper, *Reinventing the Wheel: A Story of Genius, Innovation, and Grand Ambition* (Nova York: Harper Collins, 2005).
38. Erik Dane, Kevin W. Rockmann e Michael G. Pratt, "When Should I Trust My Gut? Linking Domain Expertise to Intuitive Decision-Making Effectiveness", *Organizational Behavior and Human Decision Processes* 119 (2012): 187-194.
39. Daniel Kahneman e Gary Klein, "Conditions for Intuitive Expertise: A Failure to Disagree", *American Psychologist* 64 (2009): 515-526.
40. Pino G. Audia, Edwin A. Locke e Ken G. Smith, "The Paradox of Success: An Archival and a Laboratory Study of Strategic Persistence Following Radical Environmental Change", *Academy of Management Journal* 43 (2000): 837-853.
41. Cheryl Mitteness, Richard Sudek e Melissa S. Cardon, "Angel Investor Characteristics That Determine Whether Perceived Passion Leads to Higher Evaluations of Funding Potential", *Journal of Business Venturing* 27 (2012): 592-606.
42. Daniel Kahneman, *Rápido e devagar: duas formas de pensar* (Rio de Janeiro: Objetiva, 2012).
43. Eric Schmidt e Jonathan Rosenberg, *Como o Google funciona* (Rio de Janeiro: Intrínseca, 2015).
44. Entrevistas pessoais com Lon Binder (30 de dezembro de 2014), Neil Blumenthal e Dave Gilboa (2 de fevereiro de 2015).
45. Adam Higginbotham, "Dean Kamen's Mission to Bring Unlimited Clean Water to the Developing World", *Wired*, 13 de agosto de 2013, www.wired.co.uk/magazine/archive/2013/08/features/engine-of-progress; Christopher Helman, "Segway Inventor Dean Kamen Thinks His New Stirling Engine Will Get You off the Grid for Under $10K", *Forbes*, 2 de julho de 2014, www.forbes.com/sites/christopherhelman/2014/07/02/dean-kamen-thinks-his-new-stirling-engine-could-power-the-world; Erico Guizzo, "Dean Kamen's 'Luke Arm' Prosthesis Receives FDA Approval", *IEEE Spectrum*, 13 de maio de 2014, http://spectrum.ieee.org/automaton/biomedical/bionics/dean-kamen-luke-arm-prosthesis-receives-fda-approval.

Capítulo 3

1. Susan J. Ashford, Nancy P. Rothbard, Sandy Kristin Piderit e Jane E. Dutton, "Out on a Limb: The Role of Context and Impression Management in Selling Gender-Equity Issues", *Administrative Science Quarterly* 43 (1998): 23-57.
2. *The Ultimate Quotable Einstein*, org. Alice Calaprice (Princeton: Princeton University Press, 2011).
3. Entrevistas pessoais com Carmen Medina (14 de agosto de 2014 e 2 de março de 2015); entrevista pessoal com Susan Benjamin (3 de abril de 2015); Lois Kelly e Carmen Medina, *Rebels at Work: A Handbook for Leading Change from Within* (Nova York: O'Reilly Media, 2014).
4. "Don Burke and Sean P. Dennehy", Service to America Medals, 2009, http://servicetoamericamedals.org/honorees/view_profile.php?profile=215; "CIA Adopting Web 2.0 Tools Despite Resistance", *Space War*, 12 de junho de 2009, www.spacewar.com/reports/CIA_adopting_Web_2.0_tools_despite_resistance_999.html; Steve Vogel, "For Intelligence Officers, A Wiki Way to Connect the Dots", *Washington Post*, 27 de agosto de 2009, www.washingtonpost.com/wp-dyn/content/article/2009/08/26/AR2009082603606.html; Robert K. Ackerman, "Intellipedia Seeks Ultimate Information Sharing", *SIGNAL*, outubro de 2007, www.afcea.org/content/?q=intellipedia-seeks-ultimate-information-sharing.
5. Scott E. Seibert, Maria L. Kraimer e J. Michael Crant, "What Do Proactive People Do? A Longitudinal Model Linking Proactive Personality and Career Success", *Personnel Psychology* 54 (2001): 845-74.
6. Benoît Monin, Pamela J. Sawyer e Matthew J. Marquez, "The Rejection of Moral Rebels: Resenting Those Who Do the Right Thing", *Journal of Personality and Social Psychology* 95 (2008): 76-93.
7. Alison R. Fragale, Jennifer R. Overbeck e Margaret A. Neale, "Resources Versus Respect: Social Judgments Based on Targets' Power and Status Positions", *Journal of Experimental Social Psychology* 47 (2011): 767-775.
8. Nathanael J. Fast, Nir Halevy e Adam D. Galinsky, "The Destructive Nature of Power Without Status", *Journal of Experimental Social Psychology* 48 (2012): 391-394.
9. Jon Lewis, "If History Has Taught Us Anything... Francis Ford Coppola, Paramount Studios, and *The Godfather Parts I, II*, and *III*", in *Francis Ford Coppola's The Godfather Trilogy*, ed. Nick Browne (Cambridge: Cambridge University Press, 2000) e *Whom God Wishes to Destroy: Francis Coppola and the New Hollywood* (Durham, NC: Duke University Press, 1997).
10. Edwin P. Hollander, "Conformity, Status, and Idiosyncrasy Credit", *Psychological Review* 65 (1958): 117-127; ver também Hannah Riley Bowles e Michele Gelfand, "Status and the Evaluation of Workplace Deviance", *Psychological Science* 21 (2010): 49-54.
11. Silvia Bellezza, Francesca Gino e Anat Keinan, "The Red Sneakers Effect: Inferring Status and Competence from Signals of Nonconformity", *Journal of Consumer Research* 41 (2014): 35-54.

12. Alison R. Fragale, "The Power of Powerless Speech: The Effects of Speech Style and Task Interdependence on Status Conferral", *Organizational Behavior and Human Decision Processes* 101 (2006): 243-261; Adam Grant, *Dar e receber* (Rio de Janeiro: Sextante, 2014).
13. Marian Friestad e Peter Wright, "The Persuasion Knowledge Model: How People Cope with Persuasion Attempts", *Journal of Consumer Research* 21 (1994): 1-31.
14. Entrevistas pessoais com Rufus Griscom (29 de janeiro e 6 de fevereiro de 2015).
15. Teresa M. Amabile, "Brilliant But Cruel: Perceptions of Negative Evaluators", *Journal of Experimental Social Psychology* 19 (1983): 146-156.
16. Uma R. Karmarkar e Zakary L. Tormala, "Believe Me, I Have No Idea What I'm Talking About: The Effects of Source Certainty on Consumer Involvement and Persuasion", *Journal of Consumer Research* 36 (2010): 1033-1049.
17. Ver R. Glen Hass e Darwyn Linder, "Counterargument Availability and the Effects of Message Structure on Persuasion", *Journal of Personality and Social Psychology* 23 (1972): 219-233.
18. Norbert Schwarz, Herbert Bless, Fritz Strack, Gisela Klumpp, Helga Rittenauer-Schatka e Annette Simons, "Ease of Retrieval as Information: Another Look at the Availability Heuristic", *Journal of Personality and Social Psychology* 61 (1991): 195-202.
19. Elizabeth L. Newton, "Overconfidence in the Communication of Intent: Heard and Unheard Melodies", dissertação de doutorado, Universidade Stanford (1990); Chip Heath e Dan Heath, *Ideias que colam: por que algumas ideias pegam e outras não* (Rio de Janeiro: Elsevier, 2007).
20. Geoffrey Haddock, "It's Easy to Like or Dislike Tony Blair: Accessibility Experiences and the Favourability of Attitude Judgments", *British Journal of Psychology* 93 (2002): 257-267.
21. John P. Kotter, *Liderando mudanças* (Rio de Janeiro, Elsevier, 2013).
22. Robert B. Zajonc, "Attitudinal Effects of Mere Exposure", *Journal of Personality and Social Psychology Monographs* 9 (1968): 1-27.
23. Robert F. Bornstein, "Exposure and Affect: Overview and Meta-Analysis of Research, 1968-1987", *Psychological Bulletin* 106 (1989): 265-289; Robert B. Zajonc, "Mere Exposure: A Gateway to the Subliminal", *Current Directions in Psychological Science* 10 (2001): 224-228; Eddie Harmon-Jones e John J. B. Allen, "The Role of Affect in the Mere Exposure Effect: Evidence from Psychophysiological and Individual Differences Approaches", *Personality and Social Psychology Bulletin* 27 (2001): 889-898.
24. Theodore H. Mita, Marshall Dermer e Jeffrey Knight, "Reversed Facial Images and the Mere-Exposure Hypothesis", *Journal of Personality and Social Psychology* 35 (1977): 597-601.
25. Entrevista pessoal com Howard Tullman (16 de dezembro de 2014).
26. Ethan R. Burris, James R. Detert e Dan S. Chiaburu, "Quitting Before Leaving: The Mediating Effects of Psychological Attachment and Detachment on Voice", *Journal of Applied Psychology* 93 (2008): 912-922.
27. Caryl E. Rusbult, Dan Farrell, Glen Rogers e Arch G. Mainous III, "Impact of Exchange Variables on Exit, Voice, Loyalty, and Neglect: An Integrative Model of Res-

ponses to Declining Job Satisfaction", *Academy of Management Journal* 31 (1988): 599-627; Michael J. Withey e William H. Cooper, "Predicting Exit, Voice, Loyalty, and Neglect", *Administrative Science Quarterly* 34 (1989): 521-539.
28. Subrahmaniam Tangirala e Rangaraj Ramanujam, "Exploring Nonlinearity in Employee Voice: The Effects of Personal Control and Organizational Identification", *Academy of Management Journal* 51 (2008): 1189-1203.
29. Fred O. Walumbwa and John Schaubroeck, "Leader Personality Traits and Employee Voice Behavior: Mediating Roles of Ethical Leadership and Work Group Psychological Safety", *Journal of Applied Psychology* 94 (2009): 1275-1286.
30. Tiziana Cascario e Miguel Sousa Lobo, "Competent Jerks, Lovable Fools, and the Formation of Social Networks", *Harvard Business Review* June (2005): 92-99.
31. Jeffrey A. LePine e Linn Van Dyne, "Voice and Cooperative Behavior as Contrasting Forms of Contextual Performance: Evidence of Differential Relationships with Big Five Personality Characteristics and Cognitive Ability", *Journal of Applied Psychology* 86 (2001): 326-336.
32. Robert Sutton, "Porcupines with Hearts of Gold", *BusinessWeek*, 14 de julho de 2008, www.businessweek.com/business_at_work/bad_bosses/archives/2008/07/porcupines_with.html.
33. Stéphane Côté e Debbie S. Moskowitz, "On the Dynamic Covariation between Interpersonal Behavior and Affect: Prediction from Neuroticism, Extraversion, and Agreeableness", *Journal of Personality and Social Psychology* 75 (1998): 1032-1046.
34. Zhen Zhang, Mo Wang e Junqi Shi, "Leader-Follower Congruence in Proactive Personality and Work Outcomes: The Mediating Role of Leader-Member Exchange", *Academy of Management Journal* 55 (2012): 111-130; ver também Nathanael J. Fast, Ethan R. Burris e Caroline A. Bartel, "Managing to Stay in the Dark: Managerial Self-Efficacy, Ego Defensiveness, and the Aversion to Employee Voice", *Academy of Management Journal* 57 (2014): 1013-1034; Mark J. Somers e Jose C. Casal, "Organizational Commitment and Whistle-Blowing: A Test of the Reformer and the Organization Man Hypotheses", *Group & Organization Management* 19 (1994): 270-284.
35. George C. Homans, *The Human Group* (Nova York: Harcourt, Brace, 1950) e *Social Behavior: Its Elementary Forms* (Nova York: Harcourt, Brace, and World, 1961).
36. Conversas pessoais com Larry Page (15 e 16 de setembro de 2014).
37. Damon J. Phillips e Ezra W. Zuckerman, "Middle-Status Conformity: Theoretical Restatement and Empirical Demonstration in Two Markets", *American Journal of Sociology* 107 (2001): 379-429.
38. Michelle M. Duguid e Jack A. Goncalo, "Squeezed in the Middle: The Middle Status Trade Creativity for Focus", *Journal of Personality and Social Psychology* 109, nº 4 (2015), 589-603.
39. Anne M. Koenig, Alice H. Eagly, Abigail A. Mitchell e Tiina Ristikari, "Are Leader Stereotypes Masculine? A Meta-Analysis of Three Research Paradigms", *Psychological Bulletin* 127 (2011): 616-642.
40. Sheryl Sandberg, *Faça acontecer: mulheres, trabalho e a vontade de liderar* (São Paulo: Companhia das Letras, 2013).

41. Sheryl Sandberg e Adam Grant, "Speaking While Female", *New York Times*, 12 de janeiro de 2015, www.nytimes.com/2015/01/11/opinion/sunday/speaking-while-female.html; Adam M. Grant, "Rocking the Boat But Keeping It Steady: The Role of Emotion Regulation in Employee Voice", *Academy of Management Journal* 56 (2013): 1703-1723.
42. Victoria L. Brescoll, "Who Takes the Floor and Why: Gender, Power, and Volubility in Organizations", *Administrative Science Quarterly* 56 (2011): 622-641.
43. Ethan R. Burris, "The Risks and Rewards of Speaking Up: Managerial Responses to Employee Voice", *Academy of Management Journal* 55 (2012): 851-875.
44. Taeya M. Howell, David A. Harrison, Ethan R. Burris e James R. Detert, "Who Gets Credit for Input? Demographic and Structural Status Cues in Voice Recognition", *Journal of Applied Psychology* (no prelo, 2015).
45. Jennifer L. Berdahl, "The Sexual Harassment of Uppity Women", *Journal of Applied Psychology* 92 (2007): 425-437.
46. Jens Mazei, Joachim Hüffmeier, Philipp Alexander Freund, Alice F. Stuhlmacher, Lena Bilke e Guido Hertel, "A Meta-Analysis on Gender Differences in Negotiation Outcomes and Their Moderators", *Psychological Bulletin* 141 (2015): 85-104; Emily T. Amanatullah e Michael W. Morris, "Negotiating Gender Roles: Gender Differences in Assertive Negotiating Are Mediated by Women's Fear of Backlash and Attenuated When Negotiating on Behalf of Others", *Journal of Personality and Social Psychology* 98 (2010): 256-267; Hannah Riley Bowles, Linda Babcock e Kathleen L. McGinn, "Constraints and Triggers: Situational Mechanics of Gender in Negotiation", *Journal of Personality and Social Psychology* 89 (2005): 951-965.
47. Ashleigh Shelby Rosette, "Failure Is Not an Option for Black Women: Effects of Organizational Performance on Leaders with Single Versus Dual-Subordinate Identities", *Journal of Experimental Social Psychology* 48 (2012): 1162-1167.
48. Robert W. Livingston, Ashleigh Shelby Rosette e Ella F. Washington, "Can an Agentic Black Woman Get Ahead? The Impact of Race and Interpersonal Dominance on Perceptions of Female Leaders", *Psychological Science* 23 (2012): 354-358.
49. Entrevista pessoal com Donna Dubinsky (20 de junho de 2014); Todd D. Jick e Mary Gentile, "Donna Dubinsky and Apple Computer, Inc. (A)", Harvard Business School, Case 9-486-083, 11 de dezembro de 1995.
50. Walter Isaacson, *Steve Jobs* (São Paulo: Companhia das Letras, 2011).
51. Albert O. Hirschman, *Exit, Voice, and Loyalty: Responses to Decline in Firms, Organizations, and States* (Cambridge: Harvard University Press, 1970).
52. Thomas Gilovich e Victoria Husted Medvec, "The Temporal Pattern to the Experience of Regret", *Journal of Personality and Social Psychology* 67 (1994): 357-365 e "The Experience of Regret: What, When, and Why", *Psychological Review* 102 (1995): 379-395.

Capítulo 4

1. *Quote Investigator*, 17 de janeiro de 2013, http:// quoteinvestigator.com/2013/01/17/put-off.

2. Clarence B. Jones, *Behind the Dream: The Making of the Speech That Transformed a Nation* (Nova York: Palgrave Macmillan, 2011); Coretta Scott King, *My Life with Martin Luther King, Jr.* (Nova York: Henry Holt & Co., 1993); Drew Hansen, *The Dream: Martin Luther King, Jr., and the Speech That Inspired a Nation* (Nova York: Harper Perennial, 2005); Carmine Gallo, "How Martin Luther King Improvised 'I Have a Dream,'" *Forbes*, 27 de agosto de 2013, www.forbes.com/sites/carminegallo/2013/08/27/public-speaking-how-mlk-improvised-second-half-of-dream-speech; Frank Hagler, "50 Incredible Facts – and Photos – from the March on Washington", *Policy.Mic*, 28 de agosto de 2013, mic.com/articles/60815/50-incredible-facts-and-photos-from-the-march-on-washington; David J. Garrow, *Bearing the Cross: Martin Luther King, Jr., and the Southern Christian Leadership Conference* (Nova York: William Morrow, 1986).
3. "If I Had More Time, I Would Have Written a Shorter Letter", *Quote Investigator*, 28 de abril de 2012, quoteinvestigator.com/2012/04/28/shorter-letter.
4. Jihae Shin, "Putting Work Off Pays Off: The Hidden Benefits of Procrastination for Creativity" (no prelo, 2015).
5. William A. Pannapacker, "How to Procrastinate Like Leonardo da Vinci", *Chronicle Review*, 20 de fevereiro de 2009.
6. Giorgio Vasari, *Vidas dos artistas* (São Paulo: WMF Martins Fontes, 2011).
7. Mareike B. Wieth e Rose T. Zacks, "Time of Day Effects on Problem Solving: When the Non-Optimal Is Optimal", *Thinking & Reasoning* 17 (2011): 387-401.
8. Rena Subotnik, Cynthia Steiner e Basanti Chakraborty, "Procrastination Revisited: The Constructive Use of Delayed Response", *Creativity Research Journal* 12 (1999): 151-160.
9. Ut Na Sio e Thomas C. Ormerod, "Does Incubation Enhance Problem Solving? A Meta-Analytic Review", *Psychological Bulletin* 135 (2009): 94-120.
10. Peggy Noonan, "The Writing of a Great Address", *Wall Street Journal*, 5 de julho de 2013, www.wsj.com/articles/ SB10001424127887324399404578583991319014114; Ronald C. White, Jr., *The Eloquent President: A Portrait of Lincoln Through His Words* (Nova York: Random House, 2011).
11. Bluma Zeigarnik, "*Das Behalten erledigter und unerledigter Handlungen*", *Psychologische Forschung* 9 (1927): 1-85; ver Kenneth Savitsky, Victoria Husted Medvec e Thomas Gilovich, "Remembering and Regretting: The Zeigarnik Effect and the Cognitive Availability of Regrettable Actions and Inactions", *Personality and Social Psychology Bulletin* 23 (1997): 248-257.
12. M. J. Simpson, *Hitchhiker: A Biography of Douglas Adams* (Boston: Justin, Charles & Co., 2005).
13. Donald W. MacKinnon, "The Nature and Nurture of Creative Talent", *American Psychologist* 17 (1962): 484-495 e "Personality and the Realization of Creative Potential", *American Psychologist* 20 (1965): 273-281.
14. Adam M. Grant, Francesca Gino e David A. Hofmann, "Reversing the Extraverted Leadership Advantage: The Role of Employee Proactivity", *Academy of Management Journal* 54 (2011): 528-550.

15. Sucheta Nadkarni e Pol Herrmann, "CEO Personality, Strategic Flexibility, and Firm Performance: The Case of the Indian Business Process Outsourcing Industry", *Academy of Management Journal* 53 (2010): 1050-1073.
16. Anita Williams Woolley, "Effects of Intervention Content and Timing on Group Task Performance", *Journal of Applied Behavioral Science* 34 (1998): 30-46.
17. Connie J. G. Gersick, "Marking Time: Predictable Transitions in Task Groups", *Academy of Management Journal* 32 (1989): 274-309 e "Revolutionary Change Theories: A Multilevel Exploration of the Punctuated Equilibrium Paradigm", *Academy of Management Review* 16 (1991): 10-36.
18. Nancy Katz, "Sports Teams as a Model for Workplace Teams: Lessons and Liabilities", *Academy of Management Executive* 15 (2001): 56-67.
19. Bill Gross, "The Single Biggest Reason Why Startups Succeed", TED Talks, junho de 2015, www.ted.com/talks/bill_gross_the_single_biggest_reason_why_startups_succeed.
20. Lisa E. Bolton, "Believing in First Mover Advantage" (no prelo).
21. Marvin B. Lieberman e David B. Montgomery, "First-Mover Advantages", *Strategic Management Journal* 9 (1988): 41-58; Montgomery e Lieberman, "First-Mover (Dis)advantages: Retrospective and Link with the Resource-Based View", *Strategic Management Journal* 19 (1998): 1111-1125.
22. Peter N. Golder e Gerard J. Tellis, "Pioneer Advantage: Marketing Logic or Marketing Legend?" *Journal of Marketing Research* 30 (1993): 158-170.
23. Jeanette Brown, "What Led to Kozmo's Final Delivery", *Bloomberg Business*, 15 de abril de 2001, www.bloomberg.com/bw/stories/2001-04-15/what-led-to-kozmos-final-delivery; Greg Bensinger, "In Kozmo.com's Failure, Lessons for Same-Day Delivery", *Wall Street Journal*, 3 de dezembro de 2012, http:// blogs.wsj.com/digits/2012/12/03/in-kozmo-coms-failure-lessons-for-same-day-deliver; Diane Seo, "The Big Kozmo KO", *Salon*, 21 de julho de 2000, www.salon.com/2000/07/21/kozmo; Stephanie Miles, "Strategy, Inefficiencies Hurt Kozmo, Say Its Competitors in New York", *Wall Street Journal*, 17 de abril de 2011, www.wsj.com/articles/SB987187139726234932; Jeremy Stahl, "The Kozmo Trap", *Slate*, 14 de maio de 2012, http://hive.slate.com/hive/10-rules-starting-small-business/article/the-kozmo-trap; Jayson Blair, "Behind Kozmo's Demise: Thin Profit Margins", *New York Times*, 13 de abril de 2001, www.nytimes.com/2001/04/13/nyregion/behind-kozmo-s-demise-thin-profit-margins.html.
24. Boonsri Dickinson, "Infographic: Most Startups Fail Because of Premature Scaling", *ZDNet*, 1º de setembro de 2011, www.zdnet.com/article/infographic-most-startups-fail-because-of-premature-scaling.
25. Toronto Public Library, "Malcolm Gladwell, Part 3", 28 de maio de 2012, https://www.youtube.com/watch?v=QyL9H4wJ0VE; Laura Petrecca, "Malcolm Gladwell Advocates Being Late", *USA Today*, 20 de junho de 2011, content.usatoday.com/communities/livefrom/post/2011/06/malcolm-gladwell-talks-innovation-and-being-late-at-cannes/1#.VVc6ykZ2M5w.

26. Elizabeth G. Pontikes e William P. Barnett, "When to Be a Nonconformist Entrepreneur? Organizational Responses to Vital Events", documento de trabalho nº 12-59 da Universidade de Chicago (2014).
27. Steve Kemper, *Reinventing the Wheel: A Story of Genius, Innovation, and Grand Ambition* (Nova York: HarperCollins, 2005).
28. Entrevista pessoal com Bill Sahlman (11 de março de 2015).
29. Stanislav D. Dobrev e Aleksios Gotsopoulos, "Legitimacy Vacuum, Structural Imprinting, and the First Mover Disadvantage", *Academy of Management Journal* 53 (2010): 1153-1174.
30. Entrevista pessoal com Neil Blumenthal (25 de junho de 2014).
31. Steven D. Levitt e Stephen J. Dubner, *SuperFreakonomics: Global Cooling, Patriotic Prostitutes, and Why Suicide Bombers Should Buy Life Insurance* (Nova York: William Morrow, 2009).
32. Max Planck, *Autobiografia científica e outros ensaios* (Rio de Janeiro: Contraponto, 2012).
33. Marvin B. Lieberman, "Did First-Mover Advantages Survive the Dot-Com Crash?", documento de trabalho da Anderson School of Management (2007).
34. Pieter A. VanderWerf e John F. Mahon, "Meta-Analysis of the Impact of Research Methods on Findings of First Mover Advantage", *Management Science* 43 (1997): 1510-1519.
35. William Boulding e Markus Christen, "Sustainable Pioneering Advantage? Profit Implications of Market Entry Order", *Marketing Science* 22 (2003): 371-392.
36. Jessica Stillman, "Older Entrepreneurs Get a Bum Rap", *Inc.*, 3 de dezembro de 2012, www.inc.com/jessica-stillman/older-entrepreneurs-vs-young-founders.html.
37. David Wessel, "The 'Eureka' Moments Happen Later", *Wall Street Journal*, 5 de setembro de 2012, www.wsj.com/articles/SB10000872396390443589304577633243828684650.
38. Walter Isaacson, *Einstein: sua vida, seu universo* (São Paulo: Companhia das Letras, 2007).
39. Birgit Verworn, "Does Age Have an Impact on Having Ideas? An Analysis of the Quantity and Quality of Ideas Submitted to a Suggestion System", *Creativity and Innovation Management* 18 (2009): 326-334.
40. Claire Cain Miller, "The Next Mark Zuckerberg Is Not Who You Might Think", *New York Times*, 2 de julho de 2015, www.nytimes.com/ 2015/07/02/upshot/the-next-mark-zuckerberg-is-not-who-you-might-think.html.
41. Karl E. Weick, *The Social Psychology of Organizing*, 2.ª ed. (Reading: Addison-Wesley, 1979).
42. David Galenson, *Old Masters and Young Geniuses: The Two Life Cycles of Artistic Creativity* (Princeton: Princeton University Press, 2011).
43. Bruce A. Weinberg e David W. Galenson, "Creative Careers: The Life Cycles of Nobel Laureates in Economics", documento de trabalho nº 11799 do National Bureau of Economic Research (novembro de 2005).

44. David W. Galenson, "Literary Life Cycles: The Careers of Modern American Poets", documento de trabalho nº 9856 do National Bureau of Economic Research (julho de 2003); ver também Dean Keith Simonton, "Creative Life Cycles in Literature: Poets Versus Novelists or Conceptualists Versus Experimentalists?", *Psychology of Aesthetics, Creativity, and the Arts* 1 (2007): 133-139.
45. Benjamin F. Jones, E. J. Reedy e Bruce A. Weinberg, "Age and Scientific Genius", documento de trabalho nº 19866 do National Bureau of Economic Research (janeiro de 2014); ver também Benjamin F. Jones e Bruce A. Weinberg, "Age Dynamics in Scientific Creativity", *Proceedings of the National Academy of Sciences* 108 (2011): 18910-18914.
46. Abraham H. Maslow, *The Psychology of Science* (Nova York: Harper and Row, 1966).
47. Weick, *The Social Psychology of Organizing*.
48. Daniel H. Pink, "What Kind of Genius Are You?" *Wired*, julho de 2006, http://archive.wired.com/ wired/archive/14.07/genius.html.

Capítulo 5

1. Dr. Seuss, *The Sneetches and Other Stories* (Nova York: Random House, 1961).
2. Andrea Moore Kerr, *Lucy Stone: Speaking Out for Equality* (Rutgers: Rutgers University Press, 1992); Jean H. Baker, *Sisters: The Lives of America's Suffragists* (Nova York: Hill and Wang, 2006); Sally G. McMillen, *Lucy Stone: An Unapologetic Life* (Oxford: Oxford University Press, 2015); Lisa Tetrault, *The Myth of Seneca Falls: Memory and the Women's Suffrage Movement, 1848-1898* (Chapel Hill: University of North Carolina Press, 2014); Elinor Rice Hays, *Morning Star: A Biography of Lucy Stone, 1818-1893* (Nova York: Harcourt, Brace & World, 1961); Alice Stone Blackwell, *Lucy Stone: Pioneer of Woman's Rights* (Boston: Little, Brown, 1930); Elizabeth Frost-Knappman e Kathryn Cullen-DuPont, *Women's Suffrage in America* (Nova York: Facts on File, 1992/2005); Suzanne M. Marilley, *Woman Suffrage and the Origins of Liberal Feminism in the United States* (Boston: Harvard University Press, 1997); Catherine Gilbert Murdock, *Domesticating Drink: Women, Men, and Alcohol in America, 1870-1940* (Baltimore: Johns Hopkins University Press, 2003); Carolyn de Swarte Gifford, *Writing Out My Heart: Selections from the Journal of Frances E. Willard, 1855-1896* (Urbana: University of Illinois Press, 1995); Joan Smyth Iversen, *The Antipolygamy Controversy in U.S. Women's Movements, 1880-1925: A Debate on the American Home* (Nova York: Routledge, 1997); Ida Husted Harper, *The Life and Work of Susan B. Anthony, Volume I* (Indianapolis: Bowen-Merrill Company, 1899); Ann D. Gordon, *The Selected Papers of Elizabeth Cady Stanton and Susan B. Anthony* (Rutgers: Rutgers University Press, 1997).
3. Claudia Goldin e Maria Shim, "Making a Name: Women's Surnames at Marriage and Beyond", *Journal of Economic Perspectives* 18 (2004): 143-160.
4. Judith B. White e Ellen J. Langer, "Horizontal Hostility: Relations Between Similar Minority Groups", *Journal of Social Issues* 55 (1999): 537-559; Judith B. White, Michael T. Schmitt e Ellen J. Langer, "Horizontal Hostility: Multiple Minority Groups

and Differentiation from the Mainstream", *Group Processes & Intergroup Relations* 9 (2006): 339-358; Hank Rothgerber, "Horizontal Hostility Among Non-Meat Eaters", *PLOS ONE* 9 (2014): 1-6.
5. Jolanda Jetten, Russell Spears e Tom Postmes, "Intergroup Distinctiveness and Differentiation: A Meta-Analytic Integration", *Journal of Personality and Social Psychology* 86 (2004): 862-879.
6. Scott S. Wiltermuth e Chip Heath, "Synchrony and Cooperation", *Psychological Science* 20 (2009): 1-5.
7. Wooseok Jung, Brayden G. King e Sarah A. Soule, "Issue Bricolage: Explaining the Configuration of the Social Movement Sector, 1960-1995", *American Journal of Sociology* 120 (2014): 187-225.
8. Erica J. Boothby, Margaret S. Clark e John A. Bargh, "Shared Experiences Are Amplified", *Psychological Science* 25 (2014): 2209-2216.
9. Holly J. McCammon e Karen E. Campbell, "Allies on the Road to Victory: Coalition Formation Between the Suffragists and the Woman's Christian Temperance Union", *Mobilization: An International Journal* 7 (2002): 231-251.
10. Entrevista pessoal com Meredith Perry (13 de novembro de 2014); Google Zeitgeist, 16 de setembro de 2014; Jack Hitt, "An Inventor Wants One Less Wire to Worry About", *New York Times*, 17 de agosto de 2013, www.nytimes.com/2013/08/18/technology/an-inventor-wants-one-less-wire-to-worry-about.html?pagewanted=all; Julie Bort, "A Startup That Raised $10 Million for Charging Gadgets Through Sound Has Sparked a Giant Debate in Silicon Valley", *Business Insider*, 2 de novembro de 2014, www.businessinsider.com/startup-ubeams-10-million-debate-2014-11.
11. Simon Sinek, *Por quê? Como motivar pessoas e equipes a agir* (São Paulo: Saraiva Editora, 2012).
12. Debra E. Meyerson e Maureen A. Scully, "Tempered Radicalism and the Politics of Ambivalence and Change", *Organization Science* 6 (1995): 585-600.
13. Philip M. Fernbach, Todd Rogers, Craig R. Fox e Steven A. Sloman, "Political Extremism Is Supported by an Illusion of Understanding", *Psychological Science* 24 (2013): 939-946.
14. Entrevistas pessoais com Josh Steinman (10 de dezembro de 2014) e Scott Stearney (29 de dezembro de 2014).
15. Ver Robert B. Cialdini, *Influence: Science and Practice*, 4ª ed. (Boston: Allyn and Bacon, 2001).
16. Srdja Popovic, *Blueprint for Revolution: How to Use Rice Pudding, Lego Men, and Other Nonviolent Techniques to Galvanize Communities, Overthrow Dictators, or Simply Change the World* (Nova York: Spiegel & Grau, 2015).
17. Blake E. Ashforth e Peter H. Reingen, "Functions of Dysfunction: Managing the Dynamics of an Organizational Duality in a Natural Food Cooperative", *Administrative Science Quarterly* 59 (2014): 474-516.
18. Mario Puzo e Francis Ford Coppola, *O poderoso chefão: Parte II*, dirigido por Francis Ford Coppola, Paramount Pictures, 1974.

19. Michelle K. Duffy, Daniel C. Ganster e Milan Pagon, "Social Undermining in the Workplace", *Academy of Management Journal* 45 (2002): 331-351; ver também Huiwen Lian, D. Lance Ferris e Douglas J. Brown, "Does Taking the Good with the Bad Make Things Worse? How Abusive Supervision and Leader-Member Exchange Interact to Impact Need Satisfaction and Organizational Deviance", *Organizational Behavior and Human Decision Processes* 117 (2012): 41-52.
20. Bert N. Uchino, Julianne Holt-Lunstad, Timothy W. Smith e Lindsey Bloor, "Heterogeneity in Social Networks: A Comparison of Different Models Linking Relationships to Psychological Outcomes", *Journal of Social and Clinical Psychology*, 23 (2004): 123-139; Bert N. Uchino, Julianne Holt-Lunstad, Darcy Uno e Jeffrey B. Flinders, "Heterogeneity in the Social Networks of Young and Older Adults: Prediction of Mental Health and Cardiovascular Reactivity During Acute Stress", *Journal of Behavioral Medicine* 24 (2001): 361-382.
21. Elliot Aronson e Darwyn Linder, "Gain and Loss of Esteem as Determinants of Interpersonal Attractiveness", *Journal of Experimental Social Psychology* 1 (1965): 156-171.
22. Elliot Aronson, *O animal social* (Suzano: Instituto Piaget, 2002).
23. Harold Sigall e Elliot Aronson, "Opinion Change and the Gain-Loss Model of Interpersonal Attraction", *Journal of Experimental Social Psychology* 3 (1967): 178-188.
24. Ithai Stern e James D. Westphal, "Stealthy Footsteps to the Boardroom: Executives' Backgrounds, Sophisticated Interpersonal Influence Behavior, and Board Appointments", *Administrative Science Quarterly* 55 (2010): 278-319.
25. Chuck Klosterman, "The Importance of Being Hated", *Esquire*, 1º de abril de 2004, www.esquire.com/features/chuck-klostermans-america/ESQ0404-APR_AMERICA.
26. Entrevistas pessoais com Rob Minkoff (17 de outubro e 13 de novembro de 2014).
27. Justin M. Berg, "The Primal Mark: How the Beginning Shapes the End in the Development of Creative Ideas", *Organizational Behavior and Human Decision Processes* 125 (2014): 1-17.
28. Holly J. McCammon, Lyndi Hewitt e Sandy Smith, "'No Weapon Save Argument': Strategic Frame Amplification in the U.S. Woman Suffrage Movements", *The Sociological Quarterly* 45 (2004): 529-556; Holly J. McCammon, "'Out of the Parlors and Into the Streets': The Changing Tactical Repertoire of the U.S. Women's Suffrage Movements", *Social Forces* 81 (2003): 787-818; Lyndi Hewitt e Holly J. McCammon, "Explaining Suffrage Mobilization: Balance, Neutralization, and Range in Collective Action Frames, 1892-1919", *Mobilization: An International Journal* 9 (2004): 149-166.
29. Paula Baker, "The Domestication of Politics: Women and American Political Society, 1780-1920", *American Historical Review* 89 (1984): 620-47.
30. Holly J. McCammon, "Stirring Up Suffrage Sentiment: The Formation of the State Woman's Suffrage Organizations, 1866-1914", *Social Forces* 80 (2001): 449-480; Holly J. McCammon, Karen E. Campbell, Ellen M. Granberg e Christine Mowery, "How Movements Win: Gendered Opportunity Structures and U.S. Women's Suf-

frage Movements, 1866-1919", *American Sociological Review* 66 (2001): 49-70; Holly J. McCammon e Karen E. Campbell, "Winning the Vote in the West: The Political Successes of the Women's Suffrage Movements, 1866-1919", *Gender & Society* 15 (2001): 55-82.
31. Herbert C. Kelman, "Group Processes in the Resolution of International Conflicts: Experiences from the Israeli-Palestinian Case", *American Psychologist* 52 (1997): 212-220, e "Looking Back at My Work on Conflict Resolution in the Middle East", *Peace and Conflict* 16 (2010): 361-387.

Capítulo 6

1. Harry Allen Overstreet e Bonaro Wilkinson Overstreet, *The Mind Goes Forth: The Drama of Understanding* (Nova York: Norton, 1956).
2. Ano Katsunori, "Modified Offensive Earned-Run Average with Steal Effect for Baseball", *Applied Mathematics and Computation* 120 (2001): 279-288; Josh Goldman, "Breaking Down Stolen Base Break-Even Points", *Fan Graphs*, 3 de novembro de 2011, www.fangraphs.com/blogs/breaking-down-stolen-base-break-even-points/.
3. Dan Rosenheck",Robinson Knew Just When to Be Bold on the Base Path", *New York Times*, 17 de abril de 2009, www.nytimes.com/2009/04/19/sports/baseball/19score.html; Dave Anderson, "Why Nobody Steals Home Anymore", *The New York Times*, 16 de abril de 1989, www.nytimes.com/1989/04/16/sports/sports-of-the-times-why-nobody-steals-home-anymore.html; Bryan Grosnick, "Grand Theft Home Plate: Stealing Home in 2012", *Beyond the Box Score*, 27 de julho de 2012, www.beyondtheboxscore.com/2012/7/27/3197011/grand-theft-home-plate-stealing-home-in-2012; Shane Tourtellotte, "And That Ain't All, He Stole Home!" *Hardball Times*, 2 de março de 2012, www.hardballtimes.com/and-that-aint -all-he-stole-home; Manny Randhawa, "Harrison Dazzles with Steal of Home", 28 de abril de 2013, MiLB.com, www.milb.com/news/print.jsp?ymd=20130428&content_id=46029428&vkey=news_t484&fext=.jsp&sid=t484; Anthony McCarron, "Jacoby Ellsbury's Steal of Home Against Yankees Is a Page from Another Era", *New York Daily News*, 27 de abril de 2009, www.nydailynews.com/sports/baseball/yankees/jacoby-ellsbury-steal-home-yankees-page-era-article-1.359870.
4. Robert Preidt, "'Plays at the Plate' Riskiest for Pro Baseball Players", *HealthDay*, 26 de janeiro de 2014, consumer.healthday.com/fitness-information-14/baseball-or-softball-health-news-240/briefs-emb-1-21-baseball-collision-injuries-ijsm-wake-forest-release-batch-1109-684086.html.
5. *Baseball Almanac*, "Single Season Leaders for Stolen Bases", www.baseball-almanac.com/hitting/hisb2.shtml, e "Career Leaders for Stolen Bases", www.baseball-almanac.com/hitting/hisb1.shtml.
6. Jackie Robinson, *I Never Had It Made* (Nova York: HarperCollins, 1972/1995); Arnold Rampersad, *Jackie Robinson: A Biography* (Nova York: Ballantime Books, 1997); Roger Kahn, *Rickey & Robinson: The True, Untold Story of the Integration of Baseball* (Nova York: Rodale Books, 2014); Harvey Frommer, *Rickey and Robinson:*

The Men Who Broke Baseball's Color Barrier (Nova York: Taylor Trade Publishing, 1982/2003).

7. Rickey Henderson: Robert Buderi, "Crime Pays for Rickey Henderson, Who's (Base) Stealing His Way Into the Record Book", *People*, 23 de agosto de 1982, www.people.com/people/archive/article/0,20082931,00.html; Lou Brock: "Lou Brock Biography", *ESPN*, espn.go.com/mlb/player/bio/_/id/19568/lou-brock; Vince Coleman: William C. Rhoden, "Coleman Is a Man in a Hurry", *New York Times*, www.nytimes.com/1985/06/12/sports/coleman-is-a-man-in-a-hurry.html; Maury Wills: Bill Conlin, "The Maury Wills We Never Knew", *Chicago Tribune*, 24 de fevereiro de 1991, articles.chicagotribune.com/1991-02-24/sports/9101180148_1_maurice-morning-wills-maury-wills-bases; Ron LeFlore: Bill Staples and Rich Herschlag, *Before the Glory: 20 Baseball Heroes Talk About Growing Up and Turning Hard Times Into Home Runs* (Deerfield Beach, FL: Health Communications, Inc.: 1997); Omar Moreno: Comunicação pessoal com Jim Trdinich (1º de fevereiro de 2015); Tim Raines: Ron Fimrite, "Don't Knock the Rock", *Sports Illustrated*, 25 de junho de 1984, www.si.com/vault/1984/06/25/619862/dont-knock-the-rock; Willie Wilson: Willie Wilson, *Inside the Park: Running the Base Path of Life* (Olathe: Ascend Books, 2013); Marquis Grissom: Jerome Holtzman, "Marquis Grissom Is Newest Hero of the Fall", *Chicago Tribune*, 24 de outubro de 1997, http://articles.chicagotribune.com/1997-10-24/sports/9710240033_1_american-league-champion-marquis-grissom-bases; Kenny Lofton: Associated Press, "Former Wildcat Lofton Debuts with Atlanta, Goes 2-for-4", *Arizona Daily Wildcat*, 28 de março de 1997, http://wc.arizona.edu/papers/90/122/20_1_m.html.
8. Frank J. Sulloway e Richard L. Zweigenhaft, "Birth Order and Risk Taking in Athletics: A Meta-Analysis and Study of Major League Baseball", *Personality and Social Psychology Review* 14 (2010): 402-416.
9. David Falkner, *Great Time Coming: The Life of Jackie Robinson, from Baseball to Birmingham* (Nova York: Simon & Schuster, 1995).
10. Rod Carew, *Carew* (Nova York: Simon & Schuster, 1979); Martin Miller, "Rod Carew Becomes Champion for the Abused", *Los Angeles Times*, 12 de dezembro de 1994, http://articles.latimes.com/1994-12-12/local/ me-8068_1_rod-carew.
11. McCarron, "Jacoby Ellsbury's Steal of Home"; Ken Rosenthal, "You Can Go Home Again, Says Molitor", *Baltimore Sun*, 6 de abril de 1996, articles.baltimoresun.com/1996-04-06/sports/1996097010_1_molitor-twins-orioles; Jim Souhan, "My Day with Molitor in 1996", *Star Tribune*, 4 de novembro de 2014, www.startribune.com/souhan-blog-my-day-with-molitor-in-1996/281481701; Bill Koenig, "Molitor Is Safe at Home", *USA Today*, 6 de junho de 1996, usatoday30.usatoday.com/sports/baseball/sbbw0442.htm.
12. Frank J. Sulloway, *Born to Rebel: Birth Order, Family Dynamics, and Creative Lives* (Nova York: Vintage, 1997), "Birth Order and Evolutionary Psychology: A Meta-Analytic Overview", *Psychological Inquiry* 6 (1995): 75-80, e "Sources of Scientific Innovation: A Meta-Analytic Approach (Commentary on Simonton, 2009)", *Perspectives on Psychological Science* 4 (2009): 455-459.

13. Frank J. Sulloway, "*Born to Rebel* and Its Critics", *Politics and the Life Sciences* 19 (2000): 181-202, e "Birth Order and Political Rebellion: An Assessment, with Biographical Data on Political Activists" (2002), www.sulloway.org/politics.html.
14. James March, *Como as decisões realmente acontecem: princípios da tomada de decisões* (São Paulo: Leopardo Editora, 2010); ver também J. Mark Weber, Shirli Kopelman e David M. Messick, "A Conceptual Review of Decision Making in Social Dilemmas: Applying a Logic of Appropriateness", *Personality and Social Psychology Review* 8 (2004): 281-307.
15. Roger D. Clark e Glenn A. Rice, "Family Constellations and Eminence: The Birth Orders of Nobel Prize Winners", *Journal of Psychology: Interdisciplinary and Applied* 110 (1981): 281-287; Richard L. Zweigenhaft, "Birth Order, Approval-Seeking and Membership in Congress", *Journal of Individual Psychology* 31 (1975): 205-210; Rudy B. Andeweg e Steef B. Van Den Berg, "Linking Birth Order to Political Leadership: The Impact of Parents or Sibling Interaction?", *Political Psychology* 24 (2003): 605-623; Blema S. Steinberg, "The Making of Female Presidents and Prime Ministers: The Impact of Birth Order, Sex of Siblings, and Father-Daughter Dynamics", *Political Psychology* 22 (2001): 89-110; Del Jones, "First-born Kids Become CEO Material", *USA Today*, 4 de setembro de 2007, http://usatoday30.usatoday.com/money/companies/management/2007-09-03-ceo-birth_N.htm; Ben Dattner, "Birth Order and Leadership", www.dattnerconsulting.com/birth.html.
16. Marco Bertoni e Giorgio Brunello, "Laterborns Don't Give Up: The Effects of Birth Order on Earnings in Europe", *IZA Discussion Paper N° 7679*, 26 de outubro de 2013, http://papers.ssrn.com/sol3/papers.cfm?abstract_id=2345596.
17. Delroy J. Paulhus, Paul D. Trapnell e David Chen, "Birth Order Effects on Personality and Achievement Within Families", *Psychological Science* 1999 (10): 482-488; Sulloway, "*Born to Rebel* and Its Critics", e "Why Siblings Are Like Darwin's Finches: Birth Order, Sibling Competition, and Adaptive Divergence Within the Family", em *The Evolution of Personality and Individual Differences*, org. David M. Buss e Patricia H. Hawley (Nova York: Oxford University Press, 2010); Laura M. Argys, Daniel I. Rees, Susan L. Averett e Benjama Witoonchart, "Birth Order and Risky Adolescent Behavior", *Economic Inquiry* 44 (2006): 215-233; Daniela Barni, Michele Roccato, Alessio Vieno e Sara Alfieri, "Birth Order and Conservatism: A Multilevel Test of Sulloway's 'Born to Rebel' Thesis", *Personality and Individual Differences* 66 (2014): 58-63.
18. Steven Pinker, "What Is the Missing Ingredient – Not Genes, Not Upbringing – That Shapes the Mind?", *Edge*, edge.org/response-detail/11078, e *Tábula Rasa: A negação contemporânea da natureza humana* (São Paulo: Companhia das Letras, 2004); Eric Turkheimer e Mary Waldron, "Nonshared Environment: A Theoretical, Methodological, and Quantitative Review", *Psychological Bulletin* 126 (2000): 78-108; Robert Plomin e Denise Daniels, "Why Are Children in the Same Family So Different from Each Other?", *International Journal of Epidemiology* 40 (2011): 563-582.
19. Thomas J. Bouchard, Jr. e John C. Loehlin, "Genes, Evolution, and Personality", *Behavior Genetics* 31 (2001): 243-273; John C. Loehlin, *Genes and Environment in*

Personality Development (Newbury Park, CA: Sage, 1992); John C. Loehlin, Robert R. McCrae, Paul T. Costa, Jr. e Oliver P. John, "Heritabilities of Common and Measure-Specific Components of the Big Five Personality Factors", *Journal of Research in Personality* 32 (1998): 431-453.
20. Sulloway, *Born to Rebel*; Helen Koch, "Some Personality Correlates of Sex, Sibling Position, and Sex of Sibling Among Five- and Six-Year-Old Children", *Genetic Psychology Monographs* 52 (1955): 3-50; Frank Dumont, *A History of Personality Psychology: Theory, Science, and Research from Hellenism to the Twenty-First Century* (Cambridge: Cambridge University Press, 2010); "How is Personality Formed? A Talk with Frank J. Sulloway", *Edge*, 17 de maio de 1998, https://edge.org/conversation/how-is-personality-formed-.
21. Gil Greengross e Geoffrey F. Miller, "The Big Five Personality Traits of Professional Comedians Compared to Amateur Comedians, Comedy Writers, and College Students", *Personality and Individual Differences* 47 (2009): 79-83; Gil Greengross, Rod A. Martin e Geoffrey Miller, "Personality Traits, Intelligence, Humor Styles, and Humor Production Ability of Professional Stand-Up Comedians Compared to College Students", *Psychology of Aesthetics, Creativity, and the Arts* 6 (2012): 74-82.
22. A. Peter McGraw e Caleb Warren, "Benign Violations: Making Immoral Behavior Funny", *Psychological Science* 21 (2010): 1141-1149.
23. Jim Carrey, "Discurso oficial de formatura dos graduados na turma de 2014, Universidade de Administração Maharishi", 24 de maio de 2014. www.mum.edu/whatshappening/graduation-2014/full-jim-carrey-address-video-and-transcript.
24. *Seinfeld*, Episódio "The Calzone", NBC, 25 de abril de 1996.
25. Comedy Central, "100 Greatest Stand-ups of All Time", www.listology.com/list/comedy-central-100-greatest-standups-all-time.
26. Adam M. Grant, "Funny Babies: Great Comedians Are Born Last in Big Families" (documento de trabalho, 2015).
27. Ray Blanchard, "Fraternal Birth Order and the Maternal Immune Hypothesis of Male Homosexuality", *Hormones and Behavior* 40 (2001): 105-114, e "Quantitative and Theoretical Analyses of the Relation Between Older Brothers and Homosexuality in Men", *Journal of Theoretical Biology* 21 (2004): 173-87; James M. Cantor, Ray Blanchard, Andrew D. Paterson e Anthony F. Bogaert, "How Many Gay Men Owe Their Sexual Orientation to Fraternal Birth Order?", *Archives of Sexual Behavior* 31 (2002): 63-71; Ray Blanchard e Richard Lippa, "Birth Order, Sibling Sex Ratio, Handedness, and Sexual Orientation of Male and Female Participants in a BBC Internet Research Project", *Archives of Sexual Behavior* 36 (2007): 163-176; Anthony F. Bogaert, Ray Blanchard e Lesley E. Crosthwait, "Interaction of Birth Order, Handedness, and Sexual Orientation in the Kinsey Interview Data", *Behavioral Neuroscience* 121 (2007): 845-853; Alicia Garcia-Falgueras e Dick F. Swaab, "Sexual Hormones and the Brain: An Essential Alliance for Sexual Identity and Sexual Orientation", *Endocrine Development* 17 (2010): 22-35.
28. Robert B. Zajonc, "Family Configuration and Intelligence", *Science* 192 (1976): 227-236, e "Validating the Confluence Model", *Psychological Bulletin* 93 (1983): 457-480;

Robert B. Zajonc e Patricia R. Mullally, "Birth Order: Reconciling Conflicting Effects", *American Psychologist* 52 (1997): 685-799; Heidi Keller e Ulrike Zach, "Gender and Birth Order as Determinants of Parental Behaviour", *International Journal of Behavioral Development* 26 (2002): 177-184; J. Jill Suitor e Karl Pillemer, "Mothers' Favoritism in Later Life: The Role of Children's Birth Order", *Research on Aging* 29 (2007): 32-55.

29. Andre Agassi, *Agassi: autobiografia* (São Paulo: Editora Globo, 2010). Para evidências de que crianças tratadas com muita hostilidade por seus pais são as mais propensas a se rebelar, ver Katherine Jewsbury Conger e Rand D. Conger, "Differential Parenting and Change in Sibling Differences in Delinquency", *Journal of Family Psychology* 8 (1994): 287-302.

30. Entrevista pessoal com Lizz Winstead (8 de fevereiro de 2015); Lizz Winstead, *Lizz Free or Die: Essays* (Nova York: Riverhead, 2012).

31. Jim Gaffigan, "The Youngest Child", *Comedy Central Presents*, 11 de julho de 2000, www.cc.com/video-clips/g92efr/comedy-central-presents-the-youngest-child; ver também Ben Kharakh, "Jim Gaffigan, Comedian and Actor", *Gothamist*, 17 de julho de 2006, http://gothamist.com/2006/07/17/jim_gaffigan_co.php#.

32. Sulloway, "Why Siblings Are Like Darwin's Finches"; Catherine A. Salmon e Martin Daly, "Birth Order and Familial Sentiment: Middleborns Are Different", *Evolution and Human Behavior* 19 (1998): 299-312.

33. Martin L. Hoffman, *Empathy and Moral Development: Implications for Caring and Justice* (Nova York: Cambridge University Press, 2000).

34. Samuel P. Oliner e Pearl Oliner, *The Altruistic Personality: Rescuers of Jews in Nazi Europe* (Nova York: Touchstone, 1992); Samuel P. Oliner, "Ordinary Heroes", *Yes! Magazine*, 5 de novembro de 2001, www.yesmagazine.org/issues/can-love-save-the-world/ordinary-heroes; ver também Eva Fogelman, *Conscience and Courage: Rescuers of Jews During the Holocaust* (Nova York: Doubleday, 2011).

35. John S. Dacey, "Discriminating Characteristics of the Families of Highly Creative Adolescents", *The Journal of Creative Behavior* 23 (1989): 263-271.

36. Teresa M. Amabile, *Growing Up Creative: Nurturing a Lifetime of Creativity* (Buffalo: Creative Education Foundation, 1989).

37. Maarten Vansteenkiste, Bart Soenens, Stijn Van Petegem e Bart Duriez, "Longitudinal Associations Between Adolescent Perceived Degree and Style of Parental Prohibition and Internalization and Defiance", *Developmental Psychology* 50 (2014): 229-236; ver também Sharon S. Brehm e Jack W. Brehm, *Psychological Reactance: A Theory of Freedom and Control* (Nova York: Academic Press, 1981).

38. Donald W. MacKinnon, "The Nature and Nurture of Creative Talent", *American Psychologist* 17 (1962): 484-495 e "Personality and the Realization of Creative Potential", *American Psychologist* 20 (1965): 273-281.

39. Carolyn Zahn-Wexler, Marian Radke-Yarrow e Robert A. King, "Child Rearing and Children's Prosocial Initiations Toward Victims of Distress", *Child Development* 50 (1979): 319-330; Seth Izen, "Childhood Discipline and the Development of Moral Courage", dissertação de mestrado não publicada, Universidade de Massachusetts

Lowell, www.uml.edu/docs/Childhood%20Discipline%20and%20the%20Development%20of%20Moral%20Courage%20Thesis_tcm18-90752.pdf; ver também Eleanor E. Maccoby, "The Role of Parents in the Socialization of Children: An Historical Overview", *Developmental Psychology* 28 (1992): 1006-1017.
40. John Skow, "Erma in Bomburbia: Erma Bombeck", *Time*, 2 de julho de 1984.
41. Adam M. Grant e David A. Hofmann, "It's Not All About Me: Motivating Hand Hygiene Among Health Care Professionals by Focusing on Patients", *Psychological Science* 22 (2011): 1494-1499.
42. Joan E. Grusec e Erica Redler, "Attribution, Reinforcement, and Altruism: A Developmental Analysis", *Developmental Psychology* 16 (1980): 525-534.
43. Adam Grant, "Raising a Moral Child", *New York Times*, 11 de abril de 2014, www.nytimes.com/2014/04/12/opinion/sunday/ raising-a-moral-child.html.
44. Christopher J. Bryan, Allison Master e Gregory M. Walton, "'Helping' Versus 'Being a Helper': Invoking the Self to Increase Helping in Young Children", *Child Development* 85 (2014): 1836-1842.
45. Christopher J. Bryan, Gabrielle S. Adams e Benoît Monin, "When Cheating Would Make You a Cheater: Implicating the Self Prevents Unethical Behavior", *Journal of Experimental Psychology: General* 142 (2013): 1001-1005.
46. Carol S. Dweck, *Por que algumas pessoas fazem sucesso e outras não* (Rio de Janeiro: Fontanar, 2008).
47. Penelope Lockwood e Ziva Kunda, "Increasing the Salience of One's Best Selves Can Undermine Inspiration by Outstanding Role Models", *Journal of Personality and Social Psychology* 76 (1999): 214-228; ver também Albert Bandura, *Self-Efficacy: The Exercise of Control* (Nova York: Freeman, 1997).
48. Bill E. Peterson e Abigail J. Stewart, "Antecedents and Contexts of Generativity Motivation at Midlife", *Psychology and Aging* 11 (1996): 21-33.
49. Jodi Kantor, "Malala Yousafzai: By the Book", *New York Times*, 19 de agosto de 2014, www.nytimes.com/2014/08/24/books/review/malala-yousafzai-by-the-book.html.
50. Rufus Burrow Jr., *Extremist for Love: Martin Luther King Jr., Man of Ideas and Nonviolent Social Action* (Minneapolis: Fortress Press, 2014).
51. "Nelson Mandela, the 'Gandhi of South Africa,' Had Strong Indian Ties", *Economic Times*, 6 de dezembro de 2013, articles.economictimes.indiatimes.com/2013-12-06/news/44864354_1_nelson-mandela-gandhi-memorial -gandhian-philosophy.
52. Tad Friend, "Plugged In: Can Elon Musk Lead the Way to an Electric-Car Future?" *New Yorker*, 24 de agosto de 2009, www.newyorker.com/magazine/2009/08/24/plugged-in.
53. Julian Guthrie, "Entrepreneur Peter Thiel Talks 'Zero to One'", *SFGate*, 21 de setembro de 2014, www.sfgate.com/living/article/Entrepreneur-Peter-Thiel-talks-Zero--to-One-5771228.php.
54. "Sheryl Sandberg: By the Book", *The New York Times*, 14 de março de 2013, www.nytimes.com/2013/03/17/books/review/sheryl-sandberg-by-the-book.html.
55. "Jeffrey P. Bezos Recommended Reading": www.achievement.org/autodoc/bibliography/WrinkleinT_1.

56. Alyson Shontell, "The Books That Inspired Tech's Most Influential People", *Business Insider*, 26 de junho de 2013, www.businessinsider.com/the-books-that-influenced--techs-most-influencial-ceos-2013-6?op=1.
57. Helen H. Wang, "Alibaba Saga III: Jack Ma Discovered the Internet", *Forbes*, 17 de julho de 2014, www.forbes.com/sites/ helenwang/2014/07/17/alibaba-saga-iii/.
58. Richard DeCharms e Gerald H. Moeller, "Values Expressed in American Children's Readers, 1800-1950", *Journal of Abnormal and Social Psychology* 64 (1962): 136-142; ver também David C. McClelland, *The Achieving Society* (Princeton: Van Nostrand Co., 1961); Stefan Engeser, Falko Rheinberg e Matthias Möller, "Achievement Motive Imagery in German Schoolbooks: A Pilot Study Testing McClelland's Hypothesis", *Journal of Research in Personality* 43 (2009): 110-113; Stefan Engeser, Ina Hollricher e Nicola Baumann, "The Stories Children's Books Tell Us: Motive-Related Imagery in Children's Books and Their Relation to Academic Performance and Crime Rates", *Journal of Research in Personality* 47 (2013): 421-426.
59. Dean Keith Simonton, *Greatness: Who Makes History and Why* (Nova York: Guilford Press, 1994).
60. Mark Strauss, "Ten Inventions Inspired by Science Fiction", *Smithsonian* magazine, 15 de março de 2012, www.smithsonianmag.com/science-nature/ten-inventions--inspired-by-science-fiction-128080674/?no-ist.
61. Loris Vezzali, Sofia Stathi, Dino Giovannini, Dora Capozza e Elena Trifiletti, "The Greatest Magic of Harry Potter: Reducing Prejudice", *Journal of Applied Social Psychology* 45 (2015): 105-121.

Capítulo 7

1. Ralph Waldo Emerson, *Society and Solitude: Twelve Chapters* (Nova York: Houghton, Mifflin, 1893).
2. Mary Tripsas e Giovanni Gavetti, "Capabilities, Cognition, and Inertia: Evidence from Digital Imaging", *Strategic Management Journal* 21 (2000): 1147-1161; Victor K. McElheny, *Insisting on the Impossible: The Life of Edwin Land* (Nova York: Basic Books, 1999); Milton P. Dentch, *Fall of an Icon: Polaroid After Edwin H. Land: An Insider's View of the Once Great Company* (Nova York: Riverhaven Books, 2012); Christopher Bonanos, *Instant: The Story of Polaroid* (Princeton: Princeton Architectural Press, 2012); Peter C. Wensberg, *Land's Polaroid: A Company and the Man Who Invented It* (Boston: Houghton Mifflin, 1987); David Sheff, "Steve Jobs", *Playboy*, fevereiro 1985, http://longform.org/stories/playboy-interview-steve-jobs; Brian Dumaine, "How Polaroid Flashed Back", *Fortune*, 16 de fevereiro de 1987, http://archive.fortune.com/magazines/fortune/fortune_archive/1987/02/16/68669/index.htm.
3. Charles A. O'Reilly e Jennifer A. Chatman, "Culture as Social Control: Corporations, Cults, and Commitment", *Research in Organizational Behavior* 18 (1996): 157-200.
4. Irving Janis, *Groupthink: Psychological Studies of Policy Decisions and Fiascoes* (Boston: Houghton Mifflin, 1973); Cass R. Sunstein, *Why Societies Need Dissent* (Boston: Harvard University Press, 2003).

5. Sally Riggs Fuller e Ramon J. Aldag, "Organizational Tonypandy: Lessons from a Quarter Century of the Groupthink Phenomenon", *Organizational Behavior and Human Decision Processes* 73 (1998): 163-184; Roderick M. Kramer, "Revisiting the Bay of Pigs and Vietnam Decisions 25 Years Later: How Well Has the Groupthink Hypothesis Stood the Test of Time?", *Organizational Behavior and Human Decision Processes* 73 (1998): 236-271; Glen Whyte, "Recasting Janis's Groupthink Model: The Key Role of Collective Efficacy in Decision Fiascoes", *Organizational Behavior and Human Decision Processes* 73 (1998): 185-209; Clark McCauley, "Group Dynamics in Janis's Theory of Groupthink: Backward and Forward", *Organizational Behavior and Human Decision Processes* 73 (1998): 142-162; Randall S. Peterson, Pamela D. Owens, Philip E. Tetlock, Elliott T. Fan e Paul Martorana, "Group Dynamics in Top Management Teams: Groupthink, Vigilance, and Alternative Models of Organizational Failure and Success", *Organizational Behavior and Human Decision Processes* 73 (1998): 272-305; Philip E. Tetlock, Randall S. Peterson, Charles McGuire, Shi-jie Chang e Peter Feld, "Assessing Political Group Dynamics: A Test of the Groupthink Model", *Journal of Personality and Social Psychology* 63 (1992): 403-425; Ramon J. Aldag e Sally Riggs Fuller, "Beyond Fiasco: A Reappraisal of the Groupthink Phenomenon and a New Model of Group Decision Processes", *Psychological Bulletin* 113 (1993): 533-552; Richard E. Neustadt e Ernest R. May, *Thinking in Time: The Uses of History for Decision Makers* (Nova York: Free Press, 1986); Steve W. J. Kozlowski e Daniel R. Ilgen, "Enhancing the Effectiveness of Work Groups and Teams", *Psychological Science in the Public Interest* 7 (2006): 77-124; Anthony R. Pratkanis e Marlene E. Turner, "Methods for Counteracting Groupthink Risk: A Critical Appraisal", *International Journal of Risk and Contingency Management* 2 (2013): 18-38; Francis J. Flynn e Jennifer A. Chatman, "Strong Cultures and Innovation: Oxymoron or Opportunity?" *The International Handbook of Organizational Culture and Climate* (2001): 263-287.
6. James N. Baron e Michael T. Hannan, "Organizational Blueprints for Success in High-Tech Startups: Lessons from the Stanford Project on Emerging Companies", *California Management Review* 44 (2002): 8-36; Michael T. Hannan, James N. Baron, Greta Hsu e Ozgecan Kocak, "Organizational Identities and the Hazard of Change", *Industrial and Corporate Change* 15 (2006): 755-784.
7. Marshall Goldsmith, *Reinventando o seu próprio sucesso* (Rio de Janeiro: Elsevier Trade, 2016).
8. Edgar H. Schein, *Cultura organizacional e liderança* (São Paulo: Atlas Editora, 2009); Benjamin Schneider, "The People Make the Place", *Personnel Psychology* 40 (1987): 437-453; Benjamin Schneider, D. Brent Smith e Harold W. Goldstein, "Attraction-Selection-Attrition: Toward a Person-Environment Psychology of Organizations", in *Person-Environment Psychology: Models and Perspectives* (2000): 61-85.
9. Jesper Sørensen, "The Strength of Corporate Culture and the Reliability of Firm Performance", *Administrative Science Quarterly* 47 (2002): 70-91.
10. Michael L. McDonald e James D. Westphal, "Getting By with the Advice of Their Friends: CEOs' Advice Networks and Firms' Strategic Responses to Poor Performance", *Administrative Science Quarterly* 48 (2003): 1-32.

11. Charlan J. Nemeth, "Differential Contributions of Majority and Minority Influence", *Psychological Review* 93 (1986): 23-32; Stefan Schulz-Hardt, Felix C. Brodbeck, Andreas Mojzisch, Rudolf Kerschreiter e Dieter Frey, "Group Decision Making in Hidden Profile Situations: Dissent as a Facilitator for Decision Quality", *Journal of Personality and Social Psychology* 91 (2006): 1080-1093.
12. Charlan J. Nemeth, Bernard Personnaz, Marie Personnaz e Jack A. Goncalo, "The Liberating Role of Conflict in Group Creativity: A Study in Two Countries", *European Journal of Social Psychology* 34 (2004): 365-374.
13. Kevin Dunbar, "How Scientists Really Reason: Scientific Reasoning in Real-World Laboratories", in *The Nature of Insight*, org., Robert J. Sternberg e Janet E. Davidson (Cambridge: MIT Press, 1995) 365-395; Chip Heath, Richard P. Larrick e Joshua Klayman, "Cognitive Repairs: How Organizational Practices Can Compensate for Individual Shortcomings", *Research in Organizational Behavior* 20 (1998): 1-37; Robert S. Dooley e Gerald E. Fryxell, "Attaining Decision Quality and Commitment from Dissent: The Moderating Effects of Loyalty and Competence in Strategic Decision-Making Teams", *Academy of Management Journal* 42 (1999): 389-402.
14. Entrevistas pessoais com Zack Wieder e Mark Kirby (24 de junho de 2014); entrevistas pessoais com Zack Wieder (12 de janeiro, 9 e 16 de fevereiro e em 16 de abril de 2015); entrevistas pessoais com Ray Dalio (31 de julho de 2014 e 12 de fevereiro de 2015); e várias horas adicionais de entrevistas, observações, vídeos e casos de funcionários atuais e antigos da Bridgewater entre junho de 2014 e janeiro de 2015; Ray Dalio, "Principles", www.bwater.com/home/culture – principles.aspx; Robert Kegan, Lisa Lahey, Andy Fleming e Matthew Miller, "Making Business Personal", *Harvard Business Review*, abril 2014, 45-52; Kevin Roose, "Pursuing Self-Interest in Harmony with the Laws of the Universe and Contributing to Evolution Is Universally Rewarded", *New York Magazine*, 10 de abril de 2001, http://nymag.com/news/business/wallstreet/ray-dalio-2011-4/; Jeffrey T. Polzer e Heidi K. Gardner, "Bridgewater Associates", Harvard Business School Video Case 413-702, maio 2013, www.hbs.edu/faculty/Pages/item.aspx?num=44831.
15. Jack Handey, *Saturday Night Live*, 1991.
16. Lauren A. Rivera, "Guess Who Doesn't Fit In at Work", *The New York Times*, 30 de maio de 2015, http://www.nytimes.com/2015/05/31/opinion/sunday/guess-who-doesnt-fit-in-at-work.html.
17. Comunicação pessoal com Duane Bray (30 de janeiro de 2014).
18. Charlan Jeanne Nemeth, "Minority Influence Theory", in *Handbook of Theories in Social Psychology* 2 (2012): 362-378; Charlan Nemeth, Keith Brown e John Rogers, "Devil's Advocate Versus Authentic Dissent: Stimulating Quantity and Quality", *European Journal of Social Psychology* 31 (2001): 707-720; comunicação pessoal com Charlan Nemeth (15 de janeiro de 2015); Roger B. Porter, *Presidential Decision Making: The Economic Policy Board* (Cambridge: Cambridge University Press, 1980).
19. Stefan Schulz-Hardt, Marc Jochims e Dieter Frey, "Productive Conflict in Group Decision-Making: Genuine and Contrived Dissent as Strategies to Counteract Biased

Information Seeking", *Organizational Behavior and Human Decision Processes* 88 (2002): 563-586.
20. Paul Saffo, "Strong Opinions, Weakly Held", 26 de julho de 2008, www.skmurphy.com/blog/2010/08/16/paul-saffo-forecasting-is-strong-opinions-weakly-held/.
21. Jian Liang, Crystal I. C. Farh e Jiing-Lih Farh, "Psychological Antecedents of Promotive and Prohibitive Voice: A Two-Wave Examination", *Academy of Management Journal* 55 (2012): 71-92.
22. David A. Hofmann, "Overcoming the Obstacles to Cross-Functional Decision Making: Laying the Groundwork for Collaborative Problem Solving", *Organizational Dynamics* (2015); conversas pessoais com David Hofmann e Jeff Edwards (março de 2008).
23. Laszlo Bock, *Um novo jeito de trabalhar* (Rio de Janeiro: Sextante, 2015).
24. Andreas Mojzisch e Stefan Schulz-Hardt, "Knowing Others' Preferences Degrades the Quality of Group Decisions", *Journal of Personality and Social Psychology* 98 (2010): 794-808.
25. Andrea B. Hollingshead, "The Rank-Order Effect in Group Decision Making", *Organizational Behavior and Human Decision Processes* 68 (1996): 181-193.
26. Citado em Robert I. Sutton, "It's Up to You to Start a Good Fight", *Harvard Business Review*, 3 de agosto de 2010.
27. Entrevista pessoal com Tom Gerrity (12 de julho de 2011).
28. Zannie G. Voss, Daniel M. Cable e Glenn B. Voss, "Organizational Identity and Firm Performance: What Happens When Leaders Disagree About 'Who We Are?'", *Organization Science* 17 (2006): 741-755.
29. Andrew Carton, Chad Murphy e Jonathan Clark, "A (Blurry) Vision of the Future: How Leader Rhetoric About Ultimate Goals Influences Performance", *Academy of Management Journal* 57 (2014): 1544-1570.
30. Trish Reay, Whitney Berta e Melanie Kazman Kohn, "What's the Evidence on Evidence-Based Management?", *Academy of Management Perspectives* (novembro de 2009): 5-18.

Capítulo 8

1. Nelson Mandela, *Longa caminhada até a liberdade* (Curitiba: Nossa Cultura, 2012).
2. Entrevista pessoal com Lewis Pugh (10 de junho de 2014) e comunicação pessoal (15 de fevereiro de 2015); Lewis Pugh, *Achieving the Impossible* (Londres: Simon & Schuster, 2010) e *21 Yaks and a Speedo: How to Achieve Your Impossible* (Joanesburgo e Cidade do Cabo: Jonathan Ball Publishers, 2013); "Nadando rumo ao sucesso", discurso no Fórum Econômico Mundial, Davos, Suíça, 23 de janeiro de 2014.
3. Adam M. Grant, "Rocking the Boat But Keeping It Steady: The Role of Emotion Regulation in Employee Voice", *Academy of Management Journal* 56 (2013): 1703-1723.
4. Steven Kelman, Ronald Sanders, Gayatri Pandit e Sarah Taylor, "'I Won't Back Down?' Complexity and Courage in Federal Decision-Making", Harvard Kennedy School of Government RWP13-044 (2013).

5. Scott Sonenshein, Katherine A. DeCelles e Jane E. Dutton, "It's Not Easy Being Green: The Role of Self-Evaluations in Explaining Support of Environmental Issues", *Academy of Management Journal* 57 (2014): 7-37.
6. Julie K. Norem e Nancy Cantor, "Defensive Pessimism: Harnessing Anxiety as Motivation", *Journal of Personality and Social Psychology* 51 (1986): 1208-1217; Stacie M. Spencer e Julie K. Norem, "Reflection and Distraction: Defensive Pessimism, Strategic Optimism, and Performance", *Personality and Social Psychology Bulletin* 22 (1996): 354-365; Julie K. Norem e K. S. Shaun Illingworth, "Strategy-Dependent Effects of Reflecting on Self and Tasks: Some Implications of Optimism and Defensive Pessimism", *Journal of Personality and Social Psychology* 65 (1993): 822-835; Julie K. Norem e Edward C. Chang, "The Positive Psychology of Negative Thinking", *Journal of Clinical Psychology* 58 (2002): 993-1001; Tim Jarvis, "The Power of Negative Thinking", *O, The Oprah Magazine*, março 2009, http://www.oprah.com/spirit/Defensive-Pessimism-How-Negative-Thinking-Can-Pay-Off.
7. Kaya Burgess, "Speaking in Public Is Worse Than Death for Most", *Times* (Londres), 30 de outubro de 2013, www.thetimes.co.uk/tto/science/article3908129.ece; Karen Kangas Dwyer e Marlina M. Davidson, "Is Public Speaking Really More Feared Than Death?", *Communication Research Reports* 29 (2012): 99-107; Jerry Seinfeld, www.youtube.com/watch?v= kL7fTLjFzAg.
8. A. Timur Sevincer, Greta Wagner, Johanna Kalvelage e Gabriele Oettingen, "Positive Thinking About the Future in Newspaper Reports and Presidential Addresses Predicts Economic Downturn", *Psychological Science* 25 (2014): 1010-1017.
9. Alison Wood Brooks, "Get Excited: Reappraising Pre-Performance Anxiety as Excitement", *Journal of Experimental Psychology: General* 143 (2014): 1144-1158.
10. Charles S. Carver e Teri L. White, "Behavioral Inhibition, Behavioral Activation, and Affective Responses to Impending Reward and Punishment: The BIS/BAS Scales", *Journal of Personality and Social Psychology* 67 (1994): 319-333.
11. Susan Cain, "Why You Fear Public Speaking, and What to Do About It", acessado em 18 de setembro de 2014, em www.thepowerofintroverts.com/2011/02/08/public-speaking-for-introverts-and-other-microphone-averse-people-tip-2.
12. Jacob B. Hirsh e Michael Inzlicht, "The Devil You Know: Neuroticism Predicts Neural Response to Uncertainty", *Psychological Science* 19 (2008): 962-967.
13. Olga Khazan, "The Upside of Pessimism", *Atlantic*, 12 de setembro de 2014, www.theatlantic.com/health/archive/2014/09/dont-think -positively/379993.
14. Entrevista pessoal com Srdja Popovic (8 de fevereiro de 2015); Srdja Popovic, *Blueprint for Revolution: How to Use Rice Pudding, Lego Men, and Other Nonviolent Techniques to Galvanize Communities, Overthrow Dictators, or Simply Change the World* (Nova York: Spiegel & Grau, 2015); *Bringing Down a Dictator*, dirigido por Steven York, WETA, em associação com York Zimerman, 2002; Peter McGraw e Joel Warner, *The Humor Code: A Global Search for What Makes Things Funny* (Nova York: Simon & Schuster, 2014); Srdja Popovic, "Why Dictators Don't Like Jokes", *Foreign Policy*, 5 de abril de 2013; CANVAS library, acessado em 26 de dezembro de 2014, em www.canvasopedia.org/index.php/library.

15. Entrevistas pessoais com Josh Silverman (24 de outubro, 12 de novembro e 2 de dezembro de 2014).
16. Adam M. Grant e David A. Hofmann, "Outsourcing Inspiration: The Performance Effects of Ideological Messages from Leaders and Beneficiaries", *Organizational Behavior and Human Decision Processes* 116 (2011): 173-187.
17. Adam M. Grant, "Leading with Meaning: Beneficiary Contact, Prosocial Impact, and the Performance Effects of Transformational Leadership", *Academy of Management Journal* 55 (2012): 458-476.
18. Solomon E. Asch, "Opinions and Social Pressure", *Scientific American* 193 (1955): 31-35, e "Studies of Independence and Conformity: A Minority of One Against a Unanimous Majority", *Psychological Monographs* 70 (1956): 1-70; ver também Rod Bond e Peter B. Smith, "Culture and Conformity: A Meta-Analysis of Studies Using Asch's (1952b, 1956) Line Judgment Task", *Psychological Bulletin* 119 (1996): 111-137.
19. "How to Start a Movement", TED Talks, abril de 2010, www.ted.com/talks/derek_sivers_how_to_start_a_movement.
20. Margaret Mead, *The World Ahead: An Anthropologist Anticipates the Future*, ed. Robert B. Textor (Nova York: Berghahn Books, 2005).
21. Sigal G. Barsade e Hakan Ozcelik, "Not Alone But Lonely: Work Loneliness and Employee Performance" (documento de trabalho, 2011).
22. Robert I. Sutton, "Breaking the Cycle of Abuse in Medicine", 13 de março de 2007, acessado em 24 de fevereiro de 2015, em bobsutton.typepad.com/my_weblog/2007/03/breaking_the_cy.html
23. Entrevista pessoal com Brian Goshen (22 de setembro de 2014).
24. Lynne M. Andersson e Thomas S. Bateman, "Individual Environmental Initiative: Championing Natural Environmental Issues in U.S. Business Organizations", *Academy of Management Journal* 43 (2000): 548-570.
25. John Kotter, *Liderando mudanças* (Rio de Janeiro: Elsevier Editora, 2013).
26. Amos Tversky e Daniel Kahneman, "The Framing of Decisions and the Psychology of Choice", *Science* 211 (1981): 453-458; Max Bazerman, *Judgment in Managerial Decision Making* (Nova York: John Wiley, 1994).
27. Alexander J. Rothman, Roger D. Bartels, Jhon Wlaschin e Peter Salovey, "The Strategic Use of Gain-and Loss-Framed Messages to Promote Healthy Behavior: How Theory Can Inform Practice", *Journal of Communication* 56 (2006): 202-220.
28. Anita Williams Woolley, "Playing Offense vs. Defense: The Effects of Team Strategic Orientation on Team Process in Competitive Environments", *Organization Science* 22 (2011): 1384-1398.
29. Lisa Bodell, *Kill the Company: End the Status Quo, Start an Innovation Revolution* (Nova York: Bibliomotion, 2012).
30. Nancy Duarte, "The Secret Structure of Great Talks", TEDxEast, novembro de 2011, www.ted.com/talks/nancy_duarte_the_secret_structure_of_great_talks.
31. Primeiro discurso de posse de Franklin Delano Roosevelt, 4 de março de 1933.
32. Discurso "Eu tenho um sonho", de Martin Luther King Jr., 28 de agosto de 1963; Clarence B. Jones, *Behind the Dream: The Making of the Speech That Transformed a*

Nation (Nova York: Palgrave Macmillan, 2011); Drew Hansen, *The Dream: Martin Luther King, Jr., and the Speech That Inspired a Nation* (Nova York: Harper Perennial, 2005).

33. Patricia Wasielewski, "The Emotional Basis of Charisma", *Symbolic Interaction* 8 (1985): 207-222.
34. Minjung Koo e Ayelet Fishbach, "Dynamics of Self-Regulation: How (Un)accomplished Goal Actions Affect Motivation", *Journal of Personality and Social Psychology* 94 (2008): 183-195.
35. Tom Peters, 30 de dezembro de 2013, www.facebook.com/permalink.php?story_fbid=10151762619577396&id=10666812395.
36. Debra E. Meyerson e Maureen A. Scully, "Tempered Radicalism and the Politics of Ambivalence and Change", *Organization Science* 6 (1995): 585-600.
37. Arlie Hochschild, *The Managed Heart: Commercialization of Human Feeling* (Califórnia: University of California Press, 1983).
38. Constantin Stanislavski, *A preparação do ator* (Rio de Janeiro: Civilização Brasileira, 2014); Chris Sullivan, "How Daniel Day-Lewis' Notoriously Rigorous Role Preparation Has Yielded Another Oscar Contender", *The Independent*, 1º de fevereiro de 2008.
39. Alicia Grandey, "When 'The Show Must Go On': Surface Acting and Deep Acting as Determinants of Emotional Exhaustion and Peer-Rated Service Delivery", *Academy of Management Journal* 46 (2003): 86-96; Ute R. Hülsheger e Anna F. Schewe, "On the Costs and Benefits of Emotional Labor: A Meta-Analysis of Three Decades of Research", *Journal of Occupational Health Psychology* 16 (2011): 361-389.
40. Aldon D. Morris, *The Origins of the Civil Rights Movement: Black Communities Organizing for Change* (Nova York: Free Press, 1984); Rufus Burrow, Jr., *Extremist for Love: Martin Luther King Jr., Man of Ideas and Nonviolent Social Action* (Minneapolis, MN: Fortress Press, 2014); Martin Luther King, Jr., "Remarks in Favor of the Montgomery Bus Boycott", 27 de junho de 1956, acessado em 24 de fevereiro de 2015, em www.usnews.com/news/blogs/press-past/2013/02/04/remembering-rosa-parks-on-her-100th-birthday; Martin Luther King, Jr., entrevista a Kenneth Clark, acessado em 24 de fevereiro de 2015, em www.pbs.org/wgbh/amex/mlk/sfeature/sf_video_pop_03_tr_qt.html.
41. *Máfia no Divã*, dirigido por Harold Ramis, Warner Bros., 1999.
42. Brad J. Bushman, "Does Venting Anger Feed or Extinguish the Flame? Catharsis, Rumination, Distraction, Anger, and Aggressive Responding", *Personality and Social Psychology Bulletin* 28 (2002): 724-731; Brad J. Bushman, Roy F. Baumeister e Angela D. Stack, "Catharsis, Aggression, and Persuasive Influence: Self-Fulfilling or Self-Defeating Prophecies?", *Journal of Personality and Social Psychology* 76 (1999): 367-376; Brad J. Bushman, Angela M. Bonacci, William C. Pedersen, Eduardo A. Vasquez e Norman Miller, "Chewing on It Can Chew You Up: Effects of Rumination on Triggered Displaced Aggression", *Journal of Personality and Social Psychology* 88 (2005): 969-983.
43. Timothy D. Wilson, *Redirect: The Surprising New Science of Psychological Change* (Nova York: Little, Brown, 2011); Jonathan I. Bisson, Peter L. Jenkins, Julie Alexan-

der e Carol Bannister, "Randomised Controlled Trial of Psychological Debriefing for Victims of Acute Burn Trauma", *British Journal of Psychiatry* 171 (1997): 78-81; Benedict Carey, "Sept. 11 Revealed Psychology's Limits, Review Finds", *The New York Times*, 28 de julho de 2011; James W. Pennebaker, *Opening Up: The Healing Power of Expressing Emotions* (Nova York: Guilford Press, 1997).

44. Andrew Brodsky, Joshua D. Margolis e Joel Brockner, "Speaking Truth to Power: A Full Cycle Approach" (documento de trabalho, 2015).
45. Guy D. Vitaglione e Mark A. Barnett, "Assessing a New Dimension of Empathy: Empathic Anger as a Predictor of Helping and Punishing Desires", *Motivation and Emotion* 27 (2003): 301-325; C. Daniel Batson, Christopher L. Kennedy, Lesley-Anne Nord, E. L. Stocks, D'Yani A. Fleming, Christian M. Marzette, David A. Lishner, Robin E. Hayes, Leah M. Kolchinsky e Tricia Zerger, "Anger at Unfairness: Is It Moral Outrage?", *European Journal of Social Psychology* 37 (2007): 1272-1285; Jennifer J. Kish-Gephart, James R. Detert, Linda Klebe Trevino e Amy C. Edmondson, "Silenced by Fear: The Nature, Sources, and Consequences of Fear at Work", *Research in Organizational Behavior* 29 (2009): 163-193.
46. Israel Shenker, "E. B. White: Notes and Comment by Author", *The New York Times*, 11 de julho de 1969: www.nytimes.com/books/97/08/03/ lifetimes/white-notes.html.
47. Brian R. Little, *Me, Myself, and Us: The Science of Personality and the Art of Well-Being* (Nova York: PublicAffairs, 2014); Brian R. Little, "Personal Projects and Social Ecology: Lives, Liberties and the Happiness of Pursuit", Apresentação em colóquio do Departamento de Psicologia, University of Michigan (1992); Brian R. Little, "Personality Science and the Northern Tilt: As Positive as Possible Under the Circumstances", *Designing Positive Psychology: Taking Stock and Moving Forward*, ed. K. M. Sheldon, T. B. Kashdan e M. F. Steger (Nova York: Oxford University Press, 228-247).

Ações de impacto

1. Entrevistas pessoais com Benjamin Kohlmann (19 de novembro e 10 de dezembro de 2014).
2. Karl Ulrich e Christian Terwiesch, *Innovation Tournaments: Creating and Selecting Exceptional Opportunities* (Boston: Harvard Business School Press, 2009); "Why Some Innovation Tournaments Succeed and Others Fail", *Knowledge@Wharton*, 20 de fevereiro de 2014, knowledge.wharton.upenn.edu/article/innovation-tournaments-succeed-others-fail.
3. Lisa Bodell, *Kill the Company: End the Status Quo, Start an Innovation Revolution* (Nova York: Bibliomotion, 2012).
4. Anita Bruzzese, "DreamWorks Is Believer in Every Employee's Creativity", *USA Today*, 23 de julho de 2012, usatoday30.usatoday.com/money/jobcenter/workplace/bruzzese/story/2012-07-22/dreamworks-values-innovation-in-all-workers/56376470/1.

5. Robert I. Sutton e Andrew Hargadon, "Brainstorming Groups in Context: Effectiveness in a Product Design Firm", *Administrative Science Quarterly* 41 (1996): 685-718.
6. Entrevistas pessoais com Nancy Lublin (12 de dezembro de 2014 e 23 de fevereiro de 2015).
7. Elliot Aronson e Shelley Patnoe, *Cooperation in the Classroom: The Jigsaw Method* (Nova York: Addison Wesley, 1997).

CONHEÇA OS LIVROS DE ADAM GRANT

Dar e receber

Originais

Pense de novo

Potencial oculto

Para saber mais sobre os títulos e autores da Editora Sextante,
visite o nosso site e siga as nossas redes sociais.
Além de informações sobre os próximos lançamentos,
você terá acesso a conteúdos exclusivos
e poderá participar de promoções e sorteios.

sextante.com.br